KAREN WASMAN *e* PAOLA JAGHER

R. Doutor Goulin, 1523 Alto da Glória
CEP 80040-280 Curitiba-PR
(41) 3254-1616 e (41) 3558-8001
editorainverso@editorainverso.com.br
www.editorainverso.com.br
Facebook.com/editorainverso
Instagram @editorainverso

© 2024. Editora InVerso

COORDENAÇÃO EDITORIAL / EDITORA
Cristina Jones

REVISÃO
Michelle Campos

CAPA, PROJETO GRÁFICO E DIREÇÃO DE ARTE
Adriane Baldini

DADOS INTERNACIONAIS DE CATALOGAÇÃO NA PUBLICAÇÃO (CIP)
MONA YOUSSEF HAMMOUD – CRB/9ª.1393

W319o
WASMAN, Karen; JAGHER, Paola. **O poder do E: carreira e maternidade.**
Curitiba: InVerso Editora, 2024 **2.ª ED**
264 p. 15 x 21 cm - PTBR
ISBN: 978-85-5540-352-1

1. Ensaios. 2. Maternidade. 3. Carreira. 4. Mercado de trabalho. 5. Filhos.
6. Gestão de tempo. 7. Feminilidade. 8. Experiências. I.Título

CDD: 869.9

ENSAIOS: 869.9
GESTÃO DE TEMPO: 650.4

Ao adquirir um livro, você está remunerando o trabalho de escritores, diagramadores, ilustradores, revisores, livreiros e mais uma série de profissionais responsáveis por transformar ideias em realidade e trazê-las até você. **Todos os direitos reservados.** É proibida a reprodução total ou parcial de qualquer forma ou por qualquer meio. A violação de direitos do autor (Lei 9.610/98) é crime estabelecido pelo artigo 184 do Código Penal.

ASSOCIADO

Aos nossos filhos Filipe, Marina, Pedro e Vicente: vocês são o nosso maior amor, fortaleza e impulso.

Aos nossos amores Alison e Eduardo: vocês tornaram tudo isso possível.

A nossa amizade: por nos tornar mais corajosas e melhores.

E a todas a mulheres que nos inspiraram a ser mães e profissionais mais realizadas e felizes.

Agradecimentos

Ninguém faz nada sozinho, não é mesmo? Ainda mais quando o assunto é carreira e maternidade. Ninguém faz um filho sozinho, ninguém cresce na carreira sozinho. Carreira e maternidade demandam – entre outras muitas coisas – conexão, resiliência e amor.

E este livro é fruto disso: amor pelo propósito maior do livro (inspirar outras mulheres sobre o poder do e), resiliência para persistir e seguir (não desistir!) e conexões para realizar. E ah, quantas conexões especiais tornaram tudo possível.

Carlos Morassutti, nosso mentor e grande impulsionador desse livro. Você viu em nós o que não conseguíamos ver quando começamos a escrever. Foi uma honra caminhar e aprender com você.

Emilio Morschel (mais conhecido como pai da Paola!) obrigada pelas horas de conversa e trocas de experiência. Cada direção e conselho foram valiosos.

Alessandra Ramos, nossa editora e revisora, você nos lapidou. Com você, nós crescemos como escritoras e como pessoas. Obrigada por acolher com tanto afeto nossa história, nossas limitações e talentos.

Equipe Teya: Andrea Lomardo, chegou e trouxe para nós um mundo de novas possibilidades. Obrigada por nos apoiar e nos "puxar para cima". Você foi nossa mentora e amiga em tantos momentos importantes desse livro.

Alessandra Moreira e Ana Grassi vocês são mulheres maravilhosas que nos movem e nos fazem seguir mais fortes. Alexandre Santille e Mauro Mercadante, obrigada por acreditarem neste projeto. Tudo ficou melhor com vocês!

Amigos e família: vocês nos encorajaram a realizar algo tão grande, novo e desafiador para nós. Obrigada por sonharem conosco. É uma alegria imensa poder realizar tudo isso com vocês.

Por fim, o nosso mais profundo agradecimento a cada homem e mulher que encontramos ao longo da nossa jornada e que despertaram em nós o desejo de escrever. Vocês nos mostraram ser possível viver a carreira e a maternidade. Vocês nos mostraram o poder do e - no trabalho e na vida. Obrigada por compartilharem suas histórias, ampliarem o nosso olhar e dividirem conosco os aprendizados, as dores e os amores. Vocês são a nossa maior inspiração. Esse livro é para vocês.

Prefácio

Em maio de 2022, recebi o convite, como Instituto teya, de apoiar o lançamento de um livro sobre carreira e maternidade. Como mulher, profissional e mãe, tenho certeza de que ainda temos muito a falar sobre esse assunto. Por isso, mesmo antes da minha primeira conversa com as autoras, o tema desse projeto já me interessou bastante.

Ao conhecê-las, tive a confiança e a certeza de que precisava para aceitar o desafio. Karen e Paola são duas mulheres encantadoras, mães, gestoras de recursos humanos em empresas multinacionais, professoras universitárias, apaixonadas pelo trabalho e extremamente competentes em suas áreas de atuação. Por tudo isso, falam com propriedade do tema que sonhavam dividir com mais mulheres.

Desde o primeiro momento, apesar de algumas dúvidas de formato ou caminho a traçar, o título já estava pronto: *O poder do e*.

E isso não foi por acaso. O livro tem como tema central a potência da maternidade e como a vontade de ser mãe nem sempre deve implicar escolher entre isso e aquilo, mas, sim, somar: papéis, vontades, desejos. Desejo de ser mãe **e** de ser uma profissional reconhecida; vontade de cuidar dos filhos com o máximo de atenção **e** ter um tempo só seu para estudar, ir ao cinema, fazer aquilo de que gosta.

O livro trata de questões como essas que são comuns a várias mulheres, mas que por muito tempo acreditamos que eram desafios, dores e incertezas só nossas.

Assuntos do dia a dia profissional, como, por exemplo, quando contar sobre a gravidez no trabalho e não saber como a notícia será recebida, não eram considerados e nem bem-vistos. O nascimento, tanto do bebê quanto da mãe, também não era compartilhado, muito menos todas as dúvidas que nascem com este momento, considerando que não há um manual de instruções.

A licença-maternidade e, por fim, a volta ao trabalho não eram abordadas como temas importantes para muitas de nós. Por mais que demandassem uma série de adaptações, nos limitávamos a trocar figurinhas e dicas em pequenos grupos de amigas, mas nunca no ambiente de trabalho.

O livro aborda todos esses momentos e, por isso, também pode ser lido de diversas formas, como, por exemplo, começando pela fase da maternidade em que você está. Além disso, traz uma série de perguntas que nos ajudam a refletir sobre a nossa própria experiência com a maternidade e o quanto podemos aprender em cada um destes momentos de vida.

Ao longo da leitura, me emocionei em vários trechos e tive a certeza de que deveria ter conhecido a Karen e a Paola há muitos anos. Teria sido muito mais fácil lidar com várias dessas questões. Relembrei muitos momentos difíceis que vivi como profissional e mãe de dois meninos, o Vitor e o Luca, hoje com 19 e 23 anos, já não tão meninos assim.

Em 1999, quando soube que estava grávida, mesmo com uma gravidez superplanejada, senti muito medo e ansiedade, sem saber se era o momento certo e como seria o meu trabalho dali para a frente. E só não foi mais difícil porque sempre contei com muito apoio, tanto do Mauro (meu marido e superpaizão) quanto da família e amigos.

Naquela época, falávamos muito pouco sobre tudo isso. O que nos restava era a escolha: ser mãe ou profissional. Ou, ainda, ser aquela mãe que trabalha e se sente culpada o tempo todo, assim como eu me senti muitas vezes.

De lá para cá, algumas coisas evoluíram; outras, nem tanto. Muitas de nós continuam se sentindo as únicas responsáveis pelo cuidado e criação dos filhos, mesmo sendo casadas ou tendo um relacionamento estável. Em entrevistas de emprego ou mestrado, ainda somos questionadas se vamos dar conta do trabalho por sermos mães. Ainda temos medo de ser demitidas após a licença-maternidade, o que faz com que muitas de nós abram mão desse direito (tão arduamente) conquistado. Mas é fato que já começamos a trilhar um caminho diferente, como mães e como mulheres, simplesmente por falarmos mais abertamente sobre o assunto.

E é exatamente aí que está a potência e a importância da leitura deste livro. O poder do E traz para a pauta a força que há em nós e tudo o que podemos desenvolver quando não nos sentimos mais sozinhas. Ao compartilhar suas jornadas pessoais, com muita sensibilidade, doçura e gentileza, sem ditar regras ou se colocarem como supermulheres, elas nos atingem no coração. Escrevem como e para mulheres comuns, que têm problemas, dificuldades e dúvidas.

Esta obra tem o poder de te ajudar a ser tudo o que quiser, como mulher, como mãe e como pessoa que está em constante evolução e, consequentemente, transformação.

Foi um presente ter o privilégio de acompanhar tão de perto sua gestação e nascimento, bem como, neste momento, ver que ele já pode ganhar o mundo e ajudar diversas mulheres a decidirem que caminhos querem traçar.

Andrea Lomardo
Diretora do Instituto teya

Sumário

1. Introdução: Por que (ainda) precisamos falar sobre isso? — 14

Apresentação
2. Um pouco do meu sonho, por Karen Wasman — 24
3. A minha história, por Paola Jagher — 42

A evolução da mulher
4. A evolução do papel da mulher na sociedade — 54
5. A construção emocional da mulher — 68
6. As revolucionárias — 82
7. Como estamos avançando? — 98

A jornada
8. Quando engravidar? — 108
9. Engravidei: e agora? — 128
10. Nasceu! — 152
11. Licença-maternidade e retorno ao trabalho — 168
12. Mais filhos: quero? — 182

Aprendizados
13. O que nos impulsiona? — 198
14. O que nos bloqueia? — 220

Reflexões finais
15. Conclusões e aprendizados — 242
16. Livros lidos para o processo de criação dessa obra — 260

Introdução

1

Por que (ainda) precisamos falar sobre isso?

Para contar uma história, não basta saber escrever.
É preciso ter coragem.

Mais do que escrever um livro ou compartilhar experiências, o nosso desejo sempre foi de deixar um legado para outras mulheres que, assim como nós, trabalham e são mães. Então, movidas por muita vontade e uma boa dose de coragem, nos desafiamos a escrever nossa história para inspirá-las e facilitar essa dupla jornada.

Quando partimos, não conhecíamos o caminho a ser trilhado. Os vários "mapas" de "como seguir" e "o que fazer" pareciam não funcionar para a nossa realidade. Somos intensas, sonhadoras e com vidas muito agitadas, cercadas por projetos e pessoas que dependem de nós. Duas executivas que trabalham em grandes empresas e encontraram na maternidade um desafio à altura.

Ao longo dessa aventura, com tropeços e paradas, quando nos sentíamos em uma rua sem saída, acabamos por encontrar pessoas igualmente dispostas a compartilhar as suas conquistas, dores e formas de superação. Histórias repletas de aprendizados, conquistados por meio de vivências tão únicas e, por vezes, tão parecidas com as nossas. Sem saber, elas estavam sinalizando caminhos possíveis e nos dando força para seguirmos em frente.

A vida nos deu o grande privilégio de sermos boas amigas, compartilharmos as dificuldades e nos complementarmos em nossas diferenças. Por isso, quando surgiu o desafio da maternidade, mesmo quando não sabíamos o que dizer ou como apoiar, juntas descobrimos disposição e coragem para "enfrentarmos" esse novo papel.

Quando a ideia de escrever este livro surgiu, estávamos vivendo diferentes fases, tanto da maternidade quanto da carreira. Logo em seguida enfrentamos a maior pandemia que a nossa geração já viveu, nos deixando isoladas. Com a escola e o trabalho invadindo as casas, em um instante estávamos aplicando a lição, corrigindo os trabalhos e ensinando a escrever (quem diria!), e, no instante seguinte, estávamos debatendo o impacto de uma economia em recessão. Desligamos pessoas importantes para seus times nas nossas empresas e ainda fomos apoio, afeto e esperança para os colaboradores que permaneceram. Somado a isso, dávamos aula na pós-graduação à noite, no contraturno do trabalho, e mantivemos nosso serviço voluntário com demanda aumentada.

Em meio a tudo isso, nossas famílias e filhos pegaram Covid, perdemos pessoas queridas e nos vimos frágeis. Mas também descobrimos alternativas para fortalecer os nossos vínculos, como o avô Emílio, que contava histórias ao telefone para os netos na hora de dormir.

Tal sobrecarga que vivemos não foi nem de longe a exceção. Vimos muitas mulheres se desdobrando no trabalho remoto, cuidando da casa, dos filhos e das reuniões enquanto lutavam para entregar todos os resultados esperados e ainda manter seus relacionamentos saudáveis.

O que vivemos como sociedade nesse período nos tornou mais vulneráveis e fortes ao mesmo tempo. Mas, principalmente, reforçou nossa decisão. Afinal, diante de tantos desafios vividos, como não admitir o imenso poder de realização que temos? Ou melhor, como não utilizar a potência que existe dentro de nós, mulheres, para tornarmos o impossível em algo real?

E foi assim – em meio às funções de mãe, executiva, professora, psicóloga, cozinheira e enfermeira (e outras mais!) – que decidimos escrever este livro, para dialogar com outras mulheres.

Com a decisão tomada, assim que terminou o lockdown esbarramos no primeiro grande desafio: sincronizarmos as nossas agendas e priorizarmos um "espaço" para desenvolver esse projeto. Foram muitos cafés de planejamento, finais de semana, feriados e até férias nos reunindo para produzir este livro. Sem contar os momentos em que escrevíamos enquanto os filhos estavam na casa dos avós ou dos amigos. Ou as várias vezes em que esperávamos a casa "silenciar" para escrever e acabávamos virando a madrugada, mergulhadas num turbilhão de emoções a cada tentativa de transpor as lembranças para o papel.

Neste processo de dividir nossa vida com você, pudemos fortalecer a nossa amizade e ainda ressignificar as nossas histórias. Por isso, cada encontro de preparação foi único e valioso, mas isso não significa que foi fácil. Não mesmo.

Também não foi fácil dormir pouco ou deixar em *stand by*[1] as outras vontades e projetos, ou simplesmente descansar e não fazer nada. Não foi fácil alinhar as tarefas "adicionais" da casa com nossos maridos para que pudéssemos usar este tempo para escrever. Ou mesmo admitir as nossas dores, medos, inseguranças e frustrações com a maternidade, a carreira e a vida. Mas o pior foi encarar "de frente" os nossos boicotes pessoais…

Enfim, foram muitas as renúncias e as escolhas que fizemos para que este livro pudesse chegar até você. E, se as listamos aqui, não é com o intuito de te desanimar ou mostrar que somos exceção à regra – muito pelo contrário! É para lembrar que toda mulher carrega uma verdadeira potência dentro de si, capaz de realizar coisas que parecem impossíveis até que sejam feitas. E ao compreender isso, somos absolutamente capazes de fazer tudo aquilo que desejamos, desde que tenhamos foco, determinação **e**… apoio!

---

[1] *Stand by* significa pausar, deixar em espera.

Aqui chegamos a um ponto fundamental que abordaremos no livro: ter – ou criar – uma rede de apoio, a qual chamamos carinhosamente de **aldeia**. Afinal, não teríamos feito tudo isso se não tivéssemos pessoas incríveis ao nosso lado durante todo o percurso. Nossos amores, familiares e amigos foram essenciais em cada fase dessa jornada. Eles foram nossa aldeia para que este livro pudesse nascer.

Como um bebê, ele foi gerado repleto de amor, empolgação, inseguranças e medos. E, assim como um bebê, demandou cuidado e dedicação. Exigiu de cada uma de nós tempo, paciência e respeito pela forma de ser e pensar da outra. Foi literalmente um aprendizado sobre quem nós somos, o poder da nossa amizade e do quanto podemos avançar quando temos pessoas sonhando conosco.

Nosso desejo é que este livro seja uma herança, um legado. Pois, assim como desejamos que nossos filhos sejam pessoas boas e que façam a diferença no mundo, queremos que ele transforme a vida de todas as pessoas que o lerem pelo poder do **e**.

> *Ninguém vive sozinho. Ninguém vence sozinho. Somente quando compartilhamos o que sabemos, o que aprendemos, nós multiplicamos as nossas forças, nos empoderamos mutuamente e nos tornamos protagonistas das nossas escolhas, da nossa história.*

E assim também é a maternidade. Apesar de tentarmos fazer muitas coisas sozinhas — dar conta dos assuntos, de nossas necessidades e de nossos filhos —, ela não precisaria ser vivida de maneira solitária. Pouco compartilhamos com outras mulheres sobre as nossas dores e dificuldades. Por várias questões históricas, sociais e até mesmo emocionais, aprendemos que deveríamos dar conta de tudo como "supermães", e, dentro desse contexto, pedir ajuda não faz parte. E pedir ajuda ou compartilhar as nossas dores ainda é sinônimo de fracasso e derrota para muitas de nós. Isso sem falar no medo do julgamento e nas infinitas comparações que fazemos com mães "perfeitas", idealizadas e "irreais" que muitas vezes imaginamos existir.

A questão é que a maternidade não é igual para todas e a relação que temos com o trabalho também não. Vivemos estes dois mundos de formas tão particulares e únicas, seja porque temos origens, oportunidades e experiências distintas, seja porque experimentamos sentimentos completamente diferentes mesmo quando estamos vivendo a mesma "realidade". E é exatamente isso o que torna nossa vida como mães e as nossas carreiras tão incríveis.

Mas como falar sobre isso? Como ajudar outras mulheres a conciliarem a carreira com a maternidade sem desconsiderar tantas e tão diferentes realidades?

Não sabíamos. Então... partimos do pressuposto de que, *"mais importante do que saber as respostas, é saber fazer as perguntas certas"*! Assim, fizemos uma pesquisa com mais de 100 mulheres das mais diferentes idades e lugares, tanto do Brasil quanto de fora dele.

O resultado confirmou o que a nossa intuição dizia: as dúvidas e anseios sobre o tema são parecidos. Também recebemos *feedbacks* surpreendentes das participantes reforçando a importância de abordarmos essa temática – algumas até disseram que, só de responder à pesquisa, já puderam se permitir pensar sobre o assunto.

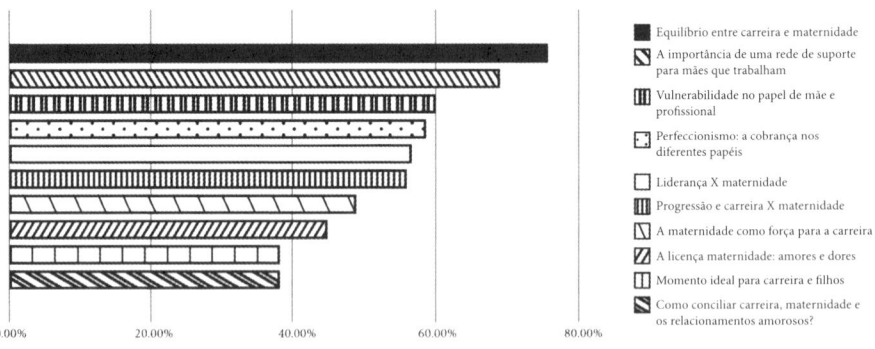

Ao final, a pesquisa comprovou algo em que acreditamos: o poder do diálogo, do compartilhar, bem como o quanto a sororidade[2] é mais necessária do que nunca.

Não é só sobre segurar a mão — o que por si só já é muito reconfortante —; é sobre impulsionar a outra, ou o máximo de mulheres que conseguirmos, para cima.

Este livro é a nossa forma de honrar o lema *"uma sobe e puxa a outra"*. Sabemos que há tantas realidades diferentes quanto o número de mães na Terra... Porém, mesmo com tantas diferenças, localizamos muitas semelhanças, sabe onde? Se você pensou nas dúvidas que corroem a nossa paz de espírito, acertou!

Por isso, decidimos usá-las para nortear esta obra.

∼

Sabemos que os desafios da maternidade começam bem antes de nos tornarmos mães:

Eu quero ser mãe? É isso que eu realmente quero para a minha vida?

E a minha carreira? Será que conseguirei ser uma boa mãe e continuar com o meu trabalho? Ou vou precisar abrir mão de um dos dois?

O segundo pensamento, quando a gravidez pode ser planejada, é:

Quando engravidar?

Qual o melhor momento da minha vida e da minha carreira para ter um filho?

∼

Com ou sem planos, vem a realidade, cheia de surpresas: uma promoção inesperada (e isso é bom!), um aborto espontâneo (que ocorre com mais frequência do que imaginamos), uma mudança de emprego ou de função, o falecimento de alguém especial ou mesmo uma tentativa de engravidar seguida da frustração por não conseguir.

Acontece também a coisa mais linda da humanidade: a gestação, seja ela em nosso ventre ou em nossos corações.

---

[2] Sororidade é a união entre as mulheres, baseada na empatia, respeito e irmandade. Então, praticar a sororidade também é parar de sustentar ideias que incitam a rivalidade do gênero feminino.

E, com ela, as perguntas dessa nova fase da jornada brotam em nossa mente:

Como conciliar as nossas tarefas com as necessidades de um bebê? Como compatibilizar as demandas de um bebê com os desafios no trabalho?

Qual o melhor momento — e jeito — para oficializar a gravidez na empresa? Aviso agora ou espero alguém perceber que estou grávida?

Vou conseguir performar grávida? Como fazer com o sono, inchaço, dores ou mal-estar?

Como lidar com todo esse mundo desconhecido que está se formando à minha frente?

O que fazer com a avalanche de informações e opiniões acerca desse momento, vinda da família, amigos e pessoas do trabalho?

Quando — por qualquer razão — a gestação não é planejada, há questões anteriores e mais urgentes do que todas essas, como:

E agora? O que eu faço?

∼

É em meio a esse turbilhão de acontecimentos, decisões e emoções que o milagre da vida acontece: nascemos como mães e, de presente, ganhamos um bebê. Às vezes, mais de um!

Só que, com o bebê, diversas mudanças e dificuldades surgem: no corpo, nas emoções, em nossa disposição, vontades, desejos e, claro, nos relacionamentos.

Durante a licença-maternidade, com todas as suas dores e amores, as perguntas não surgem… se multiplicam de uma forma avassaladora e intensa:

Quem eu me tornei depois de ser mãe? E quem eu quero ser?

Que vida eu quero ter e oferecer ao meu bebê?

O que quero daqui para a frente?

Como lidar com a pressão do fim da licença-maternidade?

∼

Superados os meses desse período mágico (ou não), mas repleto de descobertas, cansaço, medos, frustrações e intensa dedicação ao bebê, chega o momento de retornar ao trabalho. Com ele, outras dúvidas passam a existir:

Deixar o bebê com outra pessoa ou numa escola?

Mas será que eu quero mesmo retornar ao trabalho? Quero (ou preciso) ter outro trabalho? Ou quero desistir de tudo e ser mãe em tempo integral?

Como lidar com toda essa ambiguidade e angústia?

Vou dar conta de tudo: trabalho, casa e maternidade?

As minhas competências continuam as mesmas? Ainda sou capaz de trabalhar tão bem como antes?

As pessoas vão entender que eu mudei? E como falar sobre isso com elas?

Na volta da licença tudo é respondido, conseguimos — à nossa maneira — encontrar as respostas e aprendizados necessários durante essa fase da jornada.

∼

Até que, para algumas, surge um desejo (maluco?) de aumentar a família e reviver esses momentos. Então, novas perguntas se formam dentro e fora de nós:

Posso ou consigo ter mais filhos?

Dá para manter a carreira com mais um filho a bordo?

Como gerenciar o tempo com mais filhos?

É possível combinar melhor o jogo com os nossos parceiros?

Como lidar com o mito de que mulheres com muitos filhos não são produtivas no trabalho?

Nossa jornada começa aqui e vai passear por estas perguntas. Por isso, se algumas dessas dúvidas já foram suas ou estão exigindo a sua atenção nesse exato momento, este livro é para você!

Leia desde o início ou comece pela fase da jornada em que está agora.

Independentemente de onde começar, vamos te ajudar a ampliar seu olhar sobre o universo de possibilidades que a carreira e a maternidade oferecem. Uma jornada tão rica e desafiadora que a consideramos um dos maiores MBA[3] da vida!

Mas, cuidado! Você não encontrará nessas páginas as respostas para todas as suas dúvidas, nem uma receita pronta ou um modelo de como ser ou fazer as duas coisas. Também não temos a pretensão de trazer dados científicos ou pesquisas acadêmicas de ponta. Acreditamos que, melhor do que tudo isso, é te oferecer — de forma aberta e sincera — os nossos erros, acertos e aprendizados ao longo dessa mesma jornada. E foram muitos, acredite!

Assim, em vez de fórmulas mágicas ou verdades "absolutas", você mergulhará na nossa vida de mães e executivas. Esperamos que essas páginas te inspirem a conhecer e acolher melhor a sua própria história, seus desejos e sonhos.

Que este livro possa te impulsionar a ser quem você quer ser. Com menos medos ou autossabotagem. Com menos cobranças ou necessidade da aprovação dos outros. E com muito mais daquilo que realmente importa para você.

E aí, quem você é como mãe? Quem é como profissional? Como fazer para viver e realizar o seu melhor nestes dois papéis?

---

[3] A sigla "MBA" significa "Master of Business Administration" (Mestre em Administração de Negócios). É um curso de pós-graduação que visa desenvolver nos alunos as habilidades e conhecimentos necessários para tomarem decisões estratégicas eficazes e atuarem como líderes em suas organizações.

Aproveite essa leitura e todas as descobertas que virão com ela para ampliar as suas possibilidades de ser a mulher, a mãe e a profissional que você deseja e merece ser!

Apresentação

2

Um pouco do meu sonho

Karen Wasman

Oi, eu sou a Karen, diretora de RH e mãe de dois filhos lindos, a Marina e o Filipe.

Parece simples assim, não é verdade? Mas é uma longa história, cheia de curiosidades, aventuras e nuances que eu quero dividir com vocês. Não, ela não é um conto de fadas, mas eu também nunca quis que fosse. Porém, contém muita verdade, muitos desafios reais, tropeços, inúmeros aprendizados e, acima de tudo, muito amor. E é por este motivo que quero contá-la para vocês.

Falar de maternidade é como falar de um sonho que sempre esteve dentro de mim. Fui aquela criança que cresceu brincando de mamãe e filhinha, de boneca (amava a Barbie), que construía casinhas com sala, quarto e cozinha e as enchia de filhos. Pensava no quarto das crianças, fiz até minha mãe comprar os filhos para a minha Barbie, o que não era muito comum naquela época. Tinha, inclusive, o Ken e o Bob como seus maridos. Mas confesso que os príncipes tinham papel coadjuvante nas brincadeiras, o que eu queria mesmo era ensaiar meus passos maternos. Adorava a minha vida de mamãe que criava, cuidava dos filhos, vestia-os, educava-os, levava-os para a escola, colocava-os para dormir. Tudo isso me fascinava, talvez por isso eu tenha brincado de boneca até meus 12 anos e ainda lembre com muito carinho dessa fase. Tantas tardes brincando no chão do meu quarto com as minhas primas mais próximas: a Ana e a Dã. Passávamos horas brincando disso até os meninos – meu irmão e primos – chegarem e destruírem todo aquele mundo de faz de conta.

Só quando minhas priminhas temporonas nasceram que deixei as bonecas de lado. Apenas de lado mesmo, porque ainda as guardei por um bom tempo no armário. Morria de dó de me desfazer da minha coleção de Barbies, já que tanto as bonecas quanto seus acessórios custavam muito caro. Porém, com o nascimento da Manu e da Flavinha, eu comecei a me aventurar por brincadeiras mais realistas. Coitadas delas, hoje são mulheres lindas, mas sofreram um bocado em minhas mãos. Dormia na casa das minhas tias, ajudava com a comida, brincadeiras, troca de roupa e por aí vai. Ficar com as nenéns da família era algo que me dava muito prazer.

E assim fui crescendo, sempre rodeada de crianças... Quando me tornei adulta, não podia ver uma criança que já queria pegar no colo e brincar.

Não à toa, meu primeiro emprego, que pouquíssimas pessoas sabem, foi aos 14 anos em um jardim de infância, que ficava ao lado da empresa do meu pai. Eu estudava pela manhã e à tarde dava aulas de inglês em dois dias da semana, e nos outros auxiliava as demais professoras. Ganhava pouquíssimo, mas fazia aquilo por realização pessoal, até porque dispunha dessa possibilidade de não precisar me manter financeiramente.

Minha família sempre foi muito maternal e acho que herdei esse traço dos meus pais. A família do meu pai, de origem alemã, sempre foi mais distante. Ele ficou órfão aos 4 anos e acabou sendo criado pelos avós, que lhe davam o que comer e onde dormir, mas pouquíssimo carinho. Aliás, esse é um fato que sempre me marcou e despertou grande curiosidade. Perguntava muito para ele como era viver sem ter um abraço ou um beijo de boa-noite, como os que ele me dava. Talvez eu já suspeitasse que era justamente essa falta que garantia a minha rotina da hora de dormir, pois, apesar da sua criação, ele nunca falhava em demonstrar seu afeto.

Por outro lado, a família da minha mãe é italiana, então vocês já imaginam! Minha avó teve dez filhos, então cresci rodeada de muitos primos e primas que sempre dormiam na minha casa. Domingo era dia sagrado, dia da típica macarronada da minha avó. O evento começava um dia antes, quando ela e meus tios se reuniam para fazer a massa. Lembro-me de chegar em sua casa no sábado e a massa estar estendida sob a mesa, cheia de farinha para não grudar. Como toda boa família italiana, estávamos sempre juntos, conversando e cozinhando.

A casa era simples, de madeira e com horta no quintal. Lembrava os tempos difíceis da roça, mas sempre tinha muita comida, gente falando alto, falando dos outros e, inclusive, de quem não estava presente. Mas, no final, todos saíam se abraçando muito e declarando o amor que sentiam. No domingo, chegávamos e o cheiro do churrasco dos meus tios, do macarrão e da salada de radite já era sentido desde a esquina.

Até hoje esse cheiro é sinônimo de casa cheia. A imagem de crianças jogando bola, mesa farta, bebida livre e muita falação vem com facilidade em minha memória.

A família do lado materno era assim, festa e alegria sempre!

Com famílias tão diferentes, a equação dentro de mim não fechava. Sempre me perguntava como meu pai conseguia ser tão amoroso. Sério, ele se tornou o pai mais amoroso que já conheci! Sempre falava que a melhor parte da vida eram os filhos. Tinha prazer em ficar com a gente, tanto que se manteve atualizado na nossa adolescência para falar a mesma linguagem que eu e meu irmão falávamos. Essa presença, esse amor e afeto contribuíram e muito para meu desejo sublime de um dia poder viver esse sentimento avassalador que, mesmo sem ter experimentado, imaginava ser um dos melhores da vida.

Enfim, cresci com essa referência de que ser pai e mãe era bom demais! Era sinônimo de casa cheia, bagunça e alegria. Logo, não tinha como ser diferente, minha "veia" materna aflorava naturalmente. Apesar disso, desde nova já sabia que eu ia contra as estatísticas das meninas, não sei se pela educação dos meus pais ou por desejo próprio. Lembro claramente que na minha adolescência, enquanto minhas amigas e as filhas das amigas da minha mãe queriam muito se casar de branco, na igreja, e sonhavam com esse dia especial, montando o famoso enxoval*, eu nunca nem tive uma tolha a mais que ficasse guardada ou bordada com minhas iniciais para o grande dia. Isso nunca foi o meu sonho, não pensava nem um pouco em me casar, muito menos na igreja.

Eu era muito avessa às festas, fossem elas de formatura ou de casamento, talvez por ter tido como referência a falta de casamento dos meus pais. Eles eram contrários às regras da sociedade dos anos 1980. Meu pai era 19 anos mais velho que minha mãe e divorciado, tinha três filhos do casamento anterior. Minha mãe era a caçula da família. Então pensem no choque que foi apresentar meu pai para sua família naquela época: um cara 19 anos mais velho, divorciado e com três filhos! Um prato cheio para um escândalo na família megatradicional italiana.

Eles me contaram que passaram por muitas provações para ficarem juntos: uma hora eram os irmãos mais velhos da minha mãe, que rejeitavam meu pai; outra, eram os filhos do meu pai, que faziam de tudo para não aceitar a minha mãe na vida deles. Não foi um relacionamento fácil de acontecer. Acredito que, por tudo isso, e pelas tradições da igreja católica da época, não puderam se casar na igreja. Sendo assim, cresci sem essa referência.

Lembro-me de, em alguns momentos, a escola pedir fotos do casamento dos pais e era sempre uma complicação participar dessas atividades. Ainda bem que essas tradições e até mesmo os modelos de casamento hoje em dia são diferentes, pois eu morria de vergonha por não ter o que apresentar.

Como era constrangedor! Minhas mãozinhas suavam, eu ficava vermelha de vergonha e, por vezes, chorava com isso. Ainda bem que, em algumas dessas ocasiões, pude contar com professoras sensíveis e empáticas, que entendiam e contornavam a minha situação.

Não sei dizer se foi isso que me causou um certo trauma, ou se solidificou uma forma de ver o casamento de modo diferente. Quando questionava os meus pais sobre o porquê de eles não terem se casado com festa, na igreja, lembro-me deles me contando que casamento era algo maior do que isso: era viver bem no dia a dia, era respeitar e amar, e isso valia muito mais que um simples papel, portanto não sentiam falta disso. Então, ainda hoje, a minha referência de casamento é: duas pessoas que se amam e lutam para ficarem juntas, independentemente de ter ou não uma cerimônia religiosa, uma festa cara ou sessão de fotos.

Se bom ou ruim, essa visão de matrimônio acabou se tornando um escudo e uma verdade para mim. Festa de casamento, então? Dinheiro demais para um dia só. Além do mais, essa quantia toda poderia ser investida de outra forma, de preferência em viagens! Essas, sim, despertavam o meu interesse, sempre amei conhecer o mundo e suas culturas diversas.

Mas hoje confesso que já vejo as coisas de modo diferente. Ainda não me visualizo entrando na igreja, pois não acredito nesse tipo de bênção e tradição, mas me vejo, sim, em uma festa, celebrando o amor, a união, as conquistas, a superação, as fases! Adoro ir a casamentos e choro muito quando vejo uma linda história de amor. Então, não sou mais tão radical em ser contra festas de casamento – ao contrário, já me vejo celebrando a minha!

Vejam como a vida é linda, né? Tudo é uma questão de entendermos os "porquês", o motivo de pensarmos assim e, a partir disso, conseguirmos mudar o que nos incomoda na vida.

> *Falaremos muito disso ao longo do livro, de como podemos entender melhor as nossas crenças interiores, o porquê de pensarmos como pensamos, de entendermos as possibilidades que existem no "agora" para, se quisermos, podermos ressignificar muita coisa dentro de nós!*

Por exemplo, contei aqui como, desde cedo, eu, mesmo sem entender, apresentava um desejo de ser mãe, mas será que você percebeu de onde vem a minha referência de maternidade?

Do meu pai!

Sim, um homem como exemplo de maternidade. Não porque não tive uma mãe amorosa e presente, pois ela era muito. Mas quando paro para analisar o que marcou a minha vida, as expressões de acolhimento e cuidado que tanto valorizo, entendo que o grande exemplo de maternagem veio do meu pai.

Aristides, meu pai, foi o meu grande amor, meu exemplo de paternidade amorosa. Hoje falamos muito sobre mentalidade de crescimento[4], e ele foi o exemplo real disso. Sempre à frente do seu tempo, nos incentivando a ir além e a não desistir. Ao mesmo tempo que cobrava, oferecia o colo para chorar, o abraço para afagar. Aff! Quanta falta ele me faz! Ele faleceu há mais de dez anos, mas até hoje faço questão de manter sua memória viva em meus filhos. Contar suas histórias, falar de como ele era, como agia diante das diferentes situações que vivia. Afinal, ele me ensinou muito sobre esse modo de amar os filhos e quero que eles tenham isso também, saibam de onde vem todo o meu amor.

Até hoje sinto seu cheiro, a tenacidade de sua pele, as ruguinhas lindas na sua testa. Lembro que seu travesseiro era sempre cheiroso demais, pois o danado era tão vaidoso que passava perfume após o banho para dormir. Era ele que me acolhia em noites maldormidas, quem me dava o melhor boa-noite do mundo, me cobria nas noites de frio e fazia vitamina para mim todas as manhãs. Me deu o meu primeiro cachorro e me ensinou a amar os bichos; me escutava em momentos difíceis, mas também me enquadrava quando eu pisava na bola. Me ensinou a dirigir, me empoderou como mulher e me levou aos estádios e aos jogos de futebol do Athlético Paranaense.

Com ele, aprendi que ser humilde e cumprimentar todas as pessoas eram o mínimo de dignidade que deveríamos ter, independentemente da raça, gênero ou condição social.

Lembro-me claramente das manhãs de domingo, quando eu acordava e ia correndo para a sala, pois sabia que ele estaria lendo o seu jornal. Com um sorriso no rosto, deitava-me em seu colo e ganhava muito carinho e cafuné. Essa rotina era o auge da minha semana. O lugar mais seguro do mundo que já conheci foi o colo do meu pai. Ficávamos um tempão

---

[4] Segundo a psicóloga Carol Susan Dweck, ter uma mentalidade de crescimento é acreditar que as habilidades e a própria inteligência são maleáveis e podem aumentar por meio de esforço e aprendizado. Logo, nosso potencial pode ser desenvolvido continuamente.

ali, conversando, ele me contando sobre tecnologia, sobre o mundo, e compartilhando as suas opiniões comigo.

Meu pai lia muito, acho que por conta da falta de estudos. Fez só a primeira série, depois precisou largar a escola para poder trabalhar. Então, sempre cultivou essa sede de conhecimento. Estava lendo o tempo todo, assinava jornais e revistas e não perdia o telejornal da hora do almoço e do jantar. E, mesmo com a rotina corrida de trabalho e estudos autoimposta, era muito presente, todos os dias fazia questão de almoçar em casa e ver como estávamos.

Já minha mãe era a parte racional da relação, tanto com o marido como com os seus filhos. Sua linguagem de amor era através do "serviço"[5], muito semelhante à de minha avó, inclusive. Ela estava sempre provendo tudo de que precisávamos, fosse dar suporte às aulas, providenciar o material escolar, comida, ou, principalmente, evitar a falta, a escassez. Herdei dela valores muito importantes, como a liberdade e a disciplina, os quais me tornaram todo esse significado de mulher independente de hoje, que não precisa ser submetida a nada e a ninguém.

> *Sinto por não ter tido mais o colo dela, mas hoje entendo que o amor pode ser expresso por outros meios, inclusive através de toda a assistência e apoio não verbalizados que ela nos deu. Sei que minha mãe me amou do seu jeito e tinha sua forma peculiar de expressá-lo em cada ação, em cada tarefa que realizava; eu só não falava a mesma linguagem e, muitas vezes, não compreendia sua forma de me amar. Por isso, imagino como deve ter sido difícil para ela tentar fazer parte dessa conexão tão profunda que existia entre mim e meu pai.*

Além dos meus pais, outra forte referência de maternagem foi a minha "mãe americana". Com 16 anos, morei por seis meses no Texas, Estados Unidos. Realizei um intercâmbio cultural e morei na casa de uma família muito especial, os Keys. Kathy e Roxie Keys tinham dois filhos, o Little Roxie e a Michelle. Na época eles tinham 8 e 6 anos, respectivamente. Roxie trabalhava o dia todo e Kathy tinha dois empregos, um pela manhã e outro à noite.

---

[5] Atos de serviço é uma das linguagens do amor, citada pelo autor Gary Chapman em seu livro *As Cinco Linguagens do Amor*.

Kathy, mesmo após sua dupla jornada, chegava em casa cansada e ia até meu quarto saber de mim, perguntar como tinha sido meu dia e se eu precisava de algo. Sempre tinha algo para me contar e um sorriso a doar. Que mulher! Que exemplo! Ela me ensinou que a escuta, sem esperar nada em troca, é uma forma de amor. Sempre me dizia o quanto me considerava corajosa, por ser nova e atravessar o oceano para viver longe do meu país. Ela também era um verdadeiro equilíbrio de incentivo e amorosidade. Até hoje mantemos contato e tenho um sonho grande de poder reencontrá-la, dar-lhe um grande abraço e agradecer por tudo, dizer o quanto ela contribuiu para a minha vida e a minha forma de ver a maternidade.

> *Hoje, vejo como a vida foi generosa comigo!*
>
> *Sempre me presenteando com lindos exemplos de amor materno, sejam eles vindo de homens ou de mulheres. E isso é o primeiro destaque que gostaria de deixar para você: maternar é aprender, é observar e buscar inspiração em fontes diversas, sem se apegar apenas à mulher. Mas falaremos sobre isso mais adiante.*

Claro que, com isso tudo, vieram o primeiro namorado, as melhores amigas, as festas, o primeiro carro e as diversas viagens.

Ah! As viagens e as amizades, como aproveitei!

Fui muito precoce em diversos aspectos, não sei dizer se por parecer madura e muito curiosa ou se eram os meus pais que me viam grande e me lançavam na vida. De qualquer forma, o fato é que, com 14 anos, tive meu primeiro emprego, com 17 sabia que profissão teria e ingressei na faculdade de Psicologia, com 18 anos já viajava de carro sozinha com as amigas e com 23 anos me casei.

Sim, eu me casei com 23 anos! E, não, não estava grávida!

Agora você pode estar se perguntando "Como assim?", certo?

Deixem eu explicar… Lembram que contei como eu era precoce? Eis que, com 21 anos, novinha de tudo, conheci o amor da minha vida. Sabem aquela pessoa que faz seu coração disparar (de verdade mesmo!), a boca secar e com quem você quer ficar sempre junto, acima de qualquer desafio? Pois é!

Eduardo, que carinhosamente chamo até hoje de Dú, era amigo da minha melhor amiga, Paty – que, inclusive, é minha grande amiga até hoje.

A minha história com o Dú sempre foi intensa. Conheci-o no auge da minha independência, já trabalhava com carteira assinada (a famosa CLT[6]), tinha meu carro, estava no último ano da minha faculdade, mas, mesmo assim, "bateu". Foi aquele lance profundo, que a gente não escolhe, só vive. Você conhece a história... O beijo era bom, o cheiro impregnava na alma e, o mais importante: ele me fazia rir! Eu sempre falava que me casaria com alguém que fosse legal e me fizesse sorrir. Pois bem, o universo ouviu e o Dú era esse cara!

O Dú era o centro das atenções na faculdade que ele e a Paty faziam. Aquele tipo popular que estava em todas as rodas, em todas as conversas, e que todos conheciam. No começo, ele não me dava moral (depois me confessou que era sua tática para a conquista, disse que "não se deve dar moral para mulher bonita").

Então, eu o via de longe. Sabia que era o tal Eduardo que todos conheciam, mas não me sentia tão atraída por ele, até que ficamos juntos pela primeira vez. Foi em uma festa da sua faculdade, em um barzinho aqui de Curitiba. A Paty e eu tínhamos feito um "esquenta" antes de entrar na festa, o que me ajudou a ficar mais "simpática". No meio da noite, a Paty me contou que o Eduardo tinha gostado de mim. Achei estranho, porque parecia que eles dois é que ficariam juntos. Como a minha vergonha já estava menor devido ao teor alcoólico, disse na mesma hora que também estava a fim dele.

> *Vocês podem não acreditar, mas naquele mesmo dia eu desejei encontrar alguém para mim. Uma pessoa legal com quem eu pudesse ter algo sério. Por isso, sempre digo que temos que tomar muito cuidado com o que desejamos, pois as coisas acontecem!*

---

[6] Carteira assinada em regime de CLT se refere a um contrato de trabalho formalizado entre um empregador e um empregado, regido pelas leis trabalhistas brasileiras, mais especificamente pela Consolidação das Leis do Trabalho (derivando, daí, a sigla).

E daquele momento da festa em diante, ficamos conversando por horas. Claro que nada profundo, pois já era tarde da noite e ambos estavam superembriagados. Só sei que, já no final da festa, ele me pediu um beijo e eu dei. Foi bom demais! Daqueles que você não esquece. Ficamos o resto da madrugada juntos e depois desse dia não desgrudamos mais.

Como o Dú fazia a mesma faculdade da minha melhor amiga, era muito fácil conciliar os encontros com a turma deles. Ou seja, estávamos toda hora nos mesmos bares, eventos e festas. Óbvio que isso só serviu para que eu seguisse cada dia mais apaixonada por aquele cara que me ligava com voz tímida, me chamando para sair, me beijando com convicção e me fazendo sorrir.

Edesio, meu sogro querido, é de Santa Catarina, logo a praia sempre foi ponto de encontro e férias para a família do Dú. Como também era um dos destinos frequentes nas viagens com meus pais, fui criada amando isso também. Então, a praia sempre foi um dos nossos lugares preferidos, onde nos energizávamos. Tanto que Dú escolheu o nome da Marina por significar "a que vem do mar", que tem tudo a ver com a nossa história e com nossos gostos.

Lembro que, inclusive, a nossa primeira viagem juntos foi para a Ilha do Mel, uma ilha linda aqui no Paraná. Estávamos num luau que o povo nativo realizava quando um homem passou por nós e nos disse que o casal que se sentava sob o olhar do luar e das velas acesas na praia seria feliz para sempre. Foi lindo esse momento e eu acreditei piamente nas palavras daquele desconhecido.

Mas, como vocês bem sabem, nem tudo são flores em um relacionamento. E o nosso não foi diferente.

Logo no início do namoro, há uns três meses juntos, Dú viajaria com seus pais e irmãos para passar o Natal em Santa Catarina, com a sua avó paterna. Eu ficaria com a minha família em Curitiba. Apesar de trabalharmos o dia todo e estudarmos à noite, todos os dias dávamos um jeito de nos encontrarmos, nem que fosse para um "oizinho". Então, imaginem ficar longe dele por cinco dias! Era muito para mim.

Na semana anterior ao Natal, ele me encheu de presentes. Dú trabalhava em uma loja de shopping, na época como vendedor, e me deu roupas e coisas lindas que toda jovem de 21 anos ama receber. Me senti a namorada mais realizada do mundo, apaixonada e sendo correspondida! Combinamos de ele voltar antes de Floripa, para nos encontrarmos e passarmos o dia 25 juntos na minha casa. Eu amava os almoços de Natal na casa da minha avó, mas saí correndo para poder reencontrá-lo.

> *Aqui vale dizer que o meu relacionamento com o Dú estava sendo superdiferente dos outros. Se antes eu não era muito carinhosa, com ele eu adorava ficar o tempo todo grudada. Realmente me entreguei por inteiro, sem medo de ser feliz. Por isso, estava desesperada para revê-lo.*

E quando finalmente nos vimos, lembro que ele me deu um abraço demorado, daqueles que parece nunca mais querer soltar. Ufa! Não era só eu estava morrendo de saudades. Que alívio! Então, o abracei e beijei muito. Mas...

Acho que eu estava com tanta saudade que quase não percebi sua cara pálida e seu olhar assustado. Logo que me soltou, ele me disse "precisamos conversar", pois havia algo sério que queria me contar. Ele se sentou ao meu lado com um olhar fixo e começou dizendo que me amava muito, mas que algo inesperado havia acontecido. Assim, numa disparada só, ele me contou que sua ex-namorada estava grávida de 4 meses e ele entendia que, devido a isso, deveria ficar com ela.

Não preciso nem dizer que meu mundo desabou naquele momento. Minhas mãos e pernas tremiam e eu chorava sem parar. Não sabia se gritava, se chorava ou se mandava ele sumir. Senti muita raiva dele e de mim também, me senti traída. Traída por ter acreditado tanto naquele amor, que era o maior que já havia sentido até então.

Pensei também: "Poxa, que momento, né?". Aliás, receber uma notícia dessas logo no Natal? Que sacanagem! Foi tão intenso que não consigo nem me lembrar de nada, como se o tempo tivesse congelado naquele momento.

Mas mesmo sendo muito novinha, ou talvez por isso mesmo, meu mundo desabou. No momento que ele acabou de me contar, terminamos. Pedi para ele me esquecer e nunca mais me procurar, que ele podia ficar tranquilo, porque não ouvira mais falar de mim, que seguisse sua vida, com sua ex-namorada porque eu não queria mais saber dele.

Eu queria morrer! Doía demais. Eu toda entregue, toda apaixonada, e ele me vem com uma bomba dessas. Acordei algumas vezes desejando que o mundo acabasse; em outras, que tudo aquilo não passasse de um pesadelo, mas a verdade era uma só: Dú tinha voltado com sua ex-namorada e isso era tudo que eu sabia sobre ele.

Fui chorar no colo da Paty e das minhas amigas que me conheciam e sabiam da minha paixão por ele. O que mais me estranhava naquele momento é que, apesar de ter tido outros namorados, nunca havia doído tanto. Proibi minhas amigas de me falarem sobre ele, mesmo que soubessem ou vissem algo. Passei dias vivendo o luto do final daquele relacionamento curto, mas superintenso.

Ah, o amor! Como é bom, mas como dói!

E ninguém tinha me ensinado isso. Meu peito doía, não tinha vontade de fazer nada, só chorava.

Como disse, a intensidade é ótima, mas ela te devasta também, principalmente nos momentos de dor. Fiquei arrasada e ainda tinha o Ano Novo para enfrentar. Tinha idealizado tanta coisa para nós dois... Já havíamos combinado de passarmos juntos. Mas a realidade foi outra e passei uma das piores viradas de ano da minha vida. Na hora da virada, eu só pedia que aquela dor no peito passasse, que eu voltasse a curtir a vida e me esquecesse de vez aquele cara!

Fiquei pensando que daria conta de qualquer problema que pudéssemos enfrentar, mas uma gravidez? Jamais esperaria isso!

Meu Deus, nem na minha fase mais criativa me imaginei numa situação dessas. Era muito para a minha cabeça! Não dava conta de entender, muito menos de pensar em viver algo assim com 21 anos! Parecia que eu estava em um conto do Nelson Rodrigues, de tão surreal. Não tinha ninguém a quem consultar sobre como lidar com uma situação inusitada dessas. Enfim, fiquei sem referência, sem chão e sem condições de continuar essa relação.

Meus pais, supertradicionais na educação, quando souberam, quase colocaram sua princesa (eu) em outro reino, só para ficar longe do monstro malvado (no caso, o Dú). Eles foram super contra e firmes em não aceitarem que eu continuasse um namoro com alguém que seria pai do filho de outra pessoa. Mal sabiam a personalidade que eu e Eduardo já tínhamos na época. Já havíamos terminado o namoro, ele afirmando precisar fazer o que era certo e eu dizendo que jamais ficaria com alguém naquelas condições.

Porém, me indignava muito o fato de meus pais terem vivido algo muito parecido (filhos de relacionamento anterior) e, no momento que eu mais precisei, só me julgarem, sem nem bem entenderem o que estava acontecendo. Claro que, com o tempo, eu passei a entendê-los, mas na época, jovem de tudo, só fazia me indignar com eles e não aceitar nada do que falavam. E isso me doía muito, pois eu era muito ligada aos dois. Parecia que estava vivendo um inferno astral, com todos os campos da minha vida — família, namoro, tudo — de pernas para o ar!

E, assim, três meses de sofrimento se passaram, com cada um seguindo como precisava ser. Eu não o procurei e ele não me procurou – com certeza tinha muito o que resolver e a que se adaptar. Afinal, ser pai aos 21 anos não devia ser fácil.

Capítulo encerrado, vida que segue. Viajei para a praia com as amigas, bebi, dancei, curti minha vida de solteira... Mas confesso que ainda achava sem graça muita coisa que vivia. Era jovem e sabia que o Eduardo deveria ser só mais um namoro vivido. Mas pensava: "E se esse sentimento nunca mais passar?"; "E se eu nunca mais voltar a gostar de alguém?".

Eis que um dia, do nada, recebo uma ligação da Paty. Nessa época ela já estava morando em Barcelona, mas mesmo de longe acompanhou todo o desfecho do nosso namoro. Enfim, Paty me ligou e me contou que o Eduardo estava colocando um ponto final na relação dele. Que continuava decidido a fazer o que era certo, seguir como um bom pai, mas não viveria uma relação sem amor apenas para seguir os padrões da sociedade. Ao ouvir aquilo, minha perna tremeu. A decisão madura de se posicionar, assumindo a sua verdade, me fez admirá-lo ainda mais! Ficava pensando: "Cara, ele é F*D@, cheio de personalidade!". Teria que bancar todos na sua família para aceitarem sua decisão...

Ele me ligou naquele mesmo dia, me perguntando se podíamos conversar. Assim que nos encontramos, desabafamos sobre o que havíamos vivido naqueles três meses separados e o que ainda sentíamos um pelo outro. Conversamos também sobre o futuro, as muitas dificuldades que enfrentaríamos, ele lidando com as responsabilidades da paternidade e eu com a dificuldade de viver tudo aquilo.

Resumindo, um mês depois estávamos juntos e vivendo quase que um namoro à "Romeu e Julieta". Do lado dele, a família interferindo para que assumisse a mãe de seu filho; do meu lado, todos continuavam contra o meu namoro com alguém "grávido"!

E, assim, entre trancos e barrancos, seguimos namorando. Eu, cheia de dúvidas, medos e muito ciúme; ele — coitado —, aguentando firme e forte toda a pressão que vinha!

Por longos dois anos e meio seguimos namorando, com as famílias contra nós, sem nos apoiar em nada. Mal sabiam que essa "força contrária" só nos fortalecia. Nesse meio-tempo o Filipe nasceu, no dia 24 de agosto de 2001. Nessa data, ao invés de apoiar o Dú e ficar ao seu lado, não consegui.

> *Imaginem se, um belo dia, seu namorado te liga todo feliz dizendo: "Estou indo para o hospital, meu filho vai nascer!". Como você reagiria?*

Eu tive muito medo. Medo de ele não voltar para mim, medo de que se apaixonasse demais por aquela criança e me esquecesse... E, de fato, foi tudo isso que aconteceu. Eduardo renasceu! Tornou-se o pai mais babão de todos, começou a ter responsabilidade como nunca vi! Trocava fralda, fazia dormir, não saía de casa. E eu, acompanhando tudo isso de longe. Depois de um tempo, voltamos a nos falar e... não aguentamos, voltamos a namorar.

Essa foi uma das épocas mais difíceis do meu namoro. Um pai amoroso e dedicado havia nascido, e um namorado ausente também. Comecei a entender o que era ser pai naquele momento – não que eu não compreendesse o meu, mas era diferente. Agora eu estava do outro lado da moeda, acompanhando de perto a outra fase da vida de um pai. Dú sempre deixou superclaro que gostava de mim, mas enfatizava que o Filipe sempre estaria em primeiro lugar. Eu ficava muito brava quando ele falava isso, me sentia preterida, não amada. Era mais ou menos assim: "Se quiser ficar comigo, é dessa forma, porque o espaço do meu filho é indisputável!".

Hoje, eu o entendo perfeitamente e faria o mesmo.

E foi deste jeito que vivi o começo de uma maternidade, gerida a várias mãos e várias mães... Filipe era um encanto de bebê, lindo, grande, bochechudo! Não tinha nem como não gostar dele. Era mimado por todos os lados e por todos os avós! E, no meio disso tudo, eu não sabia nem qual era o papel de uma madrasta, então apenas apoiava o Dú em seus movimentos. Nem todos eu entendia, nem todos eram claros e fáceis para mim, mas eu seguia orientada pelo que sentia, que não era pouco, nunca foi.

Minha família continuava não apoiando meu namoro até que, aos 23 anos, tive uma briga com a minha mãe e resolvi sair de casa. Para onde? Nem eu sabia... Já trabalhava, tinha meu carro e havia terminado a pós-graduação, mas saí com a famosa expressão "uma mão na frente e outra atrás", não tinha nada. A tia Carmem, casada com meu tio Sadi (irmão da minha mãe), foi quem me acolheu. Após passar um mês na casa deles, o Dú resolveu alugar uma casa, dizendo que já era hora de seguirmos juntos. Eu nem acreditei! Eu ainda morria de medo, mas não tinha muita opção naquele momento. Fomos morar em uma casa de madeira, em um bairro simples e modesto de Curitiba, ganhando móveis usados de todos os tios e tias que nos apoiavam.

Depois de alguns meses, meu sogro, como sempre o mais compreensivo com a gente, percebeu a seriedade do nosso relacionamento e nos cedeu um apartamento seu, anteriormente alugado, para que pudéssemos iniciar a vida a dois – ou, a três, pois Filipe sempre estava com a gente.

Não tivemos noivado, não tivemos festa de casamento, mas já tínhamos uma vida de gente grande, com responsabilidades e alegrias enormes: cuidar de uma criança.

> *Ter me casado nova causou muita repercussão, muitas brigas e conflitos, mas hoje vejo que ganhei um dos presentes mais lindos da minha vida: Filipe!*

Com o passar do tempo, fui aprendendo muito com a relação dos dois, todo o cuidado, dedicação e amor que aconteciam. Não foi fácil, precisei aprender a lidar com meu ciúme, meu egoísmo e tudo que envolvia priorizar uma criança.

Filipe se tornou meu primeiro exemplo real de maternidade. Cuidava tanto daquele pitoco que entrou na minha vida, que confesso ter ultrapassado o limite da relação madrasta-enteado várias vezes, precisando recuar e entender que eu era "só" a madrasta e não a mãe dele. Aliás, odeio desde sempre essa palavra que me remetia às bruxas da Disney!

Diante de todos os desafios que esta situação nos trouxe, eu me apaixonava cada dia mais pelo fato de ser "mãe". Me apaixonei também pelo lindo pai que vi nascer no Dú, pelas coisas que aprendi com ele, mesmo que na marra. E, apesar de ser uma garota mimada de 23 anos e não entender muito do que acontecia, no fundo eu admirava o fato de ele colocar o filho como seu amor maior e prioridade inegociável. Sabia, mesmo que inconscientemente, que esse era o pai que eu queria para os meus filhos. Que, se estivesse com alguém que não fosse um pai exemplar, essa relação não serviria para mim.

Combinamos de engravidar em um momento mais estruturado de nossa vida, em que sentíssemos um pouco mais de segurança, o que na época se resumia em um emprego bom, ter comprado nossa casa e, o mais importante: Filipe estar com uma idade mais avançada, em que também pudesse curtir o bebê.

Foi assim que, em 26 de setembro de 2009 (com 29 anos), nasceu a nossa linda Marina, de parto programado, para que meu marido, que tanto viajava, pudesse estar presente no momento mais lindo da minha vida.

Costumo dizer que o "barato" que senti na hora do parto foi tão mágico que queria vivê-lo todos os anos. Talvez por ser a realização do meu maior sonho, me senti em nirvana por alguns minutos. Foi demais me perceber capaz de ter gerado aquele serzinho tão pequeno, mas que trazia tanto de mim, tanto de nós. Quando a vi, só chorei, não conseguia falar. Vê-la nos braços do Dú, ele com os olhos transbordando emoção, foi demais! Valeu cada batalha travada, cada frustração, cada sonho semeado, os meses e meses de espera. Foi demais!

Hoje tenho a família que sempre sonhei. E apesar de estar longe de ser perfeita, considero-a perfeita na sua imperfeição. Ela é meu alicerce, minha razão de seguir em frente.

Bem, mas este é apenas o começo de tudo. De lá para cá, esta jornada tem sido uma das coisas mais legais e mais desafiadoras da minha vida. E como é gostoso dividir com vocês as dores e os amores que vivemos ao longo desse caminho!

3
A minha história

Paola Jagher

Você é a mensagem que carrega.

Sempre tive uma vontade enorme de escrever um livro. Sempre sonhei com essa possibilidade, apesar de não saber ao certo sobre o que ele seria. Pensava que, quando este momento chegasse, eu poderia compartilhar algo que tivesse "em mim" que pudesse tornar a vida das pessoas melhor e mais feliz.

Hoje, entendo que este é mesmo o meu grande propósito de vida: contribuir para que as pessoas sejam melhores em seus diferentes papéis na vida e, como consequência, consigam usufruir da alegria de vivê-los plenamente. Essa é a mensagem que carrego comigo.

Tive o privilégio de crescer em uma família em que ajudar era algo natural, parte da minha rotina. Sempre vi meus avós, pais e tias como referências em servir. Lembro-me de participar de diversas iniciativas na igreja, no bairro, na família — momentos estes cercados por generosidade e empatia.

Assim, cresci com este entendimento de que fazer algo pelo outro era importante e — mesmo não sabendo muito bem como colocar em prática — buscava encontrar uma forma de "canalizar" este desejo.

Olhando agora, parece óbvio. Mas, quando era adolescente, não sabia muito bem como escolher uma profissão que me possibilitasse viver isso. Hoje, me alegro por ter feito escolhas (e por continuar fazendo!) que trilham por esta direção. Tudo o que tenho feito e mobilizado nos últimos anos vai ao encontro deste valor.

Porém, o fato de o meu primeiro livro ser *justamente* sobre maternidade deve estar deixando muita gente confusa. Aliás, se você me conheceu no colégio ou na faculdade, calma que eu vou explicar o que aconteceu para chegarmos até aqui!

Quem me conhece há tempos sabe que desde sempre os meus planos estavam ligados ao trabalho. O objetivo era ter uma carreira de sucesso e me destacar como uma profissional de alta performance. Logo, sonhava com o dia em que seria uma executiva bem-sucedida, independente e realizada.

Mesmo durante a faculdade de Psicologia, escolhia estágios que me dessem destaque, progressão e a independência que tanto queria. Foi assim que encontrei na área de recursos humanos a possibilidade perfeita para unir estes dois aspectos tão fortes em minha vida: ajudar as pessoas e ter uma carreira de sucesso.

Naquela época eu já entendia que, se quisesse ter meu futuro garantido, teria que agir de forma estruturada e planejada. Então, usava cronogramas e checklists para controlar praticamente tudo. Só assim conseguiria colaborar com o desenvolvimento das pessoas e, ao mesmo tempo, gerar resultados expressivos (se você está rindo e concordando, é porque me conhece muito bem!).

Com esse projeto de vida tão bem organizado, você pode estar se perguntando: "E a maternidade, onde entra?". Pois é... soa até estranho dizer isso em "voz alta", mas a maternidade não fazia parte dos meus planos. Não havia espaço para pensar na possibilidade de ser mãe.

> *Ainda sinto um desconforto ao lembrar que a maternidade não estava nos meus planos de vida. Ou melhor, eu não reconhecia tal desejo. Lá no fundinho do peito, eu sentia um enorme medo de não ser uma boa mãe, de não dar conta e não "performar" neste papel.*

E, movida por esse medo, considerava impossível ter uma carreira e ser mãe ao mesmo tempo. Assim, durante anos acreditei que havia somente um caminho a ser percorrido: o que eu podia controlar.

Naquela época, não parava para refletir sobre o porquê de acreditar nisso. Só parecia óbvio.

Sou a filha mais velha de um casamento que terminou quando eu tinha 7 anos. Meus pais vieram do interior de São Paulo para Curitiba e casaram-se ainda jovens. Desse casamento, que durou aproximadamente dez anos, eles tiveram três filhos: eu, o Bruno — que nasceu prematuro e faleceu com poucos dias de vida — e a Mariana. Porém, alguns anos após o nascimento dela, a separação dos nossos pais nos obrigou a vivermos grande parte da nossa infância divididas entre duas realidades: a casa da mãe durante a semana e a casa do pai aos finais de semana. Durante este período, meu maior vínculo afetivo era a Mariana.

Além de ser minha irmã, Mariana foi a pessoa que sempre esteve ao meu lado. Sinto uma profunda admiração e gratidão por tê-la em minha vida. Muito do que enfrentamos juntas me tornou a pessoa que sou hoje. E, mesmo sendo a irmã mais nova, cuidou e continua cuidando de mim até hoje. Ela foi a minha fortaleza em momentos difíceis e por causa dela muitos bons momentos também foram vividos.

O divórcio dos meus pais mudou a minha forma de ver o mundo e pensar o futuro. Com a dor da separação, o medo de não conseguir amar, cuidar e ter uma família foi crescendo silenciosamente dentro de mim. O tempo foi passando e fui me "blindando" de tudo o que pudesse me fazer sentir como aquela menina de 7 anos novamente. Assim, relacionamentos, casamento e filhos não estavam no *script*[7] da história que eu estava escrevendo para a minha vida.

Com o passar do tempo, tanto meu pai quanto minha mãe se casaram novamente. Meu pai se casou com a Marilda (para nós, Jô) e, com ela, ganhamos o Rui: irmão caçula com quem tive a oportunidade de viver boas histórias.

---

[7] *Script* é um conjunto de instruções ou comandos a serem seguidos para realizar uma tarefa específica.

> *O Rui chegou como um presente que eu não esperava. Em pouco tempo criamos uma conexão de irmãos. Com ele e com a Mari tenho as melhores memórias dessa época. Nossas férias de verão na praia até hoje rendem boas risadas, assim como as muitas histórias dos almoços de domingo, natais e bagunças no carro enquanto viajávamos. Como sou grata por tê-lo como irmão! Tenho muito orgulho da sua trajetória e de quem ele se tornou. Sou sua fã e seguidora!*

Na mesma época, minha mãe também iniciava um relacionamento com o Marcelo. Ele também já tinha uma filha de 4 anos, a Carol — com idade bem próxima à da Mariana na época.

E foi assim que, curiosamente, a família cresceu em ambas as direções e eu tive a oportunidade de aprender com duas mulheres que me amaram e me influenciaram muito.

Com a minha mãe, Célia, eu guardo lembranças da minha primeira infância, de carinho e atenção. Após alguns encontros e desencontros, tivemos a chance de recomeçar e estabelecer uma relação de cuidado e amor. Devo a ela o fato de ter me gerado, de ter me carregado por nove meses em sua barriga e passado por tantas coisas que conhecemos e vivemos quando nos tornamos mães. Graças a essa maternidade, posso estar aqui agora, contando todas essas histórias para você.

> *Depois que me tornei mãe, consegui acolher e perdoar muitas situações que vivi com a minha mãe. Consegui entender melhor muitos sentimentos e ressignificar ações que, na perspectiva de filha, sofri e julguei. Sinto uma alegria enorme por poder ter retomado a nossa história e incluí-la na minha vida novamente com outro olhar e maior aceitação. Ressignifiquei o grande amor que tenho por ela.*

Com a Jô, eu vivi uma grande parte da adolescência e início da vida adulta. Ela nos recebeu (Mariana e eu) como parte do "combo" quando escolheu meu pai e foi fundamental nessa fase tão difícil da separação. Em muitos momentos exerceu o papel de mãe para nós. Tenho muitas lembranças que marcaram e definiram a minha história por conta do seu cuidado e amor. Lembro-me de quando nos levava para a escola para comprar roupas e quando organizava nossas festas de aniversário. Ela proporcionou grandes momentos na minha vida: minha festa de 15 anos, meu intercâmbio para a Polônia e várias conquistas que vieram depois na minha carreira e família.

A Jô sempre foi um espelho para mim. Nela eu encontrava um mundo de possibilidades de quem eu poderia ser. Hoje percebo o quão diferentes, mas igualmente parecidas, nós somos. Por conta disso, foi difícil encontrar quem éramos e nossos espaços naquele novo formato de família que surgia — mas o amor e a vontade de fazer dar certo sempre estavam lá para que pudéssemos recomeçar. Admiro sua coragem, sua força e persistência. Ela é uma grande "mulher de negócios" e uma supermãe. Uma mulher que me inspirou, me ensinou tantas coisas e me impulsionou como profissional e mãe (talvez nem saiba o quanto!).

Hoje sei que a minha mãe e a Jô são grandes referenciais em minha vida. Exerceram papéis distintos e, por vezes, até mesmo antagônicos. Me incentivaram e contribuíram para eu ser quem sou. Tenho muita gratidão e amor por tudo o que elas significam na minha vida.

Além dessas mulheres, também sou filha de um pai maravilhoso chamado Emílio. Inteligente, empreendedor e extremamente generoso. Com ele aprendi que a vida pede esforço, dedicação e que sejamos fortes. Além de ser uma pessoa estudiosa e exigente, sempre foi muito carinhoso e amoroso.

Meu pai é outra grande referência em minha vida. Aprendo com ele desde pequena e até hoje seus conselhos e orientações norteiam as minhas escolhas. Tenho as lembranças mais bonitas e afetivas ao seu lado. Nos conhecemos pelo olhar e temos uma conexão muito forte. Sinto-me privilegiada por carregar o seu legado e me parecer com ele em vários aspectos. Ele me inspira e ocupa um grande espaço de amor na minha vida.

Durante alguns anos, principalmente depois da separação, ele também foi um pouco "mãe". Apoiava, conversava e cuidava. Acompanhava as notas da escola e nos ensinou a importância do trabalho, do estudo e do dinheiro. Com ele aprendi que nunca devemos parar de estudar. Também aprendi que a forma como gastamos o nosso dinheiro diz muito sobre quem nós somos. Aliás, ele é um exemplo vivo disso. A partir de uma família muito simples, conquistou muitas coisas e cuidou sempre de todos ao seu redor.

> *Meu pai é um cara engraçado, alegre e contador de piada (dou risada há muitos anos das mesas piadas e amo mesmo assim!). Sua risada e companhia contagiam. Ele ajuda muita gente e é uma fonte de inspiração quando o assunto é generosidade. Também gosta de tocar violão, pescar e cozinhar. Aliás, o seu churrasco é o melhor do mundo!*

> *Trabalhou e se dedicou muito para que eu e meus irmãos pudéssemos nos tornar pessoas boas, fazer o bem e cuidar daqueles que estão ao nosso redor. Muitas das coisas que vivo hoje são fruto do seu amor, incentivo e mentoria – inclusive este livro.*

E, graças aos recomeços, eu cresci cercada de muita gente e uma família enorme. Foram muitos os conflitos e as rupturas diante dessa nova configuração familiar que se apresentava. Mas, com o tempo, fomos nos adaptando. Graças a essa dinâmica, bem alternativa para a época, tive uma adolescência permeada de experiências legais e muito desafiadoras. Precisei encarar situações difíceis ainda muito nova — que me fizeram amadurecer e crescer como pessoa. Também pude viver experiências incríveis, como estudar fora, viajar e fazer amigos maravilhosos.

Ah! E graças a tudo isso, tive o privilégio de ter avós maravilhosas. Não uma, nem duas... Eu tive três!

Minhas avós — Paula, Tereza e Iracema – foram verdadeiras fontes de inspiração na minha vida, exemplos de generosidade e amor. Coincidentemente, as três foram professoras no ensino fundamental. Mulheres que trabalhavam duro dentro e fora de casa. Fizeram escolhas difíceis no casamento e na vida. Pagaram um preço alto e amaram quando não tinham mais o que fazer. Amaram muito e de forma despretensiosa, mesmo quando não foram retribuídas. Cuidaram de todos à sua volta, mesmo que ninguém cuidasse delas.

Quando penso nisso, sinto tanto orgulho delas, de ter o privilégio de tê-las em minha vida e fazerem parte do meu DNA.

Tenho uma profunda consciência de que sou uma mistura dessas e de tantas outras mulheres que pude conhecer e com quem pude conviver até aqui. Mulheres que me ensinaram tanto e se tornaram parte de mim.

O fato é que, além dessas mulheres incríveis, também existia muito de quem eu já era e não conhecia. Passei muito tempo em construção, sem acessar a minha essência, sem saber que pedaços dela ficaram adormecidos por conta de todos os medos e frustrações que vivi na infância. Alguns, inclusive, eram sonhos que se mantiveram tão bem guardados que eu nem sequer conseguia encarar, quanto mais dividi-los com alguém.

Passei, então, a projetar a minha vida de uma maneira que eu estivesse protegida, interpretando o mundo e construindo relacionamentos a partir de um prisma que me traria felicidade. E, obviamente, acreditar que a felicidade e o senso de realização dependiam somente de mim me dava uma reconfortante sensação de controle e segurança. Foi pensando assim que cresci estudando, trabalhando muito e planejando uma vida bem-sucedida.

Mas o caminho que percorremos é cheio de oportunidades e desafios. Independentemente da forma como aparecem em nossas vidas, eles nos permitem parar e refletir sobre como vivemos, que escolhas fazemos e o que realmente queremos. Com o tempo, pude aproveitar dois caminhos para mergulhar em mim: a terapia e a espiritualidade.

Ao longo dos anos de terapia e relacionamento estreitado com Deus, fui me conhecendo e me permitindo acessar tudo aquilo que eu acreditava poder ser, se não fossem os medos que me impediam. Revisitei momentos esquecidos, preenchi lacunas, curei feridas e acolhi desejos silenciados. Não foi fácil. Nada fácil. Precisei perdoar muitas situações e pessoas na minha vida, incluindo eu mesma. Precisei compreender para poder deixar para trás o que me fazia mal, compreender e perdoar para seguir em frente. Tomei muitas decisões difíceis para ir em busca do que acreditava. E, no final, tudo valeu muito a pena!

> *E apesar de, ainda hoje, me emocionar muito ao falar sobre tudo isso, sou grata por todo esse processo.*

Mas, voltando ao ponto em que paramos...

Tudo ia muito bem na minha "superpreparação" para a independência como executiva de alta performance, até que algo inesperado aconteceu. No quinto e último ano da faculdade de Psicologia, já muito próximo de me formar, de maneira inesperada e fugindo totalmente do meu controle, eu me apaixonei pelo Alison — hoje meu marido.

Apesar de estar encantada por quem ele era, não estava nos meus planos investir tempo em qualquer tipo de relacionamento. Então, passei muitos meses tentando negar tais sentimentos e não desviar do meu foco: estudo, estágios, trabalho. Simples, seguro, perfeito.

> *Sim, naquela época eu realmente acreditava que podia controlar tudo na minha vida, inclusive meu coração. Claro que fracassei e até hoje agradeço por não ter sido bem-sucedida nesta missão, pois, assim como muitos dos presentes do céu, Alison chegou de maneira despretensiosa para causar uma verdadeira revolução em minha vida!*

Pois bem, Alison era professor e técnico de voleibol no clube onde atendia por conta do estágio obrigatório da faculdade. Rapidamente estabelecemos uma relação de trabalho e, com o tempo, percebi que ele era muito diferente dos outros homens que conhecia. Ele era muito gentil, educado e generoso (acima da média!). Logo, foi muito natural nos tornarmos amigos.

Eu vinha de relacionamentos abusivos e fracassados. Sentindo-me incapaz de confiar novamente em alguém, estava muito decidida a ficar sozinha e me tornar executiva em uma multinacional de renome. Desejava ser independente e não precisar de ninguém para ser feliz.

Porém, como eu disse, o Alison tinha um jeito diferente de ver a vida. Me olhava com admiração e me fazia sentir especial quando eu estava ao seu lado. Ele também tratava o pessoal do trabalho com muito respeito, amor e cuidado. Era o técnico de voleibol responsável pelo time feminino, e sua forma de tratar as mulheres também me chamava muito a atenção. Claro que por ter sido jogador por muitos anos, era alto e tinha um porte superatlético. Isso também chamou muito a minha atenção (risos).

Enquanto a admiração por quem ele era crescia em meu peito, eu iniciava também um processo de transformação pessoal muito profundo, de cura e resgate da minha história. Foi quando descobri que o relacionamento com Deus era um atributo importante para mim.

Sendo bem honesta, é até difícil me lembrar de como eu era antes dessa supertransformação que vivi. Deus fez mesmo muito mais do que eu poderia pensar ou sonhar — primeiro comigo e depois com a minha vida.

Durante anos busquei algo que pudesse preencher aquelas lacunas da infância. Busquei em muitos lugares e de formas muito diferentes. Entendi que a resposta estava na espiritualidade, mas não sabia muito bem como acessar. Por muitos anos busquei na ciência, na filosofia, na psicologia. Busquei também em diversas religiões. No hinduísmo, na religião católica e, depois, espírita. Eu buscava e não encontrava. No fundo, era como se eu soubesse que seria completa e feliz quando tivesse mesmo um encontro verdadeiro com Deus.

Não tenho receio de dizer que foi no relacionamento profundo com Deus que vivi a maior e mais intensa transformação na minha vida. Se não fosse esse grande encontro, certamente eu não estaria vivendo hoje o meu melhor papel: a maternidade!

E foi assim que aconteceu. Alison vivia uma vida repleta de propósito, princípios e valores (tudo o que eu via de diferente desde o começo nele). Ele era cheio de fé, esperança e gratidão pelas pequenas coisas. Uma vida de satisfação e contentamento que eu não conhecia, mas desejava.

Em paralelo a essas transformações interiores (ou por causa delas?), meu cliente foi sendo rapidamente promovido no meu coração: percebi que, mais do que um amigo, ele era o amor da minha vida.

Por conta desse romance totalmente inesperado, quase não me formo! Nesta época eu estava no último ano de Psicologia e todo esse processo foi avassalador. Eu já atuava na área de recursos humanos de uma multinacional, então trabalhava de dia e estudava à noite.

Conforme o nosso relacionamento se aprofundava, eu ia descobrindo os "pedaços" que vagavam em mim, sem encontrar lugar. Estava vivendo muito bem os meus planos profissionais, mas sentia uma enorme tristeza e solidão. Faltava algo, como se eu não soubesse quem eu era de verdade fora dessa "capa profissional".

Esta falta, apesar de incômoda, gradualmente me levou a entender que o passado poderia ser perdoado e o futuro que me aguardava poderia ser bem diferente do que eu havia vivido até ali.

Sempre ouvi que o amor cura e que ele tem o poder de transformar, mas só entendi o que isso significava ao lado dele. Com liberdade, amor e aceitação, comecei a entender quem eu realmente era, a sentir uma vontade enorme de começar uma vida e uma família com o Alison, o que gerou uma confirmação profunda do que eu realmente queria.

Me dei conta de que existia em mim um enorme potencial de amor que não se manifestava nos meus relacionamentos, ou melhor, se manifesta de maneira distorcida. Ouvia das pessoas — inclusive dos meus relacionamentos anteriores — que eu era "muito maternal", porque eu sempre encontrava formas de inverter os papéis e cuidar dos outros de maneira extremada.

Se era assim com adultos, imagine com uma criança!

Quando pensava sobre maternidade, eu logo imaginava um lugar de expressão do mais puro amor, de segurança psicológica e aceitação incondicional. Imaginava uma mãe plena e provedora, que acolhe e é presente. Então, como alguém poderia dizer para aquela Paola, que buscava se destacar profissionalmente e tinha uma vida toda planejada, ser "esse tipo" de mãe? Obviamente, entre a carreira e a maternidade, eu já tinha feito a minha escolha havia muito tempo.

Porém, sempre que eu estava ao lado dele, esse desejo adormecido, tão sufocado pelo medo e pela dor do passado, começava a se manifestar. E, nesta busca por me encontrar, senti que queria ser mãe.

E foi encarando essa necessidade que tudo começou. Precisei acessar esse potencial que já existia em mim e acreditar que era possível fazer as duas coisas. Sim! Ser mãe e ter uma carreira de sucesso. E assim foi. Compartilhei com o Alison sobre este desejo sufocado e ele, de forma muito natural, vibrou e me apoiou.

Com 26 anos, e tendo Alison ao meu lado, comecei a ver a maternidade como um lugar de liberdade e de verdade (um sentimento enorme de alegria enche o meu coração enquanto escrevo isso!). Uma maternidade que não seria perfeita, mas possível diante de todas as decisões e escolhas que estávamos tomando juntos. Assim, começamos a sonhar e a nos preparar. Sabia que teria que fazer algumas renúncias no trabalho e na vida pessoal.

Minha independência e autonomia continuavam sendo muito importantes e, mesmo decidida, ainda era invadida por sentimentos conflitantes, como a vergonha, o medo de falhar ou do julgamento dos outros. Mas eu tinha ao meu lado um companheiro que acolhia esses medos, incentivava os meus sonhos e, o melhor, sonhava junto comigo.

Sim, Alison, você é o grande amor da minha vida. Obrigada por me dar impulso e ver sempre o melhor em mim!

Quando engravidei, acreditava que havia um momento certo para ser mãe. Ainda acreditava que tudo sairia conforme o planejado, que era possível controlar o tempo, as coisas e até a Mãe Natureza.

Hoje sei que a vida não é linear e as coisas nem sempre estarão "prontas" para a chegada de um bebê. Às vezes são as questões financeiras que pesam; em outras, são as questões emocionais. Há, ainda, desafios bem reais, como espaço físico e disponibilidade de tempo, e desafios psicológicos, como a maternidade "ideal" que tanto me assombrou. Sem contar questões como a pressão familiar ou não querer renunciar a alguns "confortos" e facilidades que só a vida sem filhos possui. Com tudo isso, será mesmo que existe esse momento "certo"?

Calma! Essa é uma conversa para os próximos capítulos, neste eu queria apenas compartilhar com você um pouquinho dessa minha jornada de descobertas e desconstruções da maternidade. De um processo que abriu o caminho para todas as experiências incríveis que eu ainda viveria como mãe. E, sim, eu vivi e tenho vivido muitos momentos lindos com a maternidade!

Contando aqui o meu começo, te convido a pensar no início da sua jornada. Aproveite o momento para identificar as pessoas que foram (ou ainda são) as figuras maternas da sua vida. Quais eram as suas crenças sobre trabalho e maternidade durante a sua infância e adolescência? E o primeiro encontro com a pessoa que despertou o seu desejo de formar uma família só sua, como foi?

Antes de virar a página, que tal fechar os olhos por alguns minutos e relembrar quando essas primeiras sementes da maternidade começaram a brotar em seu peito?

A evolução da mulher

4

A evolução do papel da mulher na sociedade

Existe uma única certeza quando falamos de sociedade ao longo da história: ela muda o tempo todo. Não só a nossa. Todas as sociedades já passaram por várias etapas de evolução e retrocessos. E tudo que somos hoje teve origem em algum desses momentos, seja devido a uma revolução ou mesmo a grandes depressões.

Se hoje falamos abertamente sobre a possibilidade de escolher entre ser mãe ou profissional, ou ser mãe **e** continuar trabalhando, é porque conseguimos superar o longo tempo em que isso era apenas um sonho distante.

Como mulheres, precisamos compreender algumas coisas que estão por trás de dúvidas aparentemente simples, como: "quero mesmo ser mãe?", "deveria me candidatar para essa vaga?", "será que mereço essa promoção?" ou "sou uma mãe tão ruim assim?". Dúvidas que, aparentemente, só dependem de nós para serem respondidas, não é verdade?

Não! Descobrimos que está bem longe de ser a verdade. Por isso, antes de continuarmos a nossa jornada, criamos esse e os próximos capítulos para te apresentar algumas informações realmente interessantes. Vem com a gente descobrir tradições, crenças, costumes e forças inconscientes tão arraigadas em nosso ser que nem sequer nos damos conta do quanto nos influenciam. Somos o resultado vivo de uma complexa equação, e precisamos ter conhecimento sobre isso.

Precisamos entender de onde viemos e por que acreditamos nas coisas que acreditamos para podermos fazer escolhas mais conscientes ao decidir para onde queremos ir e como chegar lá.

Então, para começarmos esse exercício de descobrir o que se passa à nossa volta, responda rapidinho a estas quatro perguntas antes de continuar a sua leitura:

- O que é coisa de mulher?

- O que é coisa de homem?

- Como é ser uma boa mulher?

- O que toda mulher deveria saber fazer?

Agora observe as suas respostas e lembre-se dos primeiros pensamentos que vieram à sua mente.

Grande parte do que pensamos, da forma como agimos e até das decisões que tomamos é fruto da nossa conserva social. Ou seja, dos comportamentos milenares que se tornaram tradições e costumes até desembocar na moral e nas relações que adotamos atualmente.

Embarque com a gente nessa fascinante viagem no tempo para descobrir como temos vivido até chegarmos onde estamos hoje:

Linha do tempo pela ótica feminina

Pré-História:
equilíbrio do coletivo
Tempo: **3 milhões de anos a.C**

Sociedade: nômades ou seminômades, com agrupamentos por laços consanguíneos ou de afinidade, formam as famílias (para proteção e sobrevivência). Papéis sociais diversificados, com a participação ativa da mulher e predominância de afiliação matrilinear (sistema de parentesco regido pela ascendência materna).

Trabalho feminino: trabalhos diversificados – coletora, caçadora, artista, líder tribal, construtora de armas – e de diferentes formas de cultivo e armazenamento alimentar.

Religião: religiões locais, politeístas[8], com divindades femininas presentes. Diversas religiões indígenas adotam pares de divindades como criadores do mundo (companheiros ou irmãos), tendo divindades femininas também reverenciadas e símbolos de fertilidade ocupando posição de destaque.

---

[8] Religiões politeístas são religiões que cultuam mais de um deus.

Da Antiguidade à Idade Média: enclausuramento feminino no seio familiar
Tempo: **4000 a.C. - 1.453 d.C.**

Sociedade: origem do Estado[9], imposição de costumes patriarcais por dominações territoriais e a mudança da afiliação matrilinear para patrilinear, passando a valer a ascendência paterna. Entre os séculos XII e XIII, é instituído o conceito de "família" como forma de proteção de bens e interesses econômicos. Assim, há a primeira divisão oficial de poder entre homens e mulheres, com a obrigatoriedade da monogamia só para a mulher, pois a virgindade passou a servir como prova de herdeiro legítimo. No ocidente, o pecado de Adão e a bruxaria reduzem drasticamente o papel da mulher e seus direitos na sociedade. Nas classes sociais inferiores, o trabalho tanto dos homens quanto das mulheres não era remunerado (escravos e servos). Mulheres rainhas ou em posição de poder eram raras.

Trabalho feminino: de médicas, boticárias, arquitetas, líderes e mestras de ofício, vão sendo reduzidas às tarefas domésticas ou de cuidados. Passam a ter nenhuma ou má remuneração, graças às reformas legais realizadas por volta de 500 d.C. A partir desse período, cresce a crença de que a natureza da mulher não permite tomar boas decisões econômicas, comerciais ou de trabalho.

Religião: mudança do politeísmo para o monoteísmo (culto a um deus único). A expansão de impérios dominantes impõe uma divindade masculina punitiva (criação do pecado original); mulheres com conhecimentos medicinais, como as médicas, boticárias e curandeiras, ou que lutam por sua independência econômica e liberdade cívica, são caçadas e mortas como bruxas. Mulheres que seguiam a vida religiosa conquistavam espaços políticos – algumas abadessas comandavam feudos inteiros.

---

[9] O Estado surgiu da necessidade de estabelecer estruturas que pudessem lidar com questões como segurança, justiça e recursos compartilhados. Assim, os primeiros Estados surgiram quando grupos de pessoas tomaram para si o poder de demarcar um território como seu e passar a governá-lo.

Idade Moderna:
mulher como figurante e objeto na trama social
Tempo: **1.453 - 1.789**

Sociedade: patriarcal e conservadora. Com o pré-capitalismo há o fortalecimento do conceito de família para reduzir gastos; a mulher só pode se casar virgem, tornando-se um objeto submetido a um homem. Há a desvalorização da mulher que trabalha fora. O aumento da cultura de anulação da mulher favorece a manutenção da riqueza masculina. A criação de liceus institui a ideia de "profissionalização" de conhecimentos que antes eram passados de geração à geração. Também proíbem a educação e qualificação da mulher. Primeiros movimentos feministas realizados para lutarem pelo direito de manterem seu ofício são eliminados violentamente. No Brasil, a mulher é considerada incapaz, tutelada pelo pai ou pelo marido, não pode votar ou ser votada, não pode ter conta em banco ou administrar o próprio dinheiro. A educação feminina é restrita às prendas domésticas.

Trabalho feminino: mulheres passam a ser excluídas de funções seculares, como as de "parteira" e mestres de ofício, através da proibição de cursar os liceus. Mulheres de boa família não podem exercer nenhuma profissão, exceto se estritamente autorizadas por um homem (pai, irmão ou marido); as que precisam trabalhar, por falta de qualificação, são obrigadas a aceitar má remuneração e péssimas condições de trabalho. Surgem os autores "fantasmas" e "anônimos" pela não aceitação de produções femininas. As poetisas Christine de Pisan e Margarida de Navarra passam a ser conhecidas pela crítica à misoginia no campo literário do século XVI.

Religião: predominância de monoteísmo centrado em deus masculino. Conventos usados para enclausurar ou calar mulheres desordeiras (que lutam contra padrões cada vez mais rígidos do ideal feminino proposto pela igreja católica). O aumento significativo das restrições contra as mulheres gera uma crise religiosa e a busca por alternativas, como o cristianismo protestante. As religiões protestantes mostram-se um pouco mais abertas às mulheres, permitindo alguns papéis secundários. As acusações de bruxaria continuam como forma de controle e dominação. No Brasil, o combate às religiões politeístas (indígenas e africanas), através da catequização e da violência, é uma forma eficiente de enfraquecimento e dominação.

Contemporaneidade:
despertar para limitações impostas ao papel social
Tempo: **1.790 - 1930**

Sociedade: patriarcal. Surgem movimentos por igualdades de condições de trabalho em vários países. Em 1896, Stamati Revithi realiza o trajeto da maratona do lado de fora do estádio e inicia movimentos pela participação da mulher nos esportes. Em 1917, Alice Melliat funda a Federação Esportiva Feminina Internacional (FEFI) para prova que mulheres competiam tão bem quanto os homens; em 1936, as mulheres são incluídas oficialmente como atletas olímpicas. Movimentos feministas como o NOW — National Organization of Women – e obras como O Segundo Sexo, de Simone de Beauvoir, lutam para "desnaturalizar" o papel da mulher e garantir direitos sociais. No Brasil, em 1832, a autora Nísia Floresta lança o livro *Direito das Mulheres e Injustiça dos Homens*, denunciando o mito da superioridade masculina e defendendo o direito feminino ao estudo e trabalho. A lei de 1879 autoriza a mulher a se matricular em curso superior desde que com autorização escrita de pais ou maridos, porém o preconceito e o ensino defasado (currículo diferenciado para meninas) impedem acesso por longos anos. Somente em 1881 são inauguradas as primeiras classes profissionalizantes para mulheres. Continuam proibidas de administrar o próprio dinheiro, só podendo abrir conta em banco ou trabalhar fora com autorização por escrito do marido, além de não poderem votar ou ser votadas.

Trabalho feminino: a criação da máquina de costura possibilita que mulheres trabalhem em casa sem manchar sua "honra". Lavadeiras, costureiras e passadeiras vão aos poucos substituindo os espaços ocupados pelas escravas. Algumas mulheres conseguem se destacar como empresárias voltadas ao universo feminino. Com o passar dos séculos e o aumento do trabalho "fora de casa", as condições de trabalho passam a ser precárias e com péssima remuneração. No início do século XX começam a surgir diversas manifestações por melhorias nas condições desumanas de trabalho. Em maio de 1908, mais de 1.500 mulheres protestam nos Estados Unidos; em março de 1917, mais de 90 mil mulheres russas protestam em meio à Primeira Guerra Mundial. Aos poucos, os cargos de vendedoras e lojistas tornaram-se mais comuns com o aumento do consumo feminino. No Brasil, não há nenhuma lei de proteção ao trabalho feminino ou infantil, que seguem sendo amplamente explorados.

Religião: segue predominantemente cristã e masculina, ainda com pouca abertura à atuação da mulher. O aumento do protestantismo no Brasil quebra o monopólio católico e garante pela primeira vez no Brasil as salas mistas, com aulas iguais para meninos e meninas. As religiões politeístas continuam sendo marginalizadas, principalmente as de matrizes africanas, que possuem modelo matriarcal, com divindades e lideranças femininas.

Contemporaneidade:
luta pelo direito de ser protagonista da própria vida
Tempo: **1931 - 1970**

Sociedade: no Brasil, em 1932, as mulheres conquistam o direito ao voto e, em 1934, à igualdade salarial. Em 1962, conquistam o direito de trabalhar fora mesmo sem autorização do marido, de receber herança ou lutar pela guarda dos filhos. A década de 1960 é marcada pela luta por direitos reprodutivos e liberdade sexual. Porém, a mulher continua proibida de se separar legalmente do marido. Também passa a ser proibida por lei de praticar futebol ou esportes que vão contra a sua "natureza".

Trabalho feminino: entre as décadas de 1930 e 1940, o aumento da pobreza e das perdas com a guerra expande as ocupações de trabalho. Com isso, também aumentam o assédio sexual e o preconceito. Os salários permanecem 70% menores que os dos homens. Há uma leve melhoria das condições de trabalho, conquistada por lei. O avanço da tecnologia e do mercado de entretenimento cria oportunidades para as mulheres, principalmente em papéis secundários. No Brasil, mesmo com a lei de igualdade salarial, a justificativa de o homem ser mantenedor da casa mantém a exploração salarial feminina como prática de mercado. Mesmo com toda essa expansão, até a década de 1970 apenas 18% das brasileiras são economicamente ativas. Nesse período também são proibidas de trabalhar à noite e na construção civil.

Religião: o aumento da diversidade religiosa possibilitou abertura para a atuação de lideranças femininas. Religiões politeístas, como as de matrizes africanas, continuam marginalizadas e resistindo como importantes formas de conservação cultural e histórica.

Contemporaneidade:
luta pela igualdade entre os papéis masculino e feminino
Tempo: 1970 a 2000

Sociedade: no Brasil, em 1974, as mulheres passam a poder portar cartão de crédito. Em 1977, o divórcio é legalizado, mas divorciadas continuam sendo discriminadas. Em 1985 é criada a primeira delegacia de proteção e investigação de crimes contra as mulheres. A lei aprovada em 1979 permite que as mulheres voltem a jogar futebol. A Constituição Cidadã de 1988 finalmente garante igualdade de direitos e obrigações civis e trabalhistas, como o direito da mulher a ter uma propriedade independentemente de seu estado civil. Em 1995, a lei estabelece mínimo de 20% de cotas para mulheres na política. Ellen Gracie consegue, no ano 2000, ser a primeira integrante do Tribunal Federal Brasileiro. A representação insignificante na política dificulta aprovações de leis favoráveis às mulheres, principalmente em questões como redução da violência e feminicídio. Ao mesmo tempo, pela primeira vez a representatividade da mulher no poder público chega à marca máxima de 10%.

Trabalho feminino: a expansão da globalização, bem como a aceleração econômica e industrial, fortalece movimentos de luta pela igualdade dos direitos trabalhistas em todo o mundo. No Brasil, a Constituição de 1988 proíbe diferenças de contratação, função ou salário por questões de gênero e fortalece a luta pela igualdade. A redução da quantidade de filhos e o aumento da escolaridade também permitem às mulheres disputarem melhores cargos e terem funções mais especializadas.

Religião: o predomínio de religiões cristãs se mantém. Com o aumento da discriminação religiosa e de culturas contrárias, cresce o preconceito sobre as religiões de origem africana. Conflitos entre movimento sociais e ideais cristãos aumentam a opressão às mulheres.

Contemporaneidade:
luta pela garantia e aumento dos direitos conquistados
Tempo: **2000 a 2019**

Sociedade: no Brasil, há um aumento de 10% para 15% de representatividade feminina no poder público. Esse e outros esforços mobilizam significativos avanços legais no período. Em 2002, a falta de virgindade deixa de ser crime (isso mesmo que você leu!). A Lei Maria da Penha, criada em 2006, fortalece ações de proteção legal e redução de violência contra a mulher. Neste mesmo ano, Ellen Gracie passa a ser a primeira mulher a presidir o Supremo Tribunal Federal. Em 2016, o primeiro banheiro feminino no plenário do Senado brasileiro foi construído, mais de 55 anos depois da inauguração do Congresso. A hashtag #MeToo, expressão criada em 2006 pela ativista Tanara Burke, viraliza em 2017 nas redes sociais mundiais e revela a extensão da violência sexual brasileira. Em 2019, a jurista Marina Ganzarolli cria a ONG Me Too Brasil, com a missão de dar visibilidade aos milhares de relatos e prestar suporte adequado às vítimas. Ao longo desses anos, o mito de "rainhas do lar" enfraquece lentamente graças à consciência gerada pelas inúmeras discussões sobre as mudanças econômicas e sociais das últimas décadas. Preconceitos enraizados e ainda presentes na sociedade começam a enfraquecer, graças às inúmeras contestações, lutas e pesquisas comprovando a capacidade feminina e legitimando seus espaços de atuação.

Trabalho: cresce o número de mulheres economicamente ativas. Porém, nos empregos formais, elas ganham 20,5% a menos que os homens e gastam duas vezes mais tempo com trabalhos domésticos e cuidados com os filhos. Filhos pequenos são vistos pelos gestores e empregadores como barreira para promoções e justificativa para demissões. A sobrecarga de trabalho e a necessidade da flexibilidade de horários levam metade das mulheres a assumir trabalhos informais e de baixa remuneração para conseguirem conciliar a dupla jornada. Há avanços consideráveis na quantidade de mulheres em cargos de liderança, mas a presença ainda é mínima na alta liderança. O poder decisório continua majoritariamente masculino.

Religião: aumentam a intolerância e violência religiosa. Religiões de matrizes africanas passam a ser fortemente atacadas e marginalizadas. A visão da mulher como tentação e fonte de pecado persiste, porém alas progressistas ganham força e promovem mudanças positivas sobre a visão e participação femininas nas diferentes frentes religiosas.

Contemporaneidade:
retrocessos revelam fragilidade dos avanços conquistados
Tempo: **2020 e 2021**

Sociedade: em 2020 é aprovado o Plano Nacional de Enfrentamento da Violência contra a Mulher durante a Covid-19. As mulheres sofrem o maior impacto da pandemia, com o aumento dos cuidados com familiares, suspensão das aulas e implantação do *home office*[10], além do aumento da insegurança financeira e índices de violência doméstica. Mais afetadas, as mulheres respondem por 40,5% dos sintomas de depressão, 34,9% dos de ansiedade e 37,3% dos de estresse. Apesar do direito a dois intervalos de meia hora para amamentar ou extrair leite, mães com bebês até 6 meses ainda sofrem com a falta de estrutura adequada na maioria das empresas. Esse fator provoca a troca da amamentação para fórmulas ou a necessidade arranjos precários, como a extração do leite em banheiros, gerando riscos de contaminação e problemas de saúde para mães e bebês.

Trabalho: a pandemia afeta drasticamente a economia, altera relações de trabalho e gera cortes na maioria dos setores produtivos. No Brasil, as mulheres sofrem maior impacto, com queda de 10,5% de participação no mercado de trabalho contra 6,9% dos homens, chegando a ser a menor participação dos últimos 30 anos (45,8%). Setores da educação, alojamento e serviços são os mais impactados, contribuindo para que 71,9% das mulheres em trabalhos formais perdessem seus empregos só em 2020. Consequentemente, há aumento da ocupação feminina nos trabalhos domésticos e informais. Durante toda a pandemia, as mulheres permanecem em peso na linha de frente no combate à Covid-19, ultrapassando 70% da força de trabalho na saúde.

Religião: o cenário geral se mantém igual. Porém, com a impossibilidade da presença física nos encontros religiosos (missas, cultos e estudos), as famílias começam a participar de lives digitais. Com isso, líderes femininas de igrejas cristãs e outros movimentos religiosos passam a ter maior visibilidade através das redes sociais.

---

[10] *Home office* é o regime em que o profissional pode realizar o trabalho de sua própria residência.

O que entendemos dessa trajetória?

> *"Aqueles que não podem lembrar o passado estão condenados a repeti-lo."*
> George Santayana

Essa frase expressa claramente a nossa história. Durante muito tempo os homens controlaram quem tinha acesso à escrita, ao estudo e, consequentemente, ao poder. Isso permitiu que criassem leis, ciências e religiões à sua imagem, ou melhor, ditando o que consideravam certo e aceitável. Foi assim que se apropriaram de riquezas, construíram impérios e se mantiveram no poder.

Sem acesso ao passado, ou pior, tendo o passado documentado conforme a conveniência masculina, séculos se passaram sem que soubéssemos o quanto a nossa existência estava sendo paulatinamente reduzida a um mero acessório.

Ainda hoje, o peso de algumas crenças e tradições alimenta nossos conflitos internos, nossas dúvidas sobre o que é certo e o que é errado, reforçando o peso da culpa por não agirmos conforme a nossa "natureza", ou melhor, o que foi sendo naturalizado como feminino por interesses políticos e religiosos ao longo dos tempos.

Quantas vezes fomos usadas como moeda de troca, controle e conquista?

Pesquisas históricas e antropológicas estão devolvendo as descobertas científicas, produções literárias e artísticas às devidas autoras, recontando histórias e incluindo personagens femininas convenientemente apagadas, dando visibilidade a feitos e conquistas ignorados. Estamos, pouco a pouco, entendendo quantos avanços e retrocessos tivemos graças à distorção histórica e jurídica.

Ter a consciência de que aquilo que se espera da mulher, como esposa, mãe e profissional, depende da época e do lugar é fundamental. Eliminar essa ilusão do que é "normal", ou de que "sempre foi assim", nos liberta para descobrirmos o que realmente desejamos para a nossa vida e o que podemos conquistar por conta própria.

Veja como essa culpa ancestral que nos acompanha não é "natural". Ela foi construída e já é hora de compreendermos que ela não precisa mais ser nossa. Não temos como apagar o que as nossas ancestrais sofreram ao longo do tempo, mas podemos conhecer para valorizar e fazer diferente. Lutar para que a história não se repita, para que as próximas gerações possam ter o poder para decidir sobre suas próprias vidas, profissões e destinos.

Por termos feito um resumo – bem simplificado – da história da humanidade pela ótica feminina, resultado da leitura e seleção de diversos documentos, pesquisas e matérias, pode haver uma ou outra informação incompleta. Mas uma coisa é clara como o dia: precisamos urgentemente conquistar as posições que nos permitam criar e influenciar leis, normas e regras, seja nas esferas econômica, de ensino e pesquisa ou, principalmente, política.

Vimos o quanto as leis e normatizações limitaram nossas ações, a aquisição e expansão de nossas competências e nos mantiveram à margem da sociedade. Não podemos achar que é "natural" termos somente homens em cargos de poder, de posse da caneta que decide quem é promovido, quem é atendido e quem é beneficiado.

Temos competência e podemos ocupar tais posições com a mesma maestria, com a diferença de podermos colaborar para uma sociedade mais justa e sustentável para todos!

5
A construção emocional da mulher

"Quanto mais conscientes nos tornamos de nós mesmos através do autoconhecimento, atuando, consequentemente, tanto mais se reduzirá a camada do inconsciente pessoal que recobre o inconsciente coletivo."
Carl Gustav Jung

Como você pôde ver no capítulo anterior, a trajetória da mulher ao longo da história sofreu enormes mudanças. Uma intrincada rede de fatores econômicos, religiosos e sociais de cada época determinava como as mulheres deveriam se comportar, o que estudar, quais atividades estavam ou não autorizadas a realizar e até com quem poderiam ou não se casar.

Ao longo deste percurso histórico-cultural, as mulheres foram construindo uma forma de ser e agir em sociedade. Também aprenderam a lidar com as emoções e sentimentos decorrentes dessas expectativas, influenciando diretamente nas suas relações afetivas e ações racionais. Afinal, todas as limitações, imposições, exclusões e a destituição crescente do nosso lugar de fala mobilizaram muitos sentimentos... Imagine quão intensas foram as emoções daquelas que pensavam diferente, que desejavam ir além do oferecido. E as consequências sofridas? O preço por ser ou tentar fazer diferente?

Por isso, a cultura atual — resultante deste jogo social ao longo do tempo — não gerou apenas o ideal de mulher e mãe que adotamos hoje.

Também solidificou reações emocionais ativadas sempre que interações semelhantes ocorrem.

É importante entender que tais reações não são planejadas nem por homens e nem por mulheres. Elas ocorrem de forma automática conforme nos relacionamos, reforçando e perpetuando "certezas", justificando em partes não só o que fazemos como também o que sentimos em nosso dia a dia.

Ou seja, continuamos alimentando essa jornada emocional construída ao longo dos séculos…

A boa notícia? É que, quando nos permitimos pensar sobre essa forma "automática" de reagir diante das diferentes expectativas, podemos fazer diferente. Quando você se pergunta o porquê da tristeza, da ansiedade ou até do sentimento de inferioridade que te invade quando questionam a sua feminilidade, a sua sexualidade ou competência profissional, você passa a ter consciência dos seus sentimentos.

E ter a consciência de quem você é e do que sente pode te levar além ou não, mas, pelo menos, você terá o poder de escolha!

Para você entender melhor como isso funciona na prática, vamos explicar como esse lugar misterioso da nossa mente trabalha para nos fazer agir de forma impulsiva ou nos paralisar. Ao entender, você verá como treinar para não cair nessas armadilhas.

Existe um universo inteiro dentro de nós, que nos faz ser quem somos como pessoas e sociedade. Uma parte desse universo é a parte "consciente". Ela está em ação quando escolhemos aprender alguma coisa, quando pensamos, comparamos e refletimos antes de falar ou agir sobre algo.

Outra parte funciona de forma mais visceral: são os pensamentos e comportamentos baseados em impulsos e instintos, sejam eles gerados por reações automáticas — como respirar e se apaixonar — ou provenientes de conhecimentos e experiências adquiridos ao longo da vida. Estes pensamentos são tão internalizados que nem precisamos pensar sobre eles para agir; é como seguir o GPS[11], escrever seu nome, assinar um documento ou escovar os dentes.

Alguns estudiosos acreditam Que, assim como nós temos esse "porão" onde colocamos tudo que já foi "automatizado", a sociedade também possui o seu. Sabe aquelas coisas que nós simplesmente sabemos? Essa ideia de que a mulher é mais cuidadosa que o homem, por exemplo, é uma delas.

Vamos mergulhar mais profundamente nisso?!

Começando pela psique humana

> *"Até que você torne o inconsciente em consciente, aquele irá direcionar a sua vida e você irá chamá-lo de destino."*
> Carl Gustav Jung

Carl G. Jung, considerado o pai da psicologia analítica, foi um dos maiores estudiosos do inconsciente. Até hoje seu trabalho influencia estudos e pesquisas nas áreas da psiquiatria, antropologia, arqueologia, literatura, filosofia, psicologia e até mesmo estudos religiosos.

Para Jung, a estrutura da psique (da mente humana) possui três componentes básicos: o ego, o inconsciente pessoal e... o inconsciente coletivo!

Basicamente, o ego é a nossa parte consciente, um bom regulador entre o que (achamos que) os outros querem ou esperam de nós e o que escolheríamos ser ou fazer caso ninguém estivesse vendo ou sabendo.

O inconsciente pessoal guarda as experiências que já tivemos ao longo da vida, sentimentos, memórias, pensamentos e até capacidades inerentes que ainda nem descobrimos possuir. É um conteúdo dificilmente acessado pela consciência, uma vez que ela "guarda" lá tudo que não

---

[11] GPS, assim como o Google Maps e o Waze, é um sistema de navegação por satélite que te fornece a localização em tempo real e guia por rotas entre a região que você está e aquela aonde deseja chegar.

considera útil, aceitável ou positivo, mas que — por mais que queiramos ou não — continuam guiando ou interferindo diretamente nas nossas ações.

Já o inconsciente coletivo é uma parte desvinculada da experiência individual. Ele nos afeta da forma visceral que falamos anteriormente. Jung definiu o inconsciente coletivo como a parte mais profunda da nossa mente, um reservatório que você tem desde o nascimento e já vem ocupado com imagens herdadas de nossos antepassados. Ele não é só seu, essas imagens são compartilhadas por toda a espécie humana. Reagimos a elas instintivamente, como se respondêssemos a uma memória que não sabemos explicar, mas nosso corpo sabe o que é. Para Jung, não existe nada de individual e único nesse nível da psique. Em seu livro *O Indivíduo Moderno em Busca de uma Alma,* publicado em 1933, Jung diz que "o homem não nasceu tábula rasa, apenas nasceu inconsciente". O que ele traz — nesse reservatório — são informações organizadas, que correspondem às situações vividas e duramente aprendidas desde o início da espécie humana, como a juventude e a velhice, nascimento e morte, bem como o medo de escuro e de altura.

Essas informações imagéticas foram observadas ao longo dos tempos, desde as civilizações mais globalizadas até as tribos mais reservadas. Tais padrões de imagens, símbolos e comportamentos predominantes foram chamados por Jung de "arquétipos" ou "instintos". Eles habitam esse nosso inconsciente coletivo e nos ajudam a entender como, ainda hoje, os homens e nós, mulheres, cobramos comportamentos que não fazem mais parte do nosso modo de vida atual.

Arquétipos como base da psique

> *"Exatamente como o corpo humano representa um verdadeiro museu de órgãos, cada qual com sua longa evolução histórica, da mesma forma deveríamos esperar encontrar também, na mente, uma organização análoga."*
> Carl Gustav Jung

Desde o início da humanidade, mesmo estando em civilizações diferentes, manifestamos comportamentos semelhantes. O ato de contar histórias é um bom exemplo disso. Nossos antepassados lá da pré-história contavam histórias como forma de sobrevivência, para transmitir o que aprenderam e evitar os mesmos riscos. Com o desenvolvimento da escrita, as histórias deixaram de ser exclusivamente orais, ganharam as páginas de livros, os palcos do teatro, as telas... Mas, apesar de todas essas mudanças, ainda hoje continuamos contando histórias para as nossas crianças. Continuamos usando uma boa e velha (ou inventada) história para ensinar algo, transmitir os nossos valores morais e reforçar os comportamentos que desejamos que elas aprendam.

E foi através das histórias (contos de fadas, heroicos ou religiosos) que Jung comprovou que os símbolos, assim como os comportamentos que os representavam, se manifestavam de forma semelhante em diversas civilizações ao longo do tempo, mesmo aquelas que não tinham contato nenhum umas com as outras. Analisando inúmeras histórias, sua hipótese de que o ser humano não nasce uma tábula rasa, mas, sim, inconsciente, tomou força e ele desenvolveu a teoria dos arquétipos, também conhecidos como nossas heranças ancestrais.

A palavra "arquétipo" vem de *arkhé*[12] e se relaciona ao que está no começo, no início de alguma ação. É o ponto de partida de algo. Nesse caso, o ponto de partida da humanidade.

---

[12] A palavra "Arkhé" era um termo muito usado pelos filósofos pré-socráticos, podendo ser traduzida como "origem", "princípio" ou "fundamento". Eles a usavam na busca por identificar essa "substância primordial" que constituía a base de todas as coisas, capaz de explicar sua existência e transformação.

A verdade é que Jung não criou essa expressão, ela já havia sido utilizada pelo filósofo judeu Fílon de Alexandria (nascido no ano 10 a.C.). Ele retomou o conceito platônico de que a aquisição do conhecimento era a recordação de formas ou ideias preexistentes aprendidas antes mesmo do nascimento. Tais formas ou ideias se tornariam evidentes e reais quando trazidas à consciência por meio de um estímulo de experiência sensorial.

A inovação que Jung nos traz é o aprofundamento e organização desses arquétipos, bem como a revelação do impacto que provocam em nossa vida. Eles simbolizam as motivações básicas ou primordiais do ser humano, como Animus e Anima, o Si-mesmo, a Sombra e a Persona. Além destes, Jung criou um arquétipo exclusivo para representar a relação entre o feminino, a fertilidade e o sagrado através dos tempos e dos mais diferentes povos, o arquétipo da Grande Mãe.

A Grande Mãe

O arquétipo da Grande Mãe representa todo o comportamento materno — gentil, cuidadoso, amoroso — com o qual temos contato ao longo da vida.

Na antiguidade, observamos como exemplo os cultos cretenses centrados na figura da Grande Mãe. Suas deusas, como Hera, Ilítia, Perséfone e Britomártis, eram representações superiores: mãe dos deuses, mãe dos homens e de tudo que existe na Terra. Tomadas posteriormente pelos gregos, ainda que com características e funções diferentes, permaneceram com o traço comum: o poder de gerar e manter a vida.

Sítios arqueológicos correspondentes ao período Neolítico II (3000 a 2600 a.C.) preservaram uma acrópole grega[13] conhecida como Dimini. Em seu reduto central, um mégaron[14] nos revela que, antes da civilização democrática que cultuava os Deuses do Olimpo, eles eram uma organização monárquica e agrícola. Naquela época, os antigos gregos

---

[13] Acrópole era uma colina fortificada que abrigava a cidade principal de uma cidade-Estado na Grécia Antiga.
[14] Mégaron é a "Grande Sala" que se encontrava nos palácios da Civilização Micênica, na Grécia Antiga.

adoravam a Terra-Mãe, a Grande Mãe, responsável por fertilizar o solo e tornar fecundos os rebanhos e os homens. Provavelmente foi essa crença que influenciou a divisão social do trabalho, em que os homens se encarregavam dos rebanhos e as mulheres, de cultivar os grãos. Nos artefatos e estatuetas existentes, é clara a convicção de que a fecundidade feminina exerce uma grande e benéfica influência sobre a fertilidade das plantas.

Veja como é mais do que uma aderência. O capítulo anterior nos mostrou como esse arquétipo foi sendo paulatinamente impregnado em nosso psicológico ao longo da história enquanto imagem arquetípica, o que nos permite estabelecer a identidade dessa mulher sem, no entanto, individualizá-la, bem como compreender seu destino como biológico e, ao mesmo tempo, divino, genérico e coletivo, mas jamais sob uma perspectiva individual.

Resumindo, herdamos essa cultura do cuidar, do proteger e do prover, e enxergamos em nós mesmas as consequências da impregnação desse arquétipo quando somos tomadas pela culpa de deixar os filhos em casa para ir ao trabalho, nos questionamos se estamos fazendo certo, se a escolha que fizemos era realmente a melhor, ou, ainda, quando nos culpamos por não sermos boas mães apesar de estarmos provendo, cuidando e protegendo através do nosso salário. Por quê? Por não estarmos totalmente dedicadas à família?

Bem, se você tinha dúvidas sobre o porquê de tanta culpa, essa é uma boa explicação.

Mesmo que tenhamos nascido milhares de anos depois, mesmo que sejamos mulheres modernas, independentes e antenadas do século XXI, o arquétipo da Grande Mãe habita a herança viva do nosso inconsciente coletivo.

Qual é, então, a nossa vantagem em relação às nossas ancestrais?

Graças aos avanços da psicologia e da neurociência, podemos compreender, identificar e modificar essas crenças e padrões herdados. Não conseguimos acessar todo o arcabouço do inconsciente coletivo, mas podemos identificar seus reflexos em nossos comportamentos atuais e, assim, escolher, de forma consciente, não sermos movidas por eles.

Vieses inconscientes existem para serem quebrados

Os vieses inconscientes, como o próprio nome já diz, são certezas que temos e julgamentos instantâneos que fazemos sobre os outros ou algum acontecimento, ou seja, sem pensar. Sabe os exemplos que demos sobre assinar o próprio nome ou escovar os dentes? É a mesma coisa, porém com pessoas. Isso porque o nosso cérebro busca atalhos para lidar com diferentes situações ou diferentes pessoas. Então, ele deixa esses caminhos já "prontos" no nosso inconsciente para manter a sua eficiência e segurança. Por isso, pode ocorrer que sempre demande um julgamento sobre algo ou alguém. A nossa sorte é que essa função de "piloto automático" pode ser identificada facilmente quando existem diferentes perspectivas, experiências e grupos sociais envolvidos na conversa. Pois, é no confronto de opiniões que somos convidados a refletir sobre as respostas que damos de forma tão automática em nosso cotidiano.

E quando falamos que eles são automáticos, não é força de expressão, não. Por isso são tão difíceis de serem reconhecidos e mudados. O primeiro passo nessa direção é saber que todos — homens, mulheres, jovens, velhos e até mesmo crianças — têm esses vieses. Eles estão presentes de forma inconsciente e primária em nossos pensamentos (herança ancestral, lembra?).

Há vários exemplos de como observá-los em "ação". Topa fazer uma experiência?

Responda com a primeira coisa que te vier à mente às seguintes perguntas:

- Você chega para jantar na casa de alguém e encontra a mesa posta lindamente com pratos bonitos e apetitosos. Quem acredita que tenha preparado tudo? O anfitrião ou a anfitriã?

- Se te disserem que uma pessoa responsável pela equipe cirúrgica do hospital está vindo te encontrar, quem você imagina aparecendo na sua frente?

- Você pede indicação de endocrinologista e te passam dois perfis do Instagram. Em um deles a pessoa tem boa aparência, demonstra ser bem informada e fala bem. No outro, a pessoa tem aparência comum, sem tanto charme, e explica de forma clara e detalhada cada assunto. Qual destes perfis te atrai mais?

As imagens que visualizou ou as respostas que você deu estão "pré-programadas", já formadas a partir da união do que existe em nosso inconsciente coletivo e das experiências vividas até aqui. Ou seja, se na sua família quem cozinha é seu pai, parceiro ou irmão, você provavelmente ficará em dúvida ao responder à primeira questão, caso contrário, a resposta automática será "a mulher da casa".

O mesmo vale para as respostas seguintes. Nossa sociedade, ainda hoje, tende a identificar um profissional de medicina com alguém do gênero masculino, melhor aparência e oratória com bom profissionalismo e assim por diante…

Se você está se perguntando o que isso tem a ver com a sua carreira ou forma de maternar, veja isto:

Como a empresa é uma extensão da nossa vida social, o recrutador tende a selecionar candidatos pelo mesmo critério que você usou para responder ao nosso teste, bem como o diretor ao promover, o colega ao favorecer o novato que estudou na mesma faculdade ou que torce pelo mesmo time e assim por diante…

Se não paramos para pensar, para nos questionar sobre o porquê dessas escolhas, continuamos reproduzindo essas "verdades". E não teria problema nenhum nisso se tais comportamentos, além de simplificarem a vida, agilizando escolhas e facilitando decisões, também não perpetuassem preconceitos e limitassem direitos.

Os vieses inconscientes interferem nas decisões, desde quem será promovido, quem é eleito, até quem será mandado a "pilotar fogão" durante um xingamento no trânsito. Por isso, temos tão poucas mulheres em cargos mais altos nas empresas, pouquíssimas na política, e mais mulheres na saúde e educação do que em qualquer outra área de trabalho. E, mesmo onde "dominam", é raro chegarem aos postos mais altos.

Diferentemente de nossos ancestrais, hoje entendemos como isso acontece e podemos deixar de agir de forma automática. Podemos refletir e ressignificar as nossas decisões e comportamentos se nos abrirmos às novas experiências e aprendizados, sempre desafiando nosso pensamento automático com um "e se?" ou "por que será que deduzi isso?".

A professora e diretora Stefanie K. Johnson[15] estuda amplamente esse tema e trabalha para disseminar a ideia de que somente a diversidade e a inclusão, juntas, podem romper a pasteurização das relações sociais e de poder nas empresas. Em seu livro, *Inclusifique – Como a inclusão e a diversidade podem trazer mais inovação à sua empresa,* ela usa exemplos superinteressantes para mostrar como os vieses inconscientes afetam a nossa percepção e, consequentemente, as nossas decisões. Vamos usar um deles para continuar a experiência acima. Preparada?

O que você pensa quando te dizem a frase a seguir?

- O *roqueiro* estava insatisfeito com a quantidade de bebida na festa.

Nesta simples frase, a autora nos convida a refletir sobre a imagem que vem à nossa cabeça e o sentido que gera em cada um de nós. Isolada, ela pode gerar milhares de interpretações e significados. Podemos associá-la com imagens de roqueiros conhecidos, como Mick Jagger ou Ozzy Osbourne, pedindo muito mais bebida. Ou talvez você veja outra imagem na sua cabeça, bascada na sua experiência com roqueiros ao longo da sua vida. Agora, observe a afirmação a seguir:

---

[15] Stefanie K. Johnson é professora titular e diretora do Instituto Doerr para novos líderes, na Rice University (universidade particular de pesquisas no Texas, Estados Unidos).

- A *freira* estava insatisfeita com a quantidade de bebida na festa.

Você certamente pensaria algo diferente, como alguém reclamando com ar de reprovação, pois o nosso protótipo para freiras é de que são pessoas que não bebem e que repudiam alguns atos, como o de beber em excesso.

Veja como a gente usa esses "protótipos", esses pensamentos já pré-montados para dar significado ao que aparece na nossa frente.

Enfim, esses exemplos simples mostram bem como os vieses inconscientes atuam em nossa mente, impactando diretamente em nossas atitudes, escolhas e decisões, como em quem votar, com quem se relacionar ou até se optamos por desistir de algo (como a carreira ou a maternidade) ao longo da nossa vida.

Como descobrir nossos vieses?

Assim como cientistas, educadores e ativistas, as empresas também têm se dedicado muito aos estudos dos vieses inconscientes para entender como afetam as decisões de negócio, como impedem a diversidade e dificultam as ações criativas e mudanças necessárias. Afinal, se todos do grupo gostam de coisas parecidas, agem de forma parecida e seguem pensamentos semelhantes, como é possível gerar soluções diferentes e inovadoras?

Existem alguns testes disponíveis de forma online e gratuita, como, por exemplo, o Teste de Associação Implícita (https://implicit.harvard.edu/implicit/brazil/), composto por atividades rápidas, que duram cerca de dez minutos cada. Se tiver curiosidade, acesse e descubra os vieses que você possui em diferentes temas, como raça, gênero, orientação sexual, peso, etnia, entre outros. Testes como esse são muito legais, pois nos permite conhecer o que precisamos trabalhar para administrarmos melhor as nossas decisões e preferências.

Como tudo isso se conecta com o que somos hoje

As mulheres que se destacaram ao longo da nossa história (traremos algumas para você no próximo capítulo!) o fizeram por tomarem consciência do funcionamento de sua época. Elas se deram conta de quem eram, da força e da potência do feminino. A maioria, infelizmente, foi sendo colocada em papéis secundários, não tinham voz nem espaço para expressarem seu potencial.

Ao conhecer a história, a mente humana e os nossos vieses inconscientes, podemos saber o quanto toda essa bagagem influencia a nossa cultura atual e afeta diretamente a nossa tomada de decisões. Conseguimos entender o que nos bloqueia, o que nos limita, e a força que nos faz seguir.

Quando nos damos conta dessa força do feminino, que nos fez resistir aos milênios de opressão, dessa potência criadora, capaz tanto de empatia e cuidado como de força e realização, podemos ter mais confiança em nossa capacidade de ir além.

Por isso, a nossa intenção de contar toda essa trajetória social e emocional do feminino através dos tempos é trazer luz à nossa essência, para podermos conhecer e entender como funcionamos enquanto mulheres, mães e profissionais.

Precisamos entender o quanto os vieses inconscientes, nossos e das pessoas com as quais convivemos, influenciam as nossas atitudes (ou a falta delas), pois, quanto mais conhecimento temos dos nossos próprios preconceitos, dos nossos limitadores, mais conseguimos agir. Afinal, só conseguimos mudar algo quando entendemos os "porquês", os motivos de aquilo acontecer.

Essa trajetória é bem explicada por Stefanie K. Johnson: temos que nos conscientizar dos nossos vieses inconscientes, mudar nosso comportamento quando um viés se torna consciente e trabalhar para que o novo comportamento ou discurso se torne um hábito. Assim, quando voltar a ser tão automático que se torne inconsciente, será um pensamento ou um hábito bom e impulsionador.

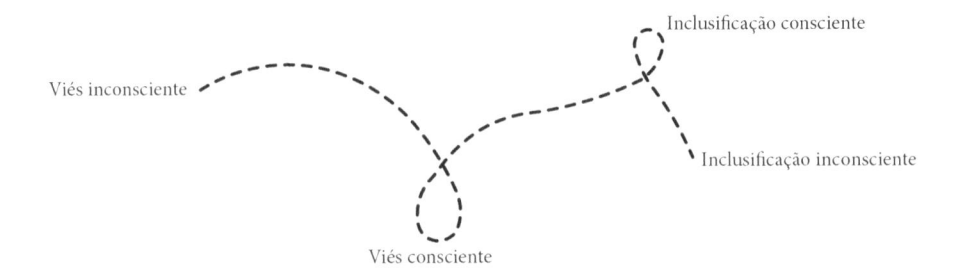

Viés inconsciente

Inclusificação consciente

Inclusificação inconsciente

Viés consciente

*Fonte: Inclusifique – Como a inclusão e a diversidade podem trazer mais inovação à sua empresa, de Stefanie K. Johnson.

Sabemos que não é fácil essa mudança de rota, este sair do piloto automático, mas te garantimos que o esforço vale a pena. Para nós e para as próximas gerações, valerá muito, muito, a pena!

E para provar que você pode começar esse movimento de entendimento sobre os vieses inconscientes aí, na sua casa, no seu bairro, no lugar em que trabalha, preparamos um capítulo especial. Um capítulo recheado com as mulheres que fizeram ou mudaram a história. Mulheres como nós, que partiram com o que tinham, mas acreditaram merecer mais, poder ser mais, então foram à luta e conquistaram!

Vem com a gente relembrar algumas e descobrir outras mulheres, assim como nós, superpoderosas de verdade.

6

As revolucionárias

Este capítulo é dedicado às mulheres que marcaram a história. Aquelas que, corajosas e à frente do seu tempo, foram pioneiras em diversas frentes de atuação. Mulheres que ousaram ser mais e lutaram com o que tinham em mãos: giz de cera e lousa; agulha e linha; fuzis; tratados internacionais e até satélites aeroespaciais… Todos transformados em armas na luta por uma vida melhor.

Mesmo com tantas dificuldades e falta de reconhecimento, essas revolucionárias seguiram em frente e provaram sua capacidade, competência e profissionalismo. Quebraram paradigmas, estereótipos, mudaram leis e convenções sociais. Construíram, pouco a pouco, o caminho que hoje percorremos.

Destacaremos aqui apenas cinco delas, conforme a época em que viveram, e contaremos brevemente sobre sua vida e principais conquistas.

Além destas e das já citadas em nossa linha do tempo, há outras tantas mulheres incríveis. Algumas você já deve ter visto ou lido a respeito;

outras, jamais saberemos, pois foram enganadas ou silenciadas antes de terem seus feitos descobertos e, assim, apagados da história.

Para não ficar um capítulo muito extenso ou cansativo, escolhemos apenas uma personalidade para representar cada período histórico. Foi uma decisão muito difícil, pois ao longo da pesquisa descobrimos mulheres tão diferentes e igualmente fascinantes: rainhas, guerreiras, ninjas, sacerdotisas, santas, governantes, médicas, pesquisadoras, atletas, empreendedoras... Ufa!

Diante de tamanho desafio, utilizamos a maternidade como um dos critérios de seleção. Além disso, escolhemos histórias de persistência, de quem lutou para manter os diferentes papéis (de filha, mãe, cidadã ou profissional) apesar das dificuldades que viveram. Esperamos que, assim como nós, você possa se inspirar e se reconhecer em cada uma delas.

1ª Revolucionária
Hatshepsut (1479 -1458 a.C.)

Rainha, mãe, madrasta, regente e faraó do Egito

De usurpadora vil a um dos maiores governantes da história... Esta mulher do início do século XV antes de Cristo protagonizou uma trajetória espetacular!

Nascida princesa, tornou-se rainha por volta dos 15 anos ao casar-se com seu meio-irmão Tutemés II (era comum membros da família real se casarem entre si). Com ele teve duas filhas, Neferu-Ra e Merit-Ra Hatshepsut. Porém, cerca de três anos após tornar-se faraó, seu marido adoeceu e morreu.

Seguindo a rígida hierarquia vigente, Hatshepsut não poderia assumir o cargo de faraó, pois seu papel era de "Grande Esposa Real". Além disso, havia gerado a próxima esposa real, não um herdeiro. Porém, Tutemés

II tivera um filho com uma mulher de posição inferior no harém. Como a mãe da criança não possuía nenhuma preparação para reger a nação até o filho ter idade para governar, Hatshepsut passou de rainha viúva à regente, governando em nome do enteado.

Após sete anos de corregência pacífica, não se sabe ao certo o motivo — talvez pressões políticas que colocavam em risco a soberania do reino — pelo qual Hatshepsut decidiu governar com absolutos poderes. Com o apoio do alto clero, construiu uma narrativa divina para ascender ao trono, tornando-se a primeira pessoa na história do Egito a utilizar a teogamia[16] para legitimar seu poder. Assim, é divulgada a história de que o próprio deus Amon-Rá, após tomar a forma de seu pai, rei Tutemés I, tinha se unido sexualmente com a sua mãe, Amósis, para gerar aquela que governaria as "duas terras"[17]. Com a chancela de uma filiação divina devidamente registrada no templo de Deir Elbari, Hatshepsut muda seu nome para Maatkara, tornando-se faraó. Ao mudar a titulação, provou ser uma excelente estrategista, com sólido poder político e religioso.

Ao longo das décadas seguintes, as inscrições com seu nome foram destruídas e seu sarcófago, vandalizado, ações que mantiveram, por séculos, a mulher-faraó apagada da história. Somente no século XX os arqueólogos conseguiram restituir seu nome na cronologia faraônica. Pelas décadas seguintes, foi retratada como uma tirana, usurpadora. Só recentemente deixou de ser uma figura vil e ambiciosa que usurpou o trono do pequeno faraó para ser a pessoa que o treinou para assumir o poder.

Ao longo dos anos, enquanto educava as filhas e criava a primogênita para ser uma "Grande Esposa Real", ela manteve Tutemés III ao seu lado. Juntos, realizaram cerimônias, solenidades públicas e até expressões artísticas, deixando clara a corregência pacífica e o lugar assegurado do garoto como faraó. Se realmente fosse a vilã que a história até pouco tempo nos contava, teria simplesmente eliminado a criança. Em vez disso, garantiu que fosse escriba, deu-lhe funções de sacerdote e possibilitou que construísse uma sólida carreira no exército, chegando ao posto de comandante-chefe. Com isso, obviamente, ela assegurou que o enteado tivesse todas as habilidades necessárias de um bom governante.

---

[16] União sexual entre deuses ou entre um deus e um humano, como é o caso desta história.
[17] Expressão pela qual o Egito antigo era conhecido.

Além disso, nas duas décadas em que reinou, garantiu uma época de paz e prosperidade para seu povo. A paz manteve defendendo suas fronteiras à frente de campanhas militares bem-sucedidas; a prosperidade, garantiu com boa administração interna, grandes obras públicas e excelentes relações comerciais, tanto com parceiros habituais como com terras até então desconhecidas. Ampliou a frota marítima e expandiu o comércio, garantindo novas especiarias e riquezas para seu reino.

Além disso, deixou sua marca na arte e arquitetura egípcias com a construção de diversas esculturas e templos. Entre eles, estão a magnífica Capela Vermelha, os dois Obeliscos dedicados à glória de Amon-Rá, em Karnac[18], e o Templo de Milhões de Anos, em Deir el-Bahari, um verdadeiro monumento com arquitetura absolutamente à frente de seu tempo.

Hatshepsut é a prova viva de como a história pode destruir ou elevar a reputação de uma pessoa. De como ela, assim como inúmeras outras mulheres, foram tiranizadas ou deliberadamente apagadas da história para evitar precedentes que colocassem em risco o poder masculino. Porém, as pesquisas mais recentes, sabendo dos vieses inconscientes de historiadores e pesquisadores ao longo dos tempos, estão utilizando métodos investigativos e tecnologias ultramodernas para recontar esta e outras histórias. Uma verdadeira força-tarefa para garantir que mulheres poderosas como essa faraó tenham seu merecido reconhecimento por todos os feitos conquistados.

---

18 Um deles resistiu ao tempo e é considerado o mais alto obelisco ainda em pé.

2ª Revolucionária
Aqualtune (fim do século XVI e XVII)

Princesa, escrava, líder da resistência negra, mãe e avó

De princesa à escrava. De fugitiva à criadora do Quilombo dos Palmares. Um dos maiores símbolos da luta e resistência negra brasileira. A nossa segunda revolucionária protagonizou uma vida de luta e superação, de intensas batalhas e muita resistência física e espiritual.

Aqualtune Ezgondidu Mahamud da Silva Santos era filha de um dos reis do Congo. Uma verdadeira princesa guerreira que organizou e liderou cerca de 10 mil homens e mulheres na Batalha de Mbwilla. Apesar de estarem em igualdade numérica, enquanto ela liderava camponeses recrutados para defenderem suas terras, seus inimigos eram jagas, uma espécie de mercenários e guerreiros bem treinados. Após ser derrotada, foi capturada e enviada com os demais sobreviventes para serem vendidos em um mercado de escravos português.

Em algum ponto do percurso do Congo até o navio negreiro que a traria para o Brasil, Aqualtune foi marcada com ferro quente; a flor tatuada no seio esquerdo simbolizava seu "batismo" na religião católica, executado por um bispo. Desembarcando no entreposto de Recife em 1597, foi comprada como escrava reprodutora e revendida, já grávida, para um engenho em Porto Calvo, na Capitania de Pernambuco (atual estado de Alagoas).

Segundo relatos orais, ao perceberem seu movimento de aproximação com outros escravos e temendo algum tipo de rebelião — outros dizem que sua origem real foi descoberta por alguns escravos a venerarem —, os senhores da fazenda a submeteram aos piores homens do lugar. Certamente o plano não funcionou: mesmo no sexto mês de gravidez, Aqualtune organizou um motim para destruir a casa-grande e fugir com alguns escravos. No caminho, foi reunindo outros fugitivos em seu grupo, tendo como destino um local conhecido apenas por boatos como "Reino dos Palmares", uma terra de negros livres.

Graças aos seus conhecimentos estratégicos e militares, não só chegou ao Reino de Palmares como levou cerca de 200 escravizados para lá em segurança. Seja pelo feito ou pela origem, recebeu uma aldeia para liderar, que logo batizou como "Quilombo dos Palmares". Em banto, kilombo quer dizer algo como "sociedade guerreira com rigorosa disciplina militar"[19]. Acreditamos que o nome foi perfeito, uma vez que o Quilombo dos Palmares resistiu bravamente a inúmeras expedições coloniais.

Durante a sua liderança, além de uma lei rígida contra adultério, roubo e deserção (punidos com pena de morte), os quilombolas passaram a praticar uma agricultura considerada avançada para a época, bem como atividades metalúrgicas tanto para a autodefesa como para o comércio com as localidades próximas.

Ao longo dos anos, liderou com maestria um império de luta e resistência, transmitindo à sua descendência seu sangue guerreiro. Dos seus filhos, Ganga Zumba (que significa "grande chefe", como seu pai), Gana Zona e Sabina são os dos quais se têm registro. Os dois primeiros lutaram ativamente pela segurança do Quilombo, mantendo os colonizadores longe de suas terras, além de libertarem o máximo de escravos que puderam. Não há muitos registros de Sabina na linha de frente, porém ela deu à luz Zumbi dos Palmares, um dos maiores símbolos da resistência e luta pela liberdade no Brasil.

Graças ao trabalho de estudiosos e historiadores, que conseguiram recriar sua trama a partir dos fragmentos de registros históricos, contos orais, cordéis e até lendas africanas, pudemos resgatar e celebrar a vida de lutas, vitórias e derrotas dessa rainha guerreira, símbolo do poder e da força da mulher negra.

---

[19] Segundo o historiador Dagoberto José Fonseca, da Unesp de Araraquara (Universidade Estadual Paulista).

3ª Revolucionária
Maria Quitéria (1792 - 1853)

Primeira mulher militar e a primeira a se tornar tenente condecorada do Brasil

A Mulan brasileira era baiana e uma excelente amazona!

Nascida em 27 de junho de 1792, Maria Quitéria mostrava ser um espírito indomável. Antes mesmo de entrar para a história como tenente condecorada, já quebrava os costumes e convenções impostos às mulheres de sua época. Desde pequena, se recusava à submissão, fugindo do bordado e demais obrigações domésticas para cavalgar e caçar pelas redondezas – atividades incentivadas por sua mãe até os 10 anos, quando esta faleceu.

Após a perda da mãe, Maria Quitéria teve atritos com as madrastas e até com as irmãs, pois não aceitava se submeter, nem entendia como as outras consideravam aceitável não poder estudar ou nem sequer escolher o próprio marido. Aliás, após seu pai negar o pedido de casamento de Gabriel, o amor de sua vida, por considerá-lo abaixo dos padrões, estava decidida a permanecer solteira.

Certo dia, quando um emissário do Imperador Pedro I foi à fazenda recrutar homens para lutar contra os opressores coloniais, vislumbrou a oportunidade de provar seu valor lutando pela liberdade do país. Afinal, não era alheia aos acontecimentos ao seu redor, acompanhava as lutas e a crescente hostilidade portuguesa contra os dissidentes. Quando o pai negou ao emissário qualquer ajuda, já que era velho e tinha apenas filhas mulheres[20], Maria Quitéria logo se prontificou a representar a família. Após descrever as habilidades que possuía, certa de que eram úteis em combate, seu pai a repreendeu duramente, alegando que mulheres fiavam e teciam, jamais iam à guerra.

---

[20] Seu único filho homem morrera ainda pequeno.

Na mesma noite, Maria Quitéria fugiu para a casa de sua irmã[21], que, com a ajuda do marido, conseguiu deixá-la com uma aparência masculina. No dia seguinte, partiu com o cunhado José para o regimento de artilharia, onde se passaria por seu filho, levando o nome de Soldado Medeiros.

Empenhando-se mais que os outros para provar seu valor, as habilidades com armas e caçadas que tanto a ridicularizavam colocaram o então Soldado "Medeiros" rapidamente em destaque. Acabou transferida para uma unidade especial, o Batalhão de Voluntários do Príncipe D. Pedro, também conhecido como Batalhão dos Periquitos, composto por 5 mil homens.

Infelizmente, em uma de suas patrulhas, em vez do inimigo, viu o próprio pai chegar, decidido a pôr fim à sua "bobagem" e levá-la para casa. Após ignorar a sua ordem, o senhor Gonçalo dirigiu-se ao superior responsável, major José Antônio da Silva y Castro, revelando que o Soldado Medeiros era, na verdade, a sua filha e exigindo que a expulsassem. Deve ter sido um choque para ele quando o major, após considerar a situação, declarou que não era de homens, mas, sim, de habilidades, como as que sua filha possuía, que o exército precisava.

Sem esperar que o militar tivesse ideias tão avançadas, restou ao pai ameaçá-la com a deserção. Acreditando fazer parte de algo maior, mesmo triste com o posicionamento do pai, escolheu o exército com a condição de se assumir mulher.

Após lutar em importantes frentes, como as batalhas de Pirajá, de Itaparica e do Recôncavo, e tendo seus feitos reconhecidos em combate, ganhou a patente de cadete em julho de 1823. Em agosto do mesmo ano, teve a honra de ser promovida a tenente, além de ser o primeiro soldado condecorado pelas mãos do próprio Imperador. E, vejam só, quem poderia imaginar que o primeiro "Cavaleiro da Ordem Imperial da Estrela do Sul" seria uma mulher?

Tendo a filha de volta e em segurança, o pai concedeu-lhe o perdão[22] para, dois anos depois, vê-la se rebelar novamente, ao se casar com Gabriel Pereira de Brito. Sim, o mesmo Gabriel, humilde lavrador que

---

[21] Algumas fontes citam Tereza; outras, Josefa. Porém, não há controvérsias quanto ao nome do cunhado.
[22] Há histórias de que o próprio Imperador escrevera uma carta para que o Senhor Gonçalo perdoasse sua filha pela desobediência, dados os valorosos serviços prestados à nação. Porém, não há prova documental dela.

tanto amava, a reencontrou, e desta vez ela não deixou que os homens decidissem por ela. Casaram-se e tiveram Luísa Maria da Conceição. Faleceu em agosto de 1853 devido à doença no fígado. Na época, morava com a filha, pois já se encontrava viúva e cega. Morreu no anonimato, aos 61 anos, porém viveu plenamente ao tomar as rédeas de sua vida, de suas escolhas e, principalmente, do seu coração.

Em 1937, inauguraram uma estátua sua na Praça da Matriz de Feira de Santana, cidade onde nasceu. Em 1953, cem anos após sua morte, foi nomeada como a patrona do Exército Brasileiro e, em 2018, recebeu a mais alta honraria que uma pessoa pode receber no Brasil, ao ter seu nome inscrito no Livro dos Heróis da Pátria, um livro de aço localizado no Panteão da Pátria e da Liberdade Tancredo Neves.

Sua bravura e seus feitos de grande heroísmo inspiraram e continuam inspirando as mulheres a ingressarem nas Forças Armadas, em profissões tidas como "para homens", ou mesmo a seguirem seus sonhos e suas carreiras com convicção e coragem.

4ª Revolucionária
Cora Coralina (1889 - 1985)

Esposa, mãe, doceira, agricultora e ícone da literatura

De menina feiinha e franzina a símbolo da mulher trabalhadora rural pela Organização das Nações Unidas para a Agricultura e Alimentação (FAO): esta mulher viveu dez vidas em uma e superou todos os obstáculos para dar voz à sua escrita e asas à sua poesia.

Vinda de uma linhagem tradicional e abastada da região de Goiás, Cora Coralina nascia com o nome de Anna Lins dos Guimarães Peixoto Bretas em 20 de agosto de 1889. Neste mesmo ano, sua família perdia tudo com a Proclamação da República. Sem escravos para cuidar da terra e sofrendo com empreendimentos malsucedidos, passaram por uma época de grandes dificuldades financeiras. Quando tinha apenas 2 anos, seu pai morreu e sua mãe, Dona Jacynta, ficou viúva com três filhas para criar, passando a descontar um pouco de seu descontentamento por parir Ana ao invés de um menino.

Seja por frustrar os sonhos de sua mãe, pela dificuldade de aprender ou por não se encaixar nos padrões de beleza e feminilidade da época, a menina franzina encontrou nos livros uma forma de se distanciar dos atritos familiares.

Em 1900, Dona Jacynta alugou sua casa, pegou as filhas e retornou para a fazenda de seu pai, dando à Ana a oportunidade de mergulhar nos livros e criar maior intimidade com a escrita e a natureza. Foi nesta fazenda que escreveu suas primeiras crônicas e adotou o pseudônimo de Cora. Segundo ela, não para se esconder, mas para se revelar, já que existiam muitas Anas na região.

Em 1905, voltaram à casa da mãe, em tempo de aproveitar os movimentos intelectuais da cidade. Os anos seguintes foram bem agitados para Cora, que se destacou como conferencista, declamadora e jornalista, escrevendo artigos e crônicas em jornais e periódicos da região.

Mas, seguindo seu coração, em 1911 deixou tudo para trás para viver seu romance com Cantídio Tolentino de Figueiredo Bretas, um chefe de polícia do estado, separado e vinte anos mais velho. Devido à contrariedade da família e ao preconceito da época, decidiram ir para longe, escolhendo Jaboticabal, no estado de São Paulo, para viver. Lá, tiveram sete filhos e, por duas vezes, Cora sentiu a dor angustiante da perda, podendo criar apenas cinco deles.

Infelizmente, o advogado Cantídio, assim como sua família, desencorajava a sua carreira. Por ser muito ciumento, proibia-a de produzir ou publicar qualquer coisa. Apesar de acatar, não almejava tal restrição para seus filhos. Então, para garantir-lhes o estudo (e se afastar um pouco do marido), mudou-se com eles para a capital de São Paulo em 1929. Lá, pôde participar da Revolução Constitucionalista de 1932 e expressar seus ideais políticos.

Com a morte do marido, em 1934, começou uma fase de luta para conseguir sustentar os filhos. Virou dona de pensão, vendedora de livros e comerciante, até que conseguiu comprar umas terras em Andradina e começou a cultivar algodão. Durante todos os anos de trabalho árduo pela subsistência da família, não deixou de se posicionar e defender as causas sociais em que acreditava, indo desde a preservação ambiental e o apoio à reforma agrária à luta pelos trabalhadores rurais sem-terras e denúncias das más condições de vida no campo.

Aos 67 anos, com os filhos já criados, decidiu voltar para a sua terra, onde teve tempo para organizar a sua obra e publicar seus livros. Sentindo-se limitada durante toda a sua vida, dizia não permitir se limitar depois de velha. Porém, como de costume, a vida lhe pregou mais uma peça: o preconceito e a resistência. Sem abertura do mercado ou aceitação das obras com críticos e intelectuais da época, dando mais foco à sua idade do que à sua escrita, encontrou nos doces outra forma de comunicação com o mundo.

Por anos, os doces abriram espaço para as poesias. Não só as produzia em meio às panelas e tachos como também as declamava entre uma venda e outra. Se a poetisa fez sucesso como doceira ou se os doces abriram caminho para a poetisa, sabe-se apenas que os versos voaram país afora, pois toda gente vinha comprar seus quitutes.

Somente após os 70 anos, e ainda firme no trabalho e produção literária, o reconhecimento começou a surgir. Primeiro com o livro *Poemas dos Becos de Goiás e Estórias Mais*; depois, com um convite para integrar a recém-inaugurada Academia Feminina de Letras e Artes de Goiás.

Os livros seguintes continuaram retratando com cuidado, carinho e sensibilidade as suas denúncias. Estas iam desde as mulheres sufocadas, cerceadas de direitos e privadas do espaço profissional, até as invisíveis, que alimentam a vida cotidiana com seu trabalho duro em condições desumanas.

Por fim, aquela que fez das pedras seu lindo jardim pôde colher tudo o que semeou. Recebeu prêmios, como os troféus Jabuti e Juca Pato, honrarias e títulos como reconhecimento mais do que merecido àquela que transformou a amargura da vida em doce e a dureza dos dias em poesia. Morreu no auge da carreira, aos 95 anos, incentivando os jovens a poetizarem sua vida.

5ª Revolucionária
Virginia Tower Norwood (1927 -)

De bolsista, vendedora e professora à
pesquisadora renomada em todo o mundo

Qual profissão você indicaria para uma garota incrivelmente hábil com os números?

Pois bem, segundo a orientadora profissional de Virginia, a sua melhor escolha era se tornar uma bibliotecária. Afinal, o que mais uma menina poderia ser, certo?

Acontece que, se ela tivesse seguido o conselho da orientadora, o mundo perderia uma das mentes mais brilhantes do século XX. E, graças a ela, podemos acompanhar em tempo real as mudanças que ocorrem ao redor do globo terrestre, desde o derretimento das geleiras, expansão dos desertos, até o desmatamento da Amazônia. Pois é, esta garota boa de conta foi a responsável por criar o Multispectral Scanner System, um sensor que escaneia a energia vermelha, verde e infravermelha refletida na superfície terrestre e transmite imagens perfeitas em 2D para os pesquisadores no solo. Basicamente, o coração do satélite Landsat. O sistema é tão bom que até hoje, já na versão Landsat9, ainda é usado para monitorar as alterações do planeta. Mas, para chegar até esse ponto, muita coisa aconteceu...

Apesar de não ter corrido o risco de ser escravizada, confinada em um convento ou queimada na fogueira como nos séculos anteriores, Virginia teve que enfrentar o machismo e ter pulso firme para defender aquilo em que acreditava.

Desde pequena, ela tinha verdadeira fascinação por números e, graças à criação que recebeu, tinha mais ambição e criatividade que a sua orientadora vocacional. Então, se inscreveu no MIT, o Instituto de Tecnologia de Massachusetts (sim, aquele dos filmes), e conseguiu uma bolsa parcial. Mesmo enfrentando dificuldades, pois mulheres ainda não eram aceitas no campus, conseguiu se formar em 1947 em Física Matemática, com apenas 20 anos.

Porém, diferentemente dos rapazes que se graduaram com ela, não conseguia emprego. Chegou a convencer uma empresa de armamento sobre a necessidade de criarem um cargo de controle de qualidade. Dias depois, comunicaram ao seu marido – e não a ela – que adoraram a ideia, mas contratariam um homem para a posição. Mesmo decepcionada, continuou tentando e recusando ofertas cujo salário não fosse correspondente ao cargo. Dizia que era o justo e chegou a ouvir em resposta que "nunca haviam pagado tanto para uma mulher"[23].

Chegou a trabalhar em uma loja e lecionar matemática para obter alguma renda. Quase um ano depois, vivendo precariamente com o marido (com quem se casou assim que saiu da faculdade), conheceu um oficial em uma festa, que os convidou a conhecerem a Signal Corps Labs, um laboratório do exército americano. Chegando lá, foram contratados imediatamente.

Aproximadamente cinco anos depois, foi trabalhar para a Hughes Aircraft Company, mudando-se com o marido e seu primeiro filho para a Califórnia, onde permaneceu por mais de trinta anos. Ao longo desse período, lidou com preconceitos, inclusive entre pares, e perdas de oportunidade. Viu colegas se demitirem por não admitirem receber ordens de uma mulher e perdeu promoções, mesmo sendo a mais qualificada para a posição. Nada disso a desanimou. Teve outros dois filhos, ficando apenas dias afastada de seus projetos, sendo que em uma de suas licenças-maternidade a pausa foi de apenas "três dias". Continuou empenhada em mostrar a sua capacidade, em provar que ser mãe não a impedia de liderar.

---

[23] Reportagem BBC News Mundo, 31/12/2022.

Apesar de todos esses percalços, permanecia porque gostava da liberdade que lhes davam para pensar, testar e criar, sem exercerem um controle ou monitoramento constante. Os superiores liberavam as verbas de que ela precisava, mesmo sem entenderem muito para que seria usada. Para ela, era esse incentivo à inovação que importava e de que mais gostava.

Onde havia desafios, ela preferia vê-los como oportunidades. E foi em uma destas situações que, magoada com a exclusão do seu nome para a direção de um departamento (por ser mulher), pediu transferência da sessão de mísseis e acabou parando em um grupo recém-inaugurado de espaço e comunicação. O grande desapontamento com sua chefia acabou se tornando a oportunidade de entrar para a história, pois foi nesse novo grupo que recebeu o desafio de colaborar com a Nasa e o US Geological Survey no projeto de um satélite de monitoramento terrestre.

Neste projeto, novamente precisou mostrar sua força e coragem. Passou um ano convencendo o pessoal da Nasa de que o RCA que queriam (um tipo de câmera de tevê que registrava apenas a luz visível e ocupava grande massa de dados) não era a única opção. Não os convenceu da substituição, mas ganhou a chance de levar sua ideia a bordo. Aceitou as imposições de espaço e tamanho que "sobrariam" do RCA no foguete e topou o desafio de criar um protótipo com essas dimensões para provar que funcionaria. Não só o MSS *(Multispectral Scanner Sistem)* funcionou como foi um sucesso. Com apenas duas semanas em órbita, uma sobrecarga tirou o RCA do ar. O MSS? Está até hoje na ativa!

Ah! Virginia ficou na Hughes tempo suficiente para ver o homem que chamou a empresa de "estúpida" por colocá-la no comando de um projeto voltar anos depois pedindo-lhe para integrar a sua equipe. Obviamente ela tinha boa memória e recusou o pedido.

Hoje, com 96 anos, ela se orgulha do título de "Mãe do Landsat". E, após ser a única mulher entre os homens durante toda a sua carreira, é uma das pioneiras do "Ladies of Landsat", uma iniciativa que busca promover a diversidade, equidade e inclusão nas áreas das ciências de observação da Terra. Inclusive, a doutora Flávia de Souza Mendes, brasileira, é uma das líderes organizadoras.

E aí? Essas histórias não são de aquecer o coração e nos encher de orgulho?

Ao longo da produção deste capítulo, descobrimos como os registros históricos são falhos ao retratar biografias femininas. Falta de registros, reconhecimento apenas dos homens envolvidos nos feitos ou descobertas e até pesquisas com vieses inconscientes... Isso nos levou a informações contraditórias, fontes duvidosas e várias dúvidas. Diante de tais dificuldades, o que você acabou de ler foram minibiografias criadas por nós, a partir de reportagens, livros, dissertações e artigos disponíveis na internet.

Mas, apesar de não serem oficiais, essas minibiografias são a nossa homenagem a todas as mulheres que não se limitaram na vida. Àquelas que lutaram contra as dificuldades, as suas próprias famílias, sua cultura e até a sociedade para provar que eram mais capazes do que imaginavam. Nesta homenagem estão incluídas as mulheres invisíveis, esquecidas pelo tempo, cujos feitos permaneceram e colaboraram para a construção da vida que conhecemos, dos direitos que temos e do papel que exercemos em nossa família e sociedade.

Para finalizar, queremos que você tenha uma única certeza: você é igualzinha a elas!

Lendo assim, essas mulheres parecem incomparáveis. Quase inalcançáveis, não é mesmo?

Porém, a mesma força, a mesma garra e determinação que elas tiveram, nós também temos dentro de nós. Seja Karen, Paola, Maria, Ana, Virginia... Somos fruto e expressão de todas as mulheres que vieram antes de nós e temos em nossas veias, em nosso espírito e em nosso ser toda essa força acumulada.

Lembre-se sempre disto: o que herdamos vem de muito, muito tempo. E o que fazemos com tudo isso que herdamos continuará para muito além de nós, impactando a vida dos nossos filhos, filhas, netos e bisnetos. Você é parte da história que estamos escrevendo agora, portanto não desanime.

Levante-se, olhe ao redor e escolha como quer transformar a sua vida!

7

Como estamos avançando?

Nos capítulos anteriores pudemos ver como as sociedades evoluíram ao longo dos séculos, tanto no modo de viver quanto na estrutura e organização do trabalho. Porém, nada provocou mais mudanças sociais e econômicas em tão pouco tempo quanto as duas Guerras Mundiais. A perda de milhões de soldados em batalhas, ou por consequência delas, justificou a entrada oficial das mulheres no mercado de trabalho. Além disso, as revoluções industriais que se seguiram geraram aumento das necessidades produtivas, graças à criação de novos produtos e tecnologias.

No Brasil, mesmo com o pequeno envolvimento, os impactos da Segunda Guerra foram enormes, indo desde a expansão das indústrias de base (mineração e extrativismo) e de bens de consumo até a queda da ditadura e início da primeira experiência realmente democrática do país.

O crescimento industrial sem precedentes gerou uma expansão da economia e aumento das oportunidades de emprego em diferentes cantos do país. Com um ritmo acelerado, as mulheres aproveitaram a demanda do mercado e conquistaram postos de trabalho antes negados, chegaram às universidades, puderam se especializar e ajudar na subsistência ou ascensão social de suas famílias.

Lendo dessa forma, fica fácil entender por que a época ficou conhecida como "Anos Dourados", certo?

Nem de longe! A expansão do mercado encontrou um enorme contingente de mulheres analfabetas ou semianalfabetas devido à falta de acesso ou proibição dos pais, irmãos e maridos. Além da falta de escolaridade, sem medidas de controle da natalidade, era comum serem mães de família com muitos filhos e poucos recursos financeiros.

Nesta mesma época, o aumento de mortes e acidentes de trabalho por falta de regulamentação adequada ou a migração masculina em busca de melhores ofertas de emprego na construção civil dificultou ainda mais a vida de quem dependia do rendimento ou da autorização de um homem para ter acesso a direitos básicos de cidadania, como estudar, trabalhar ou conseguir crédito em um banco. Viúvas sem direito à herança[24] ou esposas abandonadas viam-se rapidamente transformadas em "chefes da família", aceitando subempregos para garantir o sustento e a vida pela qual eram responsáveis.

Devido a essa sistemática comum nos países subdesenvolvidos, os índices de pobreza e, consequentemente, de mortalidade infantil aumentaram cada vez mais. Por falta de condições mínimas de saúde e saneamento básico, escassez financeira e abandono a que essas famílias eram submetidas, muitas viviam na linha da miséria.

Dos "Anos Dourados" (1950) para cá, nossas bisavós, avós e mães lutaram e conquistaram direitos e melhores condições de trabalho. Entraram nas universidades e disputaram vagas predominantemente masculinas. Só nos últimos 20 anos, a proporção de pessoas vivendo em extrema pobreza caiu quase pela metade.

Entretanto, pesquisas feitas pelos autores Hans Rosling, Anna Rosling Rönnlund e Ola Rosling, e retratadas no livro *Factfulness,* revelam que apenas 10% das pessoas tiveram conhecimento sobre esse fato. O avanço da tecnologia, do saneamento básico e do armazenamento de comida

---

[24] O direito à herança só foi conquistado com a aprovação do Estatuto da Mulher Casada, em 1962.

(refrigeração) contribuiu significativamente para isso, claro, mas muito dessa transformação social também se deve à independência econômica conquistada por essas mulheres.

Veja como as mudanças na parte mais subjetiva de nossa vida — conseguir se sustentar, saber-se capaz de competir em pé de igualdade, entre outras — impactaram diretamente nas condições econômicas da nossa sociedade e estimularam o contínuo avanço pela conquista da emancipação social.

Porém, apesar de esses avanços terem nos levado tão longe, ainda não estamos longe o suficiente da nossa origem patriarcal, da verdade implícita de que o papel principal da mulher é a maternidade, com dedicação impecável à família e ao lar. O mito da "Amélia"[25], da mãe e esposa que lava, passa e cozinha com um lindo sorriso no rosto, é algo que ainda se mantém em nosso inconsciente coletivo. É algo que limita as promoções de mulheres em idade fértil, que prioriza a carreira dos homens pela "dedicação integral" ao trabalho, entre outras escolhas que, como comprovado pela psicologia e neurociência, perpetuam a hegemonia masculina na sociedade.

A realidade atual

Hoje, ocupamos 44,5% dos postos de trabalho e mais de 35% dos cargos de liderança[26]. Além disso, saímos de 0% para 5% da alta liderança no mercado de trabalho[27]. Os números parecem animadores se pensarmos no quanto avançamos em tão pouco tempo.

Mas não se engane…

A herança que carregamos dos séculos anteriores está aí, nesses mesmos números. Somos praticamente a metade da força de trabalho do país, certo? Com um único detalhe: essa metade ganha 20% a menos que a

---

[25] A música "Ai! Que saudades da Amélia" foi composta por Mário Lago (letra) e Ataulfo Alves (revisão e música), e lançada pela primeira vez em 1942. Com o tempo, consagrou-se como obra-prima e fortaleceu o nome "Amélia" como o estereótipo da mulher ideal: submissa, sem vaidades, resignada e trabalhadeira.
[26] Instituto Brasileiro de Geografia e Estatística (IBGE), quarto trimestre de 2021.
[27] Pesquisa Bain/LinkedIn "Liderança feminina: sem atalhos", 2019.

outra metade. Segundo a pesquisadora Thais Barcellos, da consultoria IDados, é como se nós trabalhássemos 74 dias de graça!

Na prática, os homens continuam em empregos formais com melhores salários, enquanto as mulheres precisam renunciar às boas oportunidades para conciliar jornadas duplas ou triplas de trabalho. Além disso, a pobreza continua sendo majoritariamente feminina: 70% das pessoas que vivem com um salário-mínimo no Brasil são mulheres com curso superior e 62,8% das famílias chefiadas por mulheres vivem abaixo da linha da pobreza.

Segundo o relatório da ONU Mulheres e do Programa das Nações Unidas para o Desenvolvimento (PNUD), publicado em setembro de 2022, a condição de pobreza ainda afeta desproporcionalmente as mulheres e essas disparidades podem se agravar.

Resumindo, viemos de uma sociedade estruturada que pouco nos permitiu falar sobre nossas vontades, muito menos participar ativamente na sociedade. E, ainda hoje, em um tempo considerado moderno e liberalista, nos vemos menores, com pouca voz ativa ou confiança para realizar nossos desejos, sejam eles maternais ou profissionais.

É por isso que livros como este precisam ser escritos. Precisamos continuar essa história de lutas e avanços em busca da equidade de gênero nas organizações e nas nossas carreiras. Pela igualdade de possibilidades e de salários entre homens e mulheres.

Não defendemos a ideia de carreira e maternidade porque somos ativistas e queremos te convencer a ser também. Defendemos a ideia de carreira e maternidade porque podemos evoluir bem quando estamos em igualdade de condições.

Nós podemos muito mais do que acreditamos ser possível. É hora de percebermos isso e ocuparmos esse espaço, pois é nosso direito, mas também é nossa responsabilidade, ter uma vida pessoal e profissional de realização. Como você pôde ver nas pesquisas, quando prosperamos não melhoramos só a nossa vida, abrimos espaços para outras mulheres melhorarem as delas e de suas famílias, contribuindo assim para o aumento do PIB no país, bem como para a diminuição da pobreza no mundo.

Pesquisamos muito, aprofundamos nosso conhecimento para trazer aqui um conteúdo que pudesse ampliar a nossa visão de mundo, de pensar e entender essa realidade. Quantas vezes nós duas acreditamos nessas crenças limitantes? Quantas vezes, assim como nós, você não deve ter deixado os vieses inconscientes bloquearem as suas ações e aceitado como "natural" uma situação preconceituosa ou limitante?

Esses primeiros capítulos foram necessários para mostrar que essas situações de desigualdade e discriminação que vivemos não são naturais. Precisamos entender que essas barreiras são fruto de uma tradição que se cristalizou e se perpetua na forma de vieses estruturais. Fruto de uma cultura patriarcal, em que nascemos e crescemos acreditando em um modelo de família feliz, onde a mulher é a única responsável pelo bem-estar de todos e, por isso, precisa escolher entre ser mãe e profissional.

Enquanto acreditávamos que, para sermos inteiras ou felizes, precisávamos optar por uma coisa **ou** outra, que tínhamos uma única escolha, relembre o que acontecia:

• A mulher não tinha espaço no poder público. E ainda somos minoria nos cargos legislativos, sem representatividade na hora de votar não só as leis, mas também as verbas necessárias para as cumprir.

• Nosso papel era de dona de casa, rainha do lar e cuidadora dos filhos. Ao ir além, ainda hoje somos tachadas como "desnaturadas", insensíveis ou mesquinhas quando priorizamos nossos estudos ou carreira.

• Muitas mulheres revolucionárias foram mortas em praça pública, tiveram sua vida e sua morte expostas para servir de lição e recado. Espalhar o medo é a melhor forma de fazer com que outras mulheres não façam movimentos iguais.

• Mulheres negras tinham e continuam tendo uma luta muito mais árdua. Se antes a escravidão gerou marcas inimagináveis, hoje seus reflexos ainda são vividos. Além do machismo, lutam contra o racismo, também estrutural, muitas vezes em condições precárias, tornando a luta injusta em níveis alarmantes.

• As mulheres que trabalhavam fora de casa não eram reconhecidas por seus esforços, nem valorizadas. Hoje, elas têm mais dificuldade de apresentar uma ideia como sendo sua, deixam pares ou líderes levarem o mérito por suas ideias e projetos ou perdem promoções mesmo tendo melhor qualificação.

• Trabalhar fora não eximia os cuidados com a casa e os filhos, pelo contrário. Qualquer coisa que desse errada era culpa exclusiva da mulher por não dar conta da sua obrigação. Ainda hoje o famoso "segundo turno" é atribuído à mulher, pois são poucas as tarefas domésticas compartilhadas com os homens em casa.

Além dessas informações, nós listamos dados oficiais, de pesquisas recentes, revelando a situação da mulher no Brasil e no mundo:

1. No terceiro trimestre de 2022, as mulheres representaram 55,5% dos desempregados no país. Se para os homens a taxa de desemprego era de 6,9%, para as mulheres subia a 11%. O mais alarmante é que, das 5,3 milhões de mulheres desempregadas, 3,4 milhões eram negras[28].

2. No mundo, a proporção de mulheres em cargos de liderança aumentou de 31% para 32% em 2022. Além disso, 90% das empresas pesquisadas tinham pelo menos uma mulher na liderança sênior. Se essa tendência continuar, poderemos chegar em 2025 com 34% de mulheres nesses cargos[29].

3. Com a pandemia, o percentual de mulheres empregadas em 2020 caiu de 54,3% para 45,8%, enquanto o de homens caiu de 73,7% para 71%. Mães empregadas somaram apenas 38,4% durante a pandemia, enquanto a porcentagem de pais empregados manteve-se em 71,5%[30].

4. Nas 500 maiores empresas do mundo, listadas na Fortune 2020, as mulheres representavam apenas 7,6% dos cargos de liderança executiva. Ou seja, apenas 38 destas empresas são comandadas por mulheres,

---

28 Pnad Contínua, 3º T, IBGE.
29 Grant Thornton.
30 IBGE, 2021, Agência Brasil e InfoMoney.

enquanto as outras 462 possuem homens nos mais altos níveis hierárquicos. Apesar do avanço, se comparado a 2018, ainda não há nenhuma mulher negra ou latina entre elas[31].

5. Nas empresas comprometidas com a diversidade, 63% dos funcionários afirmam sentirem-se felizes no trabalho, contra apenas 31% das demais empresas pesquisadas[32].

6. Quarenta porcento das mulheres pesquisadas já foram xingadas ou ouviram gritos no trabalho, contra 13% dos homens que vivenciaram a mesma situação. Além disso, 40% dos profissionais que tiveram os trabalhos excessivamente supervisionados são mulheres e apenas 16% são homens[33].

7. Em 2019, as mulheres brasileiras dedicaram 21,4 horas semanais aos afazeres domésticos ou a cuidar de outras pessoas. Quase o dobro de tempo dos homens, que girou em torno de 11 horas semanais[34]. As mulheres receberam, em média, 22% a menos do que os homens para trabalhar em 2019. Porém, nos cargos mais altos, como os de gerência e direção, elas receberam 48% a menos do montante pago aos homens[35].

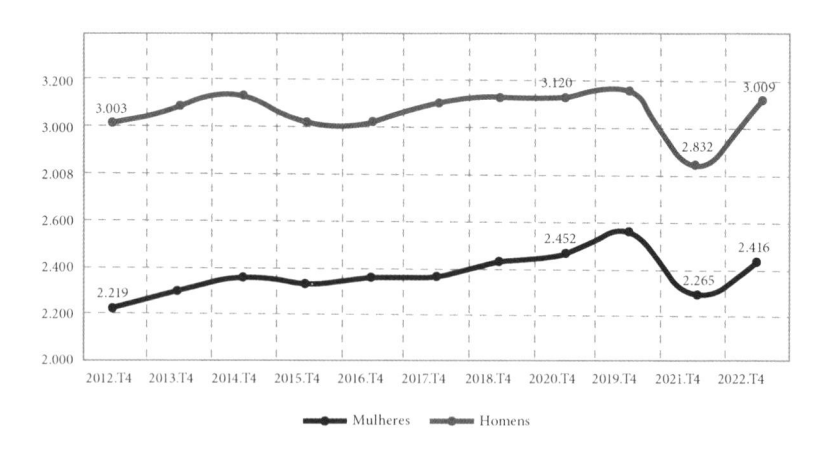

(Fonte: portal.fgv.br/artigos/diferencas-genero-mercado-trabalho)

---

[31] InfoMoney, 2020.
[32] Relatório Diversity Matters: América Latina – McKinsey 2020.
[33] Relatório "Percepções sobre violência e assédio contra mulheres no trabalho", Instituto Patrícia Galvão, 2020.
[34] Agência Brasil, 2021.
[35] IBGE, 2021.

8. Na América Latina, 65% das mulheres não se sentem seguras de ficarem sozinhas no ambiente de trabalho[36].

E, por último...

9. A igualdade de gênero pode acrescentar US$ 12 trilhões ao PIB global até 2025[37].

Veja como não se trata somente de termos um lugar nas mesas de diretoria ou do conselho. Sim, mulheres em cargos de poder, seja em órgãos governamentais ou de grandes empresas, nos levarão a patamares que possibilitarão mudanças significativas em todo o contexto de vida que temos hoje, principalmente em termos de equidade social. Mas o grande impacto que buscamos é garantir que as mulheres tenham acesso à educação, a escolhas de trabalho mais dignas e à igualdade salarial na mesma função.

Então, falar da ascensão da mulher no mercado de trabalho está diretamente ligado à possibilidade de ela existir não somente para prover comida, casa limpa ou cuidado aos filhos, mas também poder escolher gerar menos filhos ou não ser mãe, ter acesso à educação, trilhar a profissão que deseja e explorar todo o seu potencial, saber e poder fazer as suas próprias escolhas e, com isso, poder ter recursos para viver com dignidade. Porque essas pequenas conquistas permitem uma melhoria nas condições de vida não só delas, mas de suas famílias e comunidades.

Trata-se de uma questão de humanidade e dignidade, para uma vida plena de possibilidades e direitos, mas, principalmente, de escolhas próprias.

E para isso não precisamos ser as vilãs ou acusar os homens de culpados. Muito pelo contrário!

---

[36] OIT e Gallup, 2017.
[37] McKinsey, 2017.

Como vimos, tudo que aconteceu não foi por omissão das mulheres. Também acreditamos ser inválido deslocar milênios de repressão somente sobre os homens. Afinal, a cultura patriarcal pode ter iniciado com os homens de poder na época, mas se perpetuou sustentada por ambos, tendo mulheres que defendiam — e ainda defendem — o papel de submissão e dependência, ou viam na maternidade o único propósito de sua vida. Maridos podem ter se sentido obrigados a se submeter e aceitar tais comportamentos mesmo sem concordar, sido proibidos de expressar seu afeto publicamente, julgados por escolherem cuidar dos filhos enquanto a sua mulher trabalhava. Sem contar aqueles que foram contra o sistema e nos apoiaram, possibilitando muitas das conquistas que temos hoje.

Por isso, defendemos a ideia colaborativa de "ser com". De entendermos que essa cultura patriarcal é fruto de toda a história construída até aqui, sim, mas que cabe a nós expressarmos o nosso desejo de mudança, falarmos para os homens e conversarmos com eles sobre o nosso lugar no mundo. Cabe a nós, mulheres e homens deste tempo, assumirmos a missão de promover a igualdade de papéis, como profissionais e cuidadores.

Quando entendemos de onde viemos, podemos construir o horizonte para onde queremos ir. E, sem os erros do passado, o caminho se torna mais leve e a jornada, mais frutífera.

É com esta visão, claramente otimista, mas longe de ser ingênua, que te convidamos a seguir nessa leitura pela construção de novas possibilidades de ser e agir como mulher neste mundo corporativo.

A jornada

8

Quando engravidar?

Quando um e quando o outro?

Por Karen Wasman

Uma das perguntas que mais me consumiam sobre carreira e maternidade era: "quando engravidar?". Qual é a melhor época para isso? Qual o momento ideal, não só da carreira, mas da minha vida pessoal? E, assim como boa parte das mulheres, este grande dilema se resolveu em um importante momento da minha vida – para variar, nada planejado.

Ah, como eu queria ter tido a possibilidade de ler um livro como este durante minha trajetória profissional! E olha que procurei muito por literaturas com essa temática. Hoje, penso sobre quantas coisas poderiam ter sido diferentes...

Em vários momentos fiquei sem nenhuma referência que me ajudasse a pensar sobre o que fazer. Me senti amarrada a crenças que hoje não me pertencem mais, como – e principalmente – a de que teria que escolher entre ser mãe e ser uma superprofissional. Na minha cabeça não existia a possibilidade de ambas fluírem simultaneamente. Ou era uma, ou era outra; ou, mais otimista, quando um e quando o outro – quando priorizar a carreira e quando priorizar a maternidade. Não sou de ficar pensando muito nos "SE" da vida. *Se eu tivesse feito assim... se tivesse pensado de outra forma, ou escolhido tal lugar...* Acredito que a vida é uma só, e é do jeito e formato que deve ser, sem muitos arrependimentos. Procuro olhar para trás somente para aprender com as falhas e melhorar o caminho (ou acertar os passos).

Sou muito de seguir em frente, olhar para o copo meio cheio mais do que para a parte vazia. Até recebo esse tipo de *feedback* das pessoas.

Pois é, gosto do progresso, da animação, do amanhã, mas... Todos temos um "mas", não é mesmo? Um arrependimento, um "porém" trancado no peito. E um dos meus grandes poréns é justamente olhar para a minha carreira e pensar que algo me faltou. Uma orientação, uma palavra, uma perspectiva diferente da que tive.

Às vezes, penso que não posso reclamar, tive muito! Tive oportunidades, estudei em excelentes escolas, do mais alto nível. Morei fora, aprendi inglês, trabalhei desde cedo em grandes corporações, progredi. E, mesmo assim, o "mas" existiu. Porque, até hoje, olhando para a minha carreira, vejo claramente que algumas coisas poderiam ter tomado rumos diferentes.

Para explicar um pouco melhor, vou voltar a 2004...

Quando decidi engravidar, tive a grande felicidade de já estar trabalhando em uma empresa muito boa. Gosto de pensar que escolhi a empresa em que iria engravidar. Eu analisei quais eram os valores praticados e se casavam com os meus anseios pessoais, como, por exemplo, se os gestores eram pais e mães ou se falavam sobre suas famílias e seus filhos no ambiente de trabalho. Acreditava que algumas nuances como essas me ajudariam a gerar uma fotografia do ambiente profissional que me encontrava.

Não adiantava imaginar tudo lindo e florido. Se eu queria segurança psicológica e emocional nesse momento tão importante da minha vida, por que não mapear onde eu estava pisando?

> *E esse é um ponto fundamental para enfatizar aqui. Acredito que devemos ser muito coerentes e ter os pés no chão quando pensamos em engravidar, fazendo essas e outras avaliações sobre a empresa*

em que estamos atuando e refletindo (até sozinha mesmo) se essa organização apoia as mulheres que querem engravidar durante a sua trajetória profissional. Algumas perguntas importantes a se fazer para essa análise:

- As mães sofrem ressalvas ou são questionadas sobre seu comprometimento?

- Há abertura para falar sobre famílias e filhos?

- Há possibilidade de flexibilizar horário?

- A empresa adota as licenças maternidade e paternidade dentro da lei?

- Há creche, auxílio-creche ou plano de saúde estendido para dependentes?

Talvez seja difícil conseguir colocação em uma empresa que responda satisfatoriamente a todas essas questões, então analise quais delas são importantes para você. Acredito que isso te ajudará na hora de tomar uma decisão.

Nessa época, estava em um momento ótimo da carreira. Era coordenadora de recursos humanos, tinha uma equipe e fazia gestão de todos os processos de desenvolvimento da empresa. Aliás, a grande paixão que tenho em minha profissão: desenvolver pessoas!

Havia chegado ao cargo de maneira natural. Me dedicava com afinco e entendia que, como consequência, as progressões iam acontecendo.

Minha gestora na época, a Marcia Walter, era sinônimo de liderança assertiva. Aprendi com ela o conceito da prontidão versus oportunidade: estar preparada, pronta para quando as oportunidades aparecessem. Era como se ela já conhecesse o conceito de *lifelong learning*[38], mas, no fundo, era mais que isso: ela queria nos ver brilhar.

---

[38] A tradução literal deste conceito é "aprendizado ao longo da vida". Remete à atitude de ser um eterno aprendiz, partindo do princípio de que nunca é tarde ou cedo demais para aprender algo novo, expandir seus conhecimentos, habilidades e horizontes.

Gente capaz é gente segura! É aquela que ajuda os outros a seguir, não tem medo de ver as pessoas brilharem. E a Márcia era assim!

Minha gestora me desafiava, me expunha e me provocava para o meu melhor. Ao mesmo tempo, me acolhia demais. Eu compartilhava com ela todos os meus desejos de próximos passos. E, como o momento havia chegado, fui conversar com ela sobre o meu grande próximo passo que se encontrava no âmbito pessoal: ser mãe.

Em nossa conversa, fui clara sobre o que eu queria para mim antes e após engravidar. Expliquei que, assim como desejava engravidar, também desejava retornar ao trabalho e seguir meu desenvolvimento profissional.

Não é feio desejar, nem querer mais. É importante sonhar e saber que podemos ter mais de um sonho ao mesmo tempo. Aliás, um pode complementar o outro de forma saudável e natural. Feio é não contar, gerar uma expectativa velada e depois culpar os outros, a liderança e a empresa pela falta de suporte ou progresso.

Você não precisa contar para todas as pessoas da organização o que quer para sua vida. Seria até ingênuo de nossa parte achar que todos torcem sempre por nós. Mas é fundamental comunicar os aliados nesse processo, os famosos **stakeholders***, envolvendo-os como corresponsáveis. É uma forma estratégica de continuar desenhando sua carreira e sua vida pessoal. Afinal, não fazemos nada sozinhos e somos muito melhores em time!*

Assim, usando o conceito de prontidão *versus* oportunidade, planejamos juntas esse passo, construímos alguns cenários que me ajudariam a equilibrar carreira e maternidade.

Márcia sempre foi uma pessoa admirável, focada em ter sucesso em suas entregas sem perder a doçura nas relações com as pessoas. Já eu, na época, era a própria alemãzinha trabalhando em uma cultura alemã, *match* perfeito. Eu adorava um resultado e amava um controle. Até nisso a maternidade me ajudou, ensinando que nem tudo podemos controlar.

E assim se deu, tive minha primeira gravidez e a perdi. Era a maternidade mostrando a que veio, me ensinando desde seu mais singelo início que nem tudo era sobre controle. E você não faz ideia de como tive que trabalhar isso dentro de mim...

Eu já vinha de uma espera muito longa, de muito planejamento e expectativa para esse momento... Simplesmente não era para ser assim.

Deixe-me voltar mais um pouquinho no tempo para você entender:

Passados três anos de casada, lá em 2004, e ainda sem nada muito estruturado, eu já queria ter um bebê! Bem doidinha, né? Ou não, afinal era meu sonho de menina voltando a crescer dentro de mim. Ou meu relógio biológico tiquetaqueando? Não sei. Sei que ficava insistindo que queria ser mãe. E, para ajudar, como acontece com todos os recém-casados, ouvíamos constantemente as perguntas "quando vem neném?" e "quando o Filipe vai ter um irmãozinho ou uma irmãzinha?". Eu amava!

Diferentemente de outras pessoas, eu achava aquela pressão social maravilhosa, era a desculpa perfeita para tocar no assunto com meu marido. Eu falava: "Imagina que lindo nós dois com mais um filhinho ou uma pequeninha! Ah, vou amar!". Já o Dú desviava... Não sei se era medo de reviver tudo o que enfrentou com o nascimento do Filipe, ou de não dar conta do lado financeiro, ou medo de ser feliz... Vai saber.

Muito sabiamente, ele fez um combinado comigo. Aliás, ele é tão bom nisso, eu adoro esse seu lado racional, acredito que ajuda muito na nossa relação. Ele disse que precisávamos curtir nosso casamento por mais alguns anos, já que as coisas mudariam com mais um filho. As viagens de última hora, as saídas noturnas e festas com os amigos... Desde a vida social até a administração financeira, tudo mudaria e eu sabia que ele estava certo. Então, fizemos nosso acordo: teríamos um bebê quando o Filipe completasse 8 anos!

Enquanto isso, pegava o meu afilhado Pietro no colo, me olhava no espelho e me imaginava mãe. No banho, estufava a barriga e sonhava com o momento em que ela seria real. Tinha certeza de que viveria esse momento em sua plenitude. Meu sogro dizia que, se eu quisesse ficar grávida, deveria assumir o risco, ter e só depois contar para o pai (não, eu não ouvi meu sogro e, por favor, não siga seu conselho, ok?). Até nome já tinha para a minha bebê. Não sei o porquê, mas acreditava que seria uma menina e a chamaria de Yasmin. Ela seria como o Dú, linda, de pele morena, olhos escuros, narizinho perfeito e cabelos escorridos. Uma vez li uma reportagem da atriz Malu Mader, em que ela comentava amar o fato de olhar para os seus filhos e poder ver neles a pessoa amada. Essa confissão ficou gravada em mim: queria ver a minha filha com a "cara do pai", que eu tanto amava.

E assim o tempo foi passando, casa comprada, trabalho fluindo, Filipe com 6 anos e... em setembro de 2007, fiquei grávida! Como chorei de emoção! Não me contive de felicidade e rapidamente espalhamos a notícia para todo mundo.

Fui logo agendar meus primeiros exames. O exame de sangue saiu bem dentro do esperado. Então, como o Dú estava trabalhando, fiz a minha primeira ecografia sozinha.

> *Sempre fui superindependente, mas aprendi logo na primeira gravidez que tanta independência assim também não é tão legal.*

Para ajudar, não peguei indicações e agendei o exame com uma médica que não conhecia. Outro aprendizado! A médica, superseca na tratativa, não fez muitos comentários, mas uma única pergunta: "É sua primeira gravidez?". Logo que respondi que sim, ela complementou: "Então, tem algo não tão bom aí, porque o tamanho do seu bebê não está batendo com as semanas".

Eu fiquei atônita, sem reação... sentia meu rosto ficando vermelho e as lágrimas vindo espontaneamente. Ela pediu para que repetíssemos o exame em uma semana, para termos certeza, mas avisou para eu já me preparar para uma perda.

Me vesti, entrei no carro e liguei na hora para o Dú. Eu não falava, eu uivava. Chorava aos berros! Xingava a vida!

Não sei como consegui chegar em casa e me acalmar.

Esses dias de espera pareceram meses! Chegava o Ano Novo, mas não chegava a data do exame. Dessa vez, aprendi. Peguei indicações de amigas que estavam grávidas, agendei em um laboratório maior, com uma médica superreferendada. Também fiz questão da presença do Dú nesse exame. E o que eu mais temia realmente aconteceu! Minha gestação não evoluiu. Meu bebê havia morrido e eu, um pouco com ele.

Para piorar a situação, tive um aborto retido. Eu nem sabia que isso existia, descobri ao saber que precisaria passar por um procedimento cirúrgico para retirar o bebê, chamado de "curetagem"[39]. Perder um bebê foi a pior dor depois da morte do meu pai. A sensação que tive foi de muita incapacidade, como se a vida não me permitisse viver meu maior sonho.

Me internei para fazer a curetagem, minha mãe e minha sogra me acompanharam, me dando forças para seguir. Tive que ficar em uma sala de preparo, rodeada de grávidas que estavam ali para ganhar seus bebês enquanto eu aguardava para tirar o meu. Quanta insensibilidade por parte da área médica, permitir esse tipo encontro.

Me perguntei muito o que tinha feito de errado na vida. Me culpei, culpei o Dú, achei que ele não queria muito aquele bebê. Invejei amigas grávidas, me recolhi, amarguei. Até que, para a minha sanidade e a de meu casamento, voltei para a terapia com a sábia Elenise. Ela me acolheu, me entendeu e me cuidou! Também me propôs uma das coisas mais lindas para atenuar a minha dor: escrever uma carta para meu bebê. Escrever a ele tudo que eu sentia, tudo que desejei, tudo que queria viver com ele. E assim eu fiz. Não foi imediata a cura dessa dor. Além da escrita dessa carta, seguiram-se dias de terapia, dias de entendimento, de amigas por perto. Larinha foi uma dessas amigas que me abraçavam e enxugavam minhas lágrimas. Felizmente, ela já estava grávida da Linah, que, mesmo sem saber, já me fortalecia também.

Além dessas mulheres e mães lindas, sábias e bravas, como a minha terapeuta Elenise, minha amiga Lara, a Paty, minha mãe e minha sogra, tive ainda uma médica obstetra maravilhosa, a Dra. Carla Batiuk. Ela beijou minha testa e me disse uma das frases mais lindas antes da minha

---

[39] Procedimento médico que consiste na raspagem do útero com a cureta (instrumento parecido com uma colher) para retirar o bebê e evitar complicações à saúde da mãe.

curetagem: "Hoje estamos tirando o seu bebê, mas te prometo que um dia voltaremos aqui para tirar seu novo bebê com vida!".

E assim, cercada de lindas mulheres, tentava passar pelo luto e recuperar a minha vida, pois a dor da minha perda foi algo muito intenso para mim. Além delas, teve o Dú, que me acolheu e entendeu o meu real desejo de ser mãe. Parece que essa perda foi necessária para tanto ele quanto eu entendermos que era o momento de sermos pais.

Então, irresponsavelmente, em dezembro de 2008 (dois meses depois da curetagem), engravidamos. Dessa vez, o desejo do Dú estava comigo como nunca esteve antes. Mas, com a nova gestação, vieram a culpa e o medo de perder novamente aquilo que tanto almejava. Costumo dizer que a Marina foi uma das crianças mais desejadas do mundo, porque eu a queria demais.

Mas tudo que é muito não é bom. Eu pirei de um jeito que não considero saudável. Eu queria saber todo dia se ela estava bem, se o coração batia, se ela estava comigo.

A situação piorou quando eu soube que era possível comprar um detector fetal com o qual eu poderia ouvir os batimentos do bebê todos os dias. Ainda bem que nem a Dra. Carla, nem o meu marido, me permitiram fazer essa loucura. Foram meus anjos da sanidade, literalmente.

Mesmo com toda a minha piração, a gravidez da Marina se deu de maneira calma e saudável. Não tive enjoos, enxaquecas nem desejo por comida. Meu único desejo tinha nome e mês para nascer: Marina, em setembro, mês do meu aniversário!

No quarto mês já confirmamos que seria uma menina. Precisamos confirmar porque Dú tinha tanta certeza de que seria menina que já assinava as cartas de aniversário da família como: Eduardo, Karen, Filipe e Marina.

Você deve estar pensando: "Mas e o nome Yasmin?". De tanto que falei, acabei enjoando. Então deixei o meu marido participar lindamente, e ele escolheu Marina. Soava forte, nome de pessoa decidida, e não foi diferente.

Era a maternidade falando: não é no seu tempo, é no meu! Não tem tempo certo e controlado, isso se chama vida!

E a vida não é linear, ela tem altos e baixos, idas e vindas!

Já nesta segunda gravidez, tudo estava fluindo bem. Estava em um momento turbulento no trabalho, com mudanças de presidente, alterações na empresa, mas também concluindo entregas muito importantes, fechando ciclos e entregando projetos lindos.

Como disse lá em cima, me preparei para isso. Filipe já estava com 8 anos, minha carreira seguindo bem, tendo uma gestora incrível, empresa acolhedora...

Mas, novamente, um imprevisto em nosso caminho: o surgimento de uma doença muito agressiva, a H1N1, também conhecida como gripe suína. Hoje é bem famosa e menos grave, se comparada à Covid-19, mas na época gerou muito medo e exigiu algumas adaptações.

Como as grávidas tornaram-se grupo de risco, passei a trabalhar usando máscara. Fora isso, trabalhei os nove meses de uma gravidez tranquila, sem enjoos ou reações que me impedissem de atuar. Me afastei nos quinze dias que antecederam o parto, até para me precaver da H1N1, que estava cada vez mais presente.

Ganhei presentes antes de sair, chá de bebê surpresa e muitos desejos de uma boa hora. A empresa era fantástica e as pessoas, ainda mais!

E assim fui para a minha licença-maternidade. Foram sete meses de muita curtição, muito aprendizado, pouco sono e muita felicidade. Hoje, olho minhas fotos dessa época e só vejo meus sorrisos enormes! Iam de ponta à ponta. Não cabia em mim tamanha felicidade. Eu era aquela mãe que dormia pouco, mas acordava feliz. Estava integral e literalmente vivendo o meu grande sonho.

Gosto de lembrar o quanto curti essa fase da minha vida! Aproveitei minhas manhãs sem pressa com a Marina. Os passeios no meio da tarde, usar o banheiro família dos shoppings, fazer aulinha de *shantala*[40],

---

[40] Shantala é uma massagem indiana destinada a bebês recém-nascidos.

aulas de amamentação, de natação para bebês, cinemas com sessões dedicadas a mamães e bebês... Enfim! Tempo de ouro que vivi com minha pequena. Explorei ao máximo esse mundo maravilhoso e totalmente desconhecido.

É impressionante como o sentido da vida — da nossa vida — muda completamente com a maternidade. Eu me perguntava como não sabia que tudo isso existia antes da Marina. É como se um radar fosse ligado dentro de nós e passasse a nos guiar só para estas coisas: loja de bebês, dicas de alimentação, passeios e programações infantis... Aff! Que mundo lindo existia e eu não sabia!

Mundo de descobertas, de estudo, de leitura e aprendizados. Achava o máximo receber um salário, ter tempo para ficar com a minha filha, viver uma vida com mais freio, menos apressada e com mais qualidade. Era realmente um mundo novo se abrindo para mim. Coisas que me davam um prazer danado de conhecer e saber mais.

Ficava pensando no próximo filho, ficava falando que logo queria viver tudo aquilo de novo, ou melhor, viver aquilo ao quadrado. Queria mais filhos, mais deste mundo lindo e encantador.

Encarei a carreira como um adendo da minha vida, e não acho que ela devesse estar em um lugar diferente. Mas, hoje, sendo sincera, confesso que a coloquei num plano menor que um adendo. Claro que voltei a trabalhar, não só porque eu tinha uma contribuição importante nas despesas de casa, mas também porque eu gostava do meu trabalho.

No meu retorno, a Marina ficou com a minha tia Carmem. Ela é como uma segunda mãe para mim e não havia pessoa mais especial para estar cuidando da minha filha. Então, eu saí para trabalhar com a certeza de que ela estava bem e isso me bastava.

Apesar de a minha gestora ser incrível e eu ter sido muito acolhida, tive que correr atrás de muita coisa, pois me sentia perdida no começo. Muitas mudanças aconteceram nos meses em que estive fora e eu precisava me inteirar de tudo.

Em pouco tempo, tudo se encaixou numa normalidade boa. Quando eu chegava em casa, por volta de 18h00, minha tia já havia dado banho, jantinha, e minha pituca estava pronta para brincar um pouquinho comigo antes de dormir.

Lembra-se de como falei que havia conquistado algumas promoções na carreira antes de ser mãe? Eu tive alguns reconhecimentos na empresa, ganhei promoção salarial duas vezes, uma bolsa integral de pós-graduação e o *feedback* de que eu era um potencial que eles queriam desenvolver.

Mas, como falei também, havia escolhido essa empresa por considerá-la um bom lugar para se trabalhar e ser mãe. Então, fiquei muito feliz ao constatar que o reconhecimento que eu tinha adquirido não mudou depois da minha licença-maternidade. Tenho muita consciência de ser algo raro de acontecer nas organizações, mas eu sabia que atuava em um lugar bom, com valores presentes e genuínos.

Mas, pouco tempo depois do meu retorno, começaram a passar por uma reestruturação. Ao mesmo tempo, a minha gestora comunicou que havia aceitado uma proposta para retornar à sua antiga organização e, para a minha surpresa, em dois meses deixaria a nossa equipe. Foi aí que meu mundo lindo, controlado e ideal começou a ruir... Bem na minha cabeça!

Na sequência do seu anúncio, o presidente me chamou em sua sala e perguntou como eu estava. Ele era muito aberto e sempre conversávamos, mas logo depois dessa pergunta, ele disse: "A Márcia está saindo e eu não abrirei processo seletivo, pois a vaga é sua!". Ele estava com um ar de felicidade estampado em seu rosto e eu, com ar de desespero no meu.

Isto acontece mais do que imaginamos, a empresa — no intuito de te incluir — te oferecer muito mais projetos, coisas enormes e grandiosas, mas se esquecer de pensar que existe uma mãe – feliz, realizada, mas com muito mais demandas para dar conta. Assim, o que antes poderia ser algo incrível no trabalho passou a ser vivido como o pior dos mundos.

Diante dele, logicamente, eu respirei fundo, regulei as emoções que borbulhavam dentro de mim e respondi que estava muito feliz com aquele reconhecimento, mas pedi alguns dias para pensar, pois acabara de voltar da licença-maternidade e precisava discutir em casa, com meu marido, como essa promoção afetaria a todos.

Saí "panicada" da sala dele. Fui correndo falar com minha gestora. Eu tremia, feliz pelo reconhecimento e por ser a primeira vez que eu não sabia o que fazer. Eu simplesmente me vi sem resposta para aquela oferta, sem saber o que fazer com a minha carreira.

Antes, éramos três (meu marido, meu enteado Filipe e eu), então era fácil decidir. Agora, uma criaturinha pequena, que tanto dependia de mim, alterava toda a equação. E para complicar, mesmo sendo uma notícia maravilhosa, tinha quebrado meu planejamento do momento: ser mãe era meu maior foco para os próximos anos. Lembra-se do apêndice? Pois é...

Na minha cabeça, havia pensado assim: *"Ficarei como coordenadora, que é uma ótima posição, pelos próximos dois ou três anos e, quando a Marina estiver maiorzinha, eu consigo voltar a focar em subir na carreira"*.

Mas, como a vida não é linear e não temos o poder para controlar tudo que queremos, a oportunidade que eu tanto queria chegou no pior momento possível. E foi assim que entrei em pânico, sem saber o que fazer.

Busquei muitas pessoas para me ajudarem a pensar sobre o que fazer, mas a única coisa que vinha à minha mente era:

"Não darei conta!

Não vou conseguir lidar com uma bebê pequena e uma empresa de 2 mil funcionários, cheia de desafios pela frente.

Não sou capaz de gerir os dois ao mesmo tempo!"

Hoje eu entendo que o que aconteceu comigo foi a famosa Síndrome da Impostora, mas a 15 anos atrás, ninguém falava sobre isso.

Falaremos mais adiante, e em detalhes, sobre esta síndrome, um processo psicológico em que acreditamos não sermos capazes e, portanto, logo descobrirão que apostaram na pessoa errada. Graças a essa síndrome, passamos a nos bloquear, negar nossa capacidade e até mesmo boicotar oportunidades de crescimento e sucesso como essa.

E você? Em algum momento da sua vida já sentiu ou passou por algo semelhante? Declinou algum convite ou evitou se arriscar por duvidar ser capaz de "dar conta do recado"?

Eu, mesmo com todas as minhas conquistas profissionais e pessoais, me coloquei nessa condição psíquica e social, em que me considerei incapaz de dar conta de ser mãe e progredir na carreira simultaneamente.

E, adivinhem: declinei da oportunidade!

Dias depois, fui à sala do presidente dizer a ele que não me sentia pronta para assumir o desafio que ele havia me dado. Era como se eu estivesse assinando a minha demissão. Mas uma demissão para comigo mesma, como se estivesse assinando minha carta de insuficiência e incapacidade.

De acordo com um estudo do IBGE, aproximadamente 86% das mulheres querem ser mães, sem contar as que já são. A mulher é mãe, profissional, esposa... e tantas outras funções que a tornam um ser multifacetado, capaz de executar com maestria uma série de atribuições em todos os aspectos de sua vida. Então, em algum momento da vida vamos nos deparar com situações como esta.

Poderia ter sido diferente? Sim!

Eu estava pronta, havia feito duas semanas de imersão na Alemanha, sede da empresa. Tinha estudado, já coordenava um time com alto desempenho. Entendia do negócio e participei diretamente da implementação de novas plantas em outros estados. E o maior de todos os atributos: havia gerado e parido um bebê! A maior conquista e realização da minha vida.

Pena que naquele momento eu achava que não dava conta, mas eu dava, e muito!

Não me culpo por essa decisão. Mas olho para esse "mas", esse enorme "se" da minha vida, como algo que poderia ter sido diferente se eu tivesse acreditado mais em mim mesma.

E a confirmação disso veio com o convite para eu integrar a equipe de RH numa empresa de maior porte na região. Tive que começar do "zero", conhecer o negócio, me integrar às pessoas e a uma nova cultura, tendo uma bebezinha de 11 meses me esperando em casa.

> *Se fiz tudo isso com muita maestria, como pude pensar que não daria conta de um desafio maior na empresa em que eu já atuava e conhecia tudo e todos?*

Hoje vejo claramente o boicote à minha capacidade de realização. Mas tudo bem... tombo levado, joelhos ralados, o importante é seguir aprendendo com os nossos deslizes e entender que muitas vezes a origem dos nossos tropeços chama-se "nós mesmas"!

Tanto que eu quase repeti o erro nesta empresa também, em uma oportunidade de crescimento que surgiu quando a Marina estava com 4 anos. Apesar do medo, participei de um processo de seleção para ser gerente de treinamentos de uma área comercial. Algo totalmente fora da minha área de atuação (recursos humanos), que eu nunca tinha feito na vida!

Desta vez, quando recebi o "sim", aceitei, pois ter sido aprovada foi prova suficiente de que eu tinha capacidade. Simples, não? Nem de longe. Na semana seguinte, a minha Síndrome da Impostora bateu forte e comecei a achar que deveria declinar da oportunidade, pois não conseguiria gerir o novo negócio.

Então, fui falar com o meu novo diretor, Carlos Pacheco, um dos gestores mais brilhantes e inclusivos que já tive em minha carreira. Compartilhei com ele minha vulnerabilidade e meu medo de dar errado. E ele me disse uma das coisas mais lindas que já escutei, um verdadeiro empoderamento e reforço para este meu próximo passo: "Quando te escolhi, escolhi pela sua capacidade de realização, pelo seu potencial. Eu tenho experiência no que faço e sei que você é a pessoa certa para esta posição. Eu não deixarei as coisas darem errado, nem para você e nem para a empresa. Trabalharemos seu desenvolvimento e seu potencial, você receberá feedbacks de melhoria e faremos dar certo!".

E já começando meu processo de desenvolvimento, ele terminou falando:

— Isso é seu, essa insegurança de incapacidade é sua, ninguém está te dizendo. Você precisa combater isso dentro de você!

Até hoje tenho vontade de dar um abraço nele toda vez que me recordo dessa cena. Era desse chacoalhão que eu precisava na época. Estava de novo caindo no ciclo de autossabotagem.

E a Síndrome da Impostora, apesar de ser uma desordem psicológica, não deixa de ser um viés inconsciente, pois a maioria das pessoas afetadas é mulher. Um reflexo social das limitações que sofremos ao longo da história.

O que fiz de diferente nessa segunda "recaída"? Procurei falar sobre o que estava sentindo, sobre as minhas inseguranças.

Não busquei só o novo gestor...

Às vezes isso é até meio arriscado, dependendo da empresa em que você atua, e do gestor ou gestora que você tem. Pode ser mal interpretada. Eu sei que fui privilegiada por ter esse gestor incrível, maduro e empático naquele momento, capaz de entender que era só um deslize meu.

Busquei outras pessoas para compartilhar essa minha insegurança: fui falar com a Mari Martins, *coach* da empresa Duomo Aprendizagem, que acompanha o meu desenvolvimento há anos. Amigas que me conhecem bem, pois queria dividir também meus medos pessoais e não só os profissionais. Falei também com outras executivas e mães que viviam exatamente o que eu estava prestes a viver, essa realidade com mil desafios e muitas situações a serem equilibradas diariamente em nossa vida.

Por fim, conversei com meu irmão, que, apesar de mais novo, é uma minicópia do meu pai.

> *Wilian é um dos homens mais sensíveis e amorosos que eu já conheci. Consegue amar e ter disciplina ao mesmo tempo. Quando penso na minha amizade com ele, lembro-me do que acredito ser o maior legado do meu pai: o amor que temos um pelo outro.*

Nesse momento, ele trouxe os mesmos reforços do diretor e ainda me disse: "Vai, lindona! Você é capaz e, qualquer coisa, estamos aqui. Por você e pela sua família!".

E assim fui, me cerquei de pessoas que poderiam me ajudar compartilhando suas dicas de experiências reais, sobre como fizeram para dar certo, para conciliar carreira e maternidade de forma saudável. O que mais escutei de todas foi:

"Cerque-se de sua aldeia, crie uma estrutura que te apoie, seja ela feita de amigas, vizinhos, mães, sogras, maridos, ex-companheiros, tias, madrinhas ou padrinhos. Pessoas que estarão ao seu lado quando você precisar."

Porque é exatamente o efeito gangorra que a Paola descreverá nos próximos capítulos: não teremos tudo em alta, não conseguiremos equilibrar todas as atividades. Terá sempre algo tombando (caindo, pendurado, prestes a cair) e algo subindo. E este mundo "caórdico", ou seja, essa mistura entre caos e ordem, é o que dá graça à nossa vida.

Só aprendemos a nadar no mar quando passamos pelas ondas. E, assim como no mar, o aprendizado da vida só vem quando enfrentamos a correnteza. Foi enfrentando essa segunda oportunidade que aprendi a pedir ajuda, a perguntar como era para quem já havia passado por situações parecidas, a falar sobre os meus medos e minhas vulnerabilidades... Assim eu fui. Com medo, mas fui!

Não deixei minha síndrome falar mais alto. Ela ainda me visita ocasionalmente e a insegurança que traz consigo é real e constante. A diferença é que hoje estou vacinada, pois sei que ela é como uma gripe: vem de tempos em tempos, mas agora tenho anticorpos que me ajudam a combatê-la sem causar tantos males.

Aprendizados:

· Quando engravidar?

Não há tempo certo para engravidar, muito menos um momento exato dentro da sua carreira profissional. Mas dá para pensar em como será e se planejar:

- Avalie se a empresa ou instituição em que você está é o melhor lugar para dar esse passo ou se há condições de ir em busca de um emprego que ofereça melhores condições.

- Busque aliados que te acolham e ajudem antes, durante e depois desse momento.

- Converse com pessoas de diferentes lugares sobre seus desejos de maternidade e de carreira, acolha (sem julgamentos) diferentes experiências e sugestões.

· Como avaliar a empresa ou instituição onde estou?

É preciso pesquisar e observar para refletir acerca dos seguintes tópicos:

- A empresa onde você trabalha tem valores que demonstram que a dupla "maternidade" e "carreira" é possível? Por exemplo: há gestores que são pais e mães? Eles falam de seus filhos no ambiente de trabalho? Há flexibilidade e aceitação de imprevistos relacionados a isso?

- Sabe o quadro com os valores organizacionais na parede ou site? Veja quanto desses valores são postos em prática no dia a dia.

- Observe como vivem e pelo que passam as profissionais que são mães. Elas possuem benefícios, suporte ou, ao menos, são acolhidas nas suas necessidades? Ou são mais cobradas, ou julgadas, do que os demais?

- Caso você perceba que este lugar não te oferece um ambiente psicologicamente saudável para engravidar, benefícios ou mesmo alguma flexibilidade de horário quando necessário, planeje sua transição para uma empresa que ofereça!

· **Como contar no trabalho que eu quero engravidar?**

Escolha as pessoas certas para contar. Não fale para todos, muito menos omita essa informação. Busque aliados na sua carreira e conte com eles neste processo. Você pode:

- Mapear quais pessoas têm potencial para serem seus aliados nesta nova fase da sua carreira.

- Comunicar a esses aliados o que você deseja com clareza e transparência.

- Com a ajuda deles, traçar o que você precisa ter, fazer ou adquirir para conseguir ser mãe sem impactar negativamente a sua carreira, sua área ou a empresa.

· **É realmente necessário ter aliados?**

Se você quer manter tanto a vida pessoal quanto a carreira de maneira equilibrada, sim, esta é a melhor estratégia. Escolha pessoas em quem confiar, como mentores, profissionais que admira, algum líder ou par mais experiente. Lembre-se de que não fazemos nada sozinhas e somos muito melhores em time, principalmente neste momento.

· **Como faço para buscar ajuda?**

Não há uma forma certa, o segredo é não guardar tudo para si, criando suas verdades "absolutas". O que funciona bem:

- Converse com pessoas que você já conhece e confia sobre seus medos, exponha sua vulnerabilidade. Isso por si só já vai te ajudar a elaborar melhor as suas ideias, reduzir as suas dúvidas e ansiedade.

- Descubra se nos seus grupos da família, amigos, WhatsApp, Facebook e Telegram há mulheres que já vivem o que você está buscando. Caso não haja, ou sejam poucas, entre em alguns dos vários grupos maternos que já existem nestas mesmas redes sociais. Converse com quem te der abertura sobre como foi passar pelas dúvidas, ansiedades e dificuldades que você está vivendo. Escute as experiências de vida, dicas e aprendizados de quem já passou pela mesma situação de maternar e trabalhar.

E se, depois de tudo isso, você ainda estiver se perguntando…

- **"Poxa, não tem tempo certo, mesmo?"**
A resposta é não!

O mar não espera você aprender a nadar para liberar as ondas. Se esperar pelo momento ideal para cada coisa — seja ser mãe ou progredir na carreira —, estará arriscando ver sua vida passar sem conseguir realizar nenhum dos dois. Não existe momento ideal!

O que existe é a vida acontecendo de forma misturada e (aparentemente) caótica. Uma situação não exclui a outra: não é casar ou comprar uma bicicleta, estudar ou trabalhar, nem carreira ou maternidade.

Esteja preparada para se conhecer, fazer escolhas de forma consciente, renunciar quando preciso e aproveitar a jornada.

Lembre-se de que, assim como as ondas revelam a força e a beleza do mar, o nosso aprendizado só vem quando ultrapassamos as barreiras que a vida nos oferece.

9

Engravidei: e agora?

Por Paola Jagher

Lembro-me como se fosse hoje do que senti ao descobrir que estava grávida. Uma avalanche de pensamentos e sentimentos, uma mistura de êxtase, profundo amor e muito medo. A maior e melhor experiência da minha vida, a de me tornar mãe, estava prestes a começar.

Alison e eu estávamos casados havia quatro anos e, depois de toda a transformação que vivi, estávamos desejosos por um filho. Sei que nem sempre isso acontece nos relacionamentos, mas conversávamos muito sobre o assunto. Falávamos sobre possíveis nomes para o bebê, como seria nossa vida após o nascimento, como seria nossa rotina em casa e no trabalho. Nos sentíamos prontos para "mudar de fase". Mal sabíamos o tamanho dessa mudança!

Apesar de nem sempre ser possível preparar e até mesmo planejar uma gestação, muitas coisas no nosso relacionamento e em outras áreas da nossa vida foram facilitadas por termos cumprido um certo plano. Por exemplo, havíamos vivido muitos momentos bons como casal; fizemos algumas viagens com as quais sonhávamos, morávamos em um apartamento que já contava com um quarto extra e tínhamos uma pequena reserva financeira. Além disso, estávamos vivendo uma condição financeira estável e nos sentíamos felizes com nossos empregos. Enfim, tínhamos nos preparado e tomado decisões planejadas, contando com a chegada de um bebê!

> *E esta é uma dica muito legal: se você já identificou o desejo de ser mãe ou se imagina mãe em alguns anos, lembre-se de incluir esse "quesito" nas decisões e aquisições que fizer. Uma mudança de emprego, uma reserva financeira e até a compra de um imóvel podem já levar em conta esse sonho e te garantir muito mais tranquilidade ao longo do tempo.*

Uma vez que decidimos ser "a hora", o processo de preparação e espera não foi longo: seis meses após interromper o uso do anticoncepcional, ficamos grávidos.

Descobri nas férias de dezembro de 2012, enquanto comemorávamos um ano de muito trabalho e várias conquistas pessoais. Estávamos no apartamento da minha mãe em Balneário Camboriú, litoral de Santa Catarina, e, desde a nossa chegada, vinha me sentindo enjoada e com muito sono.

> *Já te contei sobre o quanto eu amo praia. Então, imagina quão especial foi descobrir que estava grávida ali!*

Já no teste de farmácia, percebemos que a gestação era muito provável (a barrinha do teste explodia, de tão vermelha!). Por mais que, lá no fundo, soubéssemos a verdade, precisávamos confirmar e, como estávamos na praia, não foi uma missão muito simples encontrar uma clínica que fizesse o exame de sangue com o resultado em poucas horas. Após conversarmos com alguns moradores locais, nos indicaram uma clínica onde o resultado ficaria pronto em 24 horas.

E foram as horas mais longas da minha vida. Durante este tempo tudo girou dentro de mim. Não consegui comer nem dormir. Uma sensação louca de alegria e insegurança, acompanhada de uma vontade de chorar por qualquer coisa!

E assim, 24 horas após a coleta do sangue, lá estávamos nós, prontos para buscar o exame. Nunca me esquecerei do Alison saindo da clínica, segurando o envelope branco que mudaria o curso da nossa vida. Saímos de lá direto para a praia, nos sentamos em frente ao mar (nosso lugar favorito no mundo) e.... Positivo! Sim, eu estava grávida! Muito grávida –eram vários zeros refletidos naquele beta[41]. E ali mesmo, a partir dos valores de referência, entendi que eu estava com 5 ou 6 semanas.

Nos abraçamos, choramos e, sem combinar, nos olhamos e corremos felizes para o mar. Ficamos ali algum tempo, tentando elaborar o que havia acabado de acontecer. Choramos, rimos e agradecemos. E neste mesmo momento de profunda alegria, me lembro de automaticamente pensar: *"E agora? Como vou fazer? Vou conseguir? Serei uma boa mãe? Darei conta? Serei feliz neste papel?"*.

E de maneira rápida e intensa, sem perceber, eu dava as boas-vindas não só à maternidade, mas também às muitas perguntas e dilemas que me acompanhariam a partir de então. Iniciava ali a maior, mais linda e mais louca aventura. Gerar, esperar e, em muitos momentos, surtar.

Sim, surtar!

Eu e todas as mães que conheço surtam, sentem medo, têm dúvidas e aprendem (muito) ao longo dessa jornada.

Com o bebê, começava a ser gerada uma nova pessoa: a Paola-mãe. E este processo de descobertas também trouxe questionamentos sobre minha carreira e o trabalho, principalmente sobre como seria trabalhar grávida. Conseguiria performar grávida? Como faria com o sono ou com os outros sintomas que eu poderia ter? E como os outros me veriam?

---

[41] A gonadotrofina coriônica humana é um hormônio secretado durante a gestação. O beta HCG quantitativo é o exame que constata a sua presença no corpo. Acima de 25 mIU/ml é considerado positivo.

O efeito "café com leite"

Durante esta época, senti muito receio de que se iniciasse um processo "café com leite" na minha carreira. Me lembro de que, quando criança, eu vivenciei esta expressão em algumas situações e brincadeiras.

Não sei se ela existe em outros estados no Brasil, mas aqui em Curitiba, quando uma criança é "café com leite", significa que ela não apresenta condições de acompanhar as regras de um jogo ou brincadeira. Isso acontece geralmente com crianças menores que querem brincar com as mais velhas, mas não têm o mesmo entendimento ou habilidades. Assim, em caráter especial, essa criança é incluída como um jogador "café com leite", ou seja, que não joga para valer, não participa de verdade. E como essa inclusão "não vale ponto", sua atuação não faz diferença no jogo, brincadeira ou resultado.

Traduzindo para o mundo organizacional, eu tinha receio de ser considerada "café com leite" nos projetos e planos. Temia ouvir: "Não vamos te dar esse projeto porque logo você sairá de licença", "Não faremos esta promoção porque logo você não estará aqui", ou... "Não vamos mudar isso ou aquilo porque você estará em licença-maternidade". Essas falas geralmente revelam uma ideia de proteção. De proteger uma pessoa que não está nas suas melhores condições físicas ou emocionais. Vêm da crença de que delegar novos projetos ou desafios pode causar um esforço extra em um momento delicado. As pessoas querem nos poupar, mas se esquecem de perguntar se queremos ser poupadas.

Conversei com muitas mulheres que passaram por situações como essa em suas carreiras e, obviamente, o resultado não é nada positivo. Vamos lembrar que, como as demais crenças, esta também foi construída a partir de um processo histórico, social e econômico. Essa "fragilidade" feminina, a gravidez vista como doença, assim como as demais questões estruturais sobre o papel da mulher, ainda hoje se refletem diretamente nos ambientes corporativos e no mundo do trabalho como um todo. Como eu já sabia e não estava disposta a enfrentar tudo isso, estas questões realmente me preocupavam.

Mas como evitar que isso acontecesse comigo? O fato é que eu não tinha controle. Não poderia prever nem imaginar como me comportaria, ou mesmo me sentiria ao longo da gestação. Sabia o que eu queria, mas não tinha ideia de como isso aconteceria, até porque era minha primeira gravidez.

Ao mesmo tempo, eu me sentia superbem, produtiva e criativa. Sentia que estava no melhor momento da minha carreira, na melhor performance, com a maior potência para crescer e realizar. Quanto antagonismo, não é? Sentir tudo isso e, ao mesmo tempo, ter medo de não conseguir performar por questões hormonais e fisiológicas imprevisíveis que uma gestação pode provocar.

E em meio a todos esses pensamentos sobre como conciliar toda a potência e vontade de realizar com uma vida pulsando dentro de mim, comecei a pensar em como agir para que tal situação fosse boa tanto para mim quanto para a organização. Então, percebi que a resposta estava dentro de mim e mergulhei em um processo solitário, em que me desafiei a criar soluções para situações que não fazia ideia de como seriam, pois ainda não tinha vivido nada parecido.

Essa é a força que a maternidade nos traz desde a gestação.

Foi então que decidi tornar tudo o mais claro e transparente possível. Refleti bastante e precisei de muita coragem para decidir contar no trabalho o que estava acontecendo: como eu percebia esse período e como eu me sentia. É importante dizer que não dá para se expor desta forma com todas as pessoas. Você precisa ser estratégica e saber quem são as pessoas de confiança que precisam saber disso para poder te ajudar nesse momento.

> *Essas pessoas são as que a Karen chama de aliados. É muito importante reconhecê-los e ter uma conversa transparente e bem sincera com eles. Com isso, e as dicas que deixo aqui sobre como se preparar para essa conversa, tenho certeza de que as suas chances de apoio e orientação assertiva aumentarão bastante.*

Ao tomar essa decisão de expor sobre meus pensamentos e sentimentos com relação à gestação e ao trabalho, precisei me preparar para as conversas "difíceis" que teria pela frente. Mal sabia que seriam tão frequentes com o avanço da maternidade.

Como e quando contar no trabalho?

Enquanto tentávamos engravidar, eu tinha duas certezas sobre a minha situação no trabalho. A primeira, que me tranquilizou bastante, é de que possuía um relacionamento de muita abertura e confiança com meu líder. A segunda, que me preocupava na mesma proporção, era saber que a notícia de uma gravidez mexeria com o time e impactaria o planejamento dos próximos meses.

Por isso, refleti muito sobre como ter esta conversa quando o momento chegasse. Queria poder dizer que com a gestação havia uma vontade enorme de contribuir e trabalhar até o último minuto. Ao mesmo tempo, tinha medo de falar tudo isso e depois não conseguir realizar. Confesso que sofri imaginando e planejando essa conversa no trabalho. Foram várias noites pensando sobre qual seria o melhor momento, avaliando o humor do meu líder ao longo dos dias, o momento do negócio... Ou seja, não foi fácil.

Claro que nada do que planejei aconteceu. Hoje entendo o quanto a maternidade, desde o início, me levou para um lugar de maior autenticidade e vulnerabilidade que até então eu não vivia.

Como contei anteriormente, eu estava de férias quando descobri a gravidez. Coincidentemente, o meu ginecologista também estava de férias, então me mandou por e-mail o pedido de uma ecografia[42] para poder já me atender com o resultado em mãos quando retornasse.

O problema é que este exame precisa ser autorizado pelo convênio. Ou eu aguardava pacientemente um e-mail com a liberação da guia, ou...

---

[42] Mais conhecida como ultrassonografia, a ecografia obstétrica é um exame que permite observar o bebê dentro do útero para analisar o seu estado de saúde naquele momento.

poderia ir até um posto avançado do convênio que existia dentro da empresa e liberar na mesma hora. Claro que optei por ir até lá no meio das minhas férias!

Calculei o horário com menos risco de encontrar alguém do meu time de RH (eu e os meus planos mirabolantes...). Consegui convencer a portaria que entraria apenas para liberar um exame de emergência (olha o que a ansiedade faz com a gente!). Liberei o exame na hora e já estava correndo de volta para o estacionamento, certa de que o plano tinha sido um sucesso, quando eu simplesmente dei de cara com meu líder. Sim! De todas as pessoas que eu não poderia encontrar naquele dia, ele era o número 1 da lista.

No mesmo momento em que me viu, sorriu e disse: "Oi, Paola! O que você está fazendo aqui? Não está de férias?". Eu paralisei de um jeito que até a minha cor deve ter mudado. Não conseguia acreditar naquilo. Tudo o que não poderia acontecer estava acontecendo.

Então, sem pensar, respondi: "Oi! Precisei liberar pessoalmente um exame de emergência no plano de saúde" (detalhe: estava com a guia da ecografia na mão!). *Ufa, que resposta boa.* Eu disse a verdade e achei que poria um ponto final nessa "saia justa". Porém, visivelmente preocupado, ele perguntou: "O que houve? Você não está bem".

Meu Deus! E agora? Essa situação definitivamente não estava em nenhum dos meus planos. Lembro-me de sentir o mundo parar e a cena congelar bem na minha frente.

Claro que o desenrolar dessa conversa é óbvio para quem me conhece, pois a verdade é um valor inegociável para mim em qualquer relação. E assim, sem hesitar, eu respondi: "Não é nada grave. Vou fazer uma ecografia porque estou grávida!". *Ploft!* Vi todas as minhas noites não dormidas criando o meu maravilhoso plano de comunicação indo por água abaixo.

Na mesma hora, ele abriu um sorriso no rosto e me abraçou: "Essa é a melhor notícia, Paola! Estou muito feliz por saber que está grávida. Parabéns". Eu retribuí o abraço e, totalmente sem jeito, agradeci.

Confesso que não sabia muito como reagir, mas me lembro de dizer que agendaria uma conversa com ele assim que retornasse para falar sobre como eu estava e do plano que tinha para os próximos meses.

E assim aconteceu. Mesmo com esse início "fora da curva", tivemos uma conversa muito importante logo que retornei das férias. Falei sobre como eu estava me sentindo, como eu me via feliz e produtiva e sobre o quanto eu desejava contribuir até o meu último dia antes da licença-maternidade. Falei também das minhas preocupações com relação ao período em que ficaria afastada, da minha lista de responsabilidades, e quais pessoas eu visualizava com potencial para assumi-las.

> *Caso você não tenha passado por isso, posso te garantir que todo esse movimento — desde a conversa, a estruturação do plano de substituição temporária, até a entrega e afastamento — é um baita processo de desenvolvimento.*

Ver aquilo que eu realizava com tanto amor ir para as mãos de outras pessoas, ensinar e entregar para alguém tudo o que eu fazia não foi nada fácil para mim. Me lembro de ter conversado com muitas mulheres que já haviam passado por isso e ter levado essa dificuldade de desapego para a terapia também, ações que me ajudaram muito.

Diante de tudo isso, quero compartilhar o que descobri e aprendi com esse processo para te inspirar. São algumas dicas que considero importantes sobre como se preparar e quando contar que está grávida. Assim, você poderá refletir sobre elas, utilizá-las ou até mesmo adaptá-las para a sua realidade:

• Entenda a cultura da empresa em que você trabalha e construa relacionamentos de confiança com sua liderança, pares e equipe. Essas são as bases para tudo o que virá na sequência.

• Não se vulnerabilize contando para todas as pessoas da empresa. Escolha apenas as pessoas com as quais tenha maior vínculo de confiança e aquelas que realmente precisam saber, como o seu líder direto, por exemplo. Não confie em qualquer um, pois não são todos que torcem pela nossa felicidade. Essa é a realidade.

• Alguns ginecologistas recomendam contar somente após as 12 primeiras semanas[43], porém não há regras. Algumas mulheres preferem contar antes por conta dos sintomas do primeiro trimestre (sono, enjoos, azia). Outras precisam contar por questões de segurança, como exposição a riscos ou contaminação, dependendo do tipo e local de trabalho.

Assim, converse com o(a) ginecologista sobre o seu trabalho, quais tarefas realiza, e cheque se os sintomas ou efeitos hormonais podem comprometer alguma delas. Com essas dúvidas tiradas, conte apenas quando se sentir segura para dividir a notícia com as outras pessoas.

• Chegou o momento de contar? Seja transparente sobre como está se sentindo, mas lembre-se de que a conversa não gira apenas em torno do que é importante para você. Por isso, já vá preparada para fazer combinados sobre prazos para as entregas pendentes, como organizar as funções ou projetos que estão sob sua responsabilidade até a sua licença. Durante toda a conversa, seja direta e assertiva, focando nas ações práticas, mas sem deixar de falar sobre seus sentimentos, medos, anseios e vontades.

A empresa e a sua liderança não têm bola de cristal, não vão adivinhar o que te preocupa ou quais são as suas expectativas. Eles entenderão a partir daquilo que você falar e dos combinados que fizer.

• Após a conversa, não fique esperando um plano da empresa. Seja protagonista da sua história e monte uma proposta clara com o que você visualiza para sua licença-maternidade – por exemplo, decidir quem será seu backup (substituto ou substituta) para atividades, criar uma lista com os principais projetos, atividades ou responsabilidades em seu poder e como executá-los, bem como as pessoas de contato envolvidas. Use os meses de gestação para preparar da melhor forma possível quem vai ficar com cada uma dessas atividades na sua ausência.

• Combine com a sua liderança como será esse período de gestação (consultas médicas, exames e até um plano com os impactos em caso de uma gestação de risco). Fale sobre a data prevista para o nascimento e o reflexo disso na atuação do seu trabalho. Algumas lideranças podem

---

[43] Durante as 12 primeiras semanas, não é possível prever como a gestação vai evoluir. Também é o período de maior incidência de abortos espontâneos.

nunca ter vivido uma situação dessas, ou já viveram há muito tempo e não se lembram mais de todas as implicações que a maternidade demanda. Por isso, é nosso papel deixá-las conscientes desse lado prático e ajudá-las a organizar a "casa" da melhor maneira possível, tanto para você quanto para a empresa ou instituição.

• Entenda a reação dos outros: nem todos terão uma reação positiva e está tudo bem. Tenha empatia com as pessoas que podem ter reações ou fazer comentários diferentes do que você esperava. Afinal, assim como para muitos a maternidade é uma benção, um sonho ou dádiva, para outros pode ser sinônimo de dor de cabeça, sobrecarga e até prejuízo. É importante compreender e respeitar as diferentes formas de entender a mesma situação, desde que não te faltem com o respeito ou restrinjam seus direitos, claro!

E como uma última dica, lembre-se sempre de que "o combinado não sai caro". Mantenha conversas abertas e sinceras com a liderança e pares de sua confiança, peça ajuda quando necessário e esteja disponível para colaborar com o que for preciso para que tudo esteja o mais organizado possível durante o seu afastamento. Ao ser estratégica e prática, este momento especial será tranquilo tanto para você quanto para a empresa.

Os meses de gestação

Trabalhei muito durante os nove meses de gestação. Tive uma gestação saudável e feliz. Me sentia disposta e com vontade de conquistar o mundo para aquele ser que eu carregava na barriga. Mesmo com alguns sintomas, como dor nas costas, inchaço e muito sono, eu me sentia bem para trabalhar e produzir. Enquanto o bebê se desenvolvia, eu também aprendia exponencialmente sobre mim e sobre ser mãe.

Confesso que quase caí da cadeira quando descobri que eu seria a primeira grávida da área de recursos humanos em 30 anos. Surpreendentemente, das poucas mulheres que trabalharam ao longo desse tempo, nenhuma teve filhos enquanto esteve lá. Diante disso, em vez de me vitimizar, pensando que eu ou o time não daria conta, vi esse fato como uma grande oportunidade. Escolhi desbravar este papel de protagonismo e aprendizado, exercitar um pensamento de crescimento, focando no que poderíamos aprender com a experiência.

Como disse antes, estava em uma empresa de que gostava e me identificava muito com seus valores e cultura, mas fiquei aliviada ao perceber que, mesmo a maioria dos funcionários sendo homens, havia ali um ambiente de confiança e um interesse genuíno da organização em fazer isso dar certo.

Durante esse período, muita coisa aconteceu e acabei vivendo grandes desafios. Desenvolvi um programa de líderes de manufatura com um grupo multidisciplinar de diversas áreas do negócio, contribuí para a promoção e expatriação[44] do *head*[45] da operação e consequente chegada do seu sucessor, participei de auditorias globais, viagens de curta duração, além de inúmeras reuniões. Lembro-me de, no final do oitavo mês, começar a me sentir cansada e a diminuir o ritmo. Tenho saudades e orgulho das minhas entregas. Fico feliz em pensar que consegui não ser "café com leite" e dar conta do que eu havia me proposto.

Além de trabalhar bastante durante o dia, passava as minhas noites organizando tudo que era necessário para a chegada do Pedro. Preparei planilhas e checklists de tudo de que precisava providenciar, li diversos livros e fiz cursos sobre maternidade, educação parental e amamentação. Ah, quanta coisa eu fiz nessa época! E o Alison também entrou na onda. Eu o inscrevia nos cursos e comprava os livros para ele ler. Aliás, devo admitir que ele foi um ótimo companheiro neste processo de aprendizagem.

Fizemos todo tipo de curso que encontramos sobre maternidade. Arrumamos o quarto, as roupinhas, organizamos o chá de bebê... planejei até os detalhes do parto[46]. Sim, eu havia planejado tudo. E, para a minha alegria, tudo corria conforme o meu plano "perfeito". Mal sabia que esse controle era ilusório e esses seriam os meus últimos momentos de calmaria.

---

[44] Cuidar de todo o processo legal para que um funcionário possa morar e trabalhar fora do país.
[45] Líder de toda a área ou setor do qual é responsável.
[46] Hoje, com a ideia de parto humanizado bem difundida, é comum a realização de um plano de parto.

Detalhe: eu não estava só com o plano de parto pronto; acreditei, inclusive, que controlaria o dia do nascimento do Pedro (sim, esse era o meu pensamento antes de ser mãe!). Mala da maternidade pronta e até a roupa que eu usaria para ir para o hospital — tudo devidamente escolhido e separado. Meu Deus, quanta ironia!

O início do caos

Para contar sobre como as coisas começaram a sair do controle, preciso confessar que sempre fui uma pessoa muito controladora (ufa, falei, tô leve!).

> Hoje, graças à terapia, entendo que isso está diretamente ligado ao meu alto grau de insegurança e às rejeições que vivi em alguns relacionamentos ao longo da vida.

A minha forma de funcionar sempre foi buscar ter tudo sob controle, planejado. Fazia mil cenários caso um ou outro plano não desse certo. Colocava muita energia nesta infindável rota de possibilidades e passava horas simulando cenários possíveis: "Se acontecer isso, eu faço aquilo"... "Se acontecer aquilo, farei desse ou daquele jeito...". Sempre tentei antecipar, antever o que viria para não ser pega de surpresa. Apesar de me precaver, ainda preferia seguir o que eu havia me organizado para fazer. Me apegava tanto ao plano original que era muito difícil sair dele quando algo mudava ou dava errado. Por isso, "recalcular rotas" nunca foi uma tarefa fácil para mim.

Por esse mesmo motivo, nunca gostei de surpresas. Elas significam descontrole, ao ponto de me gerar enorme desconforto. Tanto que acabei deixando claro para as pessoas mais próximas que não aceitava nenhuma surpresa, nem mesmo as boas. Era o tipo de pessoa que ia ao restaurante já sabendo o que comeria. Sempre planejava minhas viagens com muita antecedência. Todas as minhas coisas pessoais — roupas, documentos, livros — eram sempre muito organizadas. Até hoje, não aprovo nada sem ler, sem conferir e verificar. E jamais vou para um treinamento sem fazer o *prework*[47]! Tudo isso para me sentir segura.

Claro que viver assim me gerava muita ansiedade e sofrimento, inclusive por coisas que não haviam sequer acontecido ou, pior, que nunca aconteceriam. Sem contar as oportunidades e momentos importantes que deixei de viver por conta disso.

E foi com esta forma de funcionar, neste contexto emocional, que eu recebi o maior e mais desafiador papel da minha vida: me tornava mãe e dava as boas-vindas à maternidade sem saber o que me aguardava.

Depois de uma semana de trabalho intenso, o obstetra me aconselhou a "reduzir" o ritmo e ficar em casa a partir da semana seguinte. Era uma sexta-feira e eu tinha planos para o final de semana, incluindo um último item para arrumar na decoração do quarto. Então, estaria livre para curtir as duas semanas de descanso que me restavam até a hora programada do parto. Eu queria esses dias para ler, estudar, arrumar a casa, o quarto do Pedro, e passar um tempo no salão (unhas e cabelos faziam parte da lista!) . E é claro que ele esperaria tudo isso acontecer (ok, eu sei que você está rindo neste momento!).

No sábado à noite, fomos jantar na casa da Mari[48] e voltei para a minha casa com a expectativa de ainda sair com ela no dia seguinte para buscar o enfeite para a porta da maternidade (fui uma mãe que realmente deu importância a esse enfeite!).

> *Veja que, na minha cabeça, conforme o meu plano perfeito, eu ainda teria muito tempo. E sabe o que é mais incrível? Enquanto eu escrevo isso, me dou conta de tantas coisas, inclusive de que os planos traçados para mim e para o Pedro eram realmente muito melhores do que os meus.*

Acontece que, já na madrugada de sábado para domingo, comecei a sentir algumas dores. Acordei várias vezes sentindo muito desconforto, mas quis acreditar que eram somente "dores normais" dessa etapa da

---

[47] Tarefas recebidas para serem realizadas antes do início de um trabalho, curso ou projeto.
[48] Mari é minha irmã, amiga e confidente. Com ela vivi os melhores e também os mais difíceis momentos da minha vida. Neles todos, ela esteve ao meu lado e sei que também estará nos que ainda virão. Ela me conhece, me aceita e me apoia. Tenho muito amor e admiração por quem ela é e por tudo o que representa para mim.

gestação. Como Alison tinha uma prova de concurso no dia seguinte, me perguntou se eu queria que ele ficasse comigo para que fossemos à maternidade juntos. Eu prontamente disse que não precisava, que ele não deveria perder a tão esperada prova por conta de um desconforto, afinal, na minha cabeça, eu teria pelo menos duas semanas de gestação pela frente. Alison, então, desconfiado e um pouco preocupado, foi para a prova após repetir várias vezes que eu deveria ligar se algo acontecesse, pois ele deixaria o telefone com o fiscal da prova em caso de emergência.

Um tempo depois, liguei para o meu obstetra descrevendo o que eu estava sentindo. Lembro-me de ele comentar que eu poderia estar em trabalho de parto e pedir para eu tomar um banho quente e demorado. Também pediu para enviar mensagens para ele a cada 30 minutos contando como eu estava e não demorasse para encontrá-lo na maternidade, pois queria fazer uma ecografia para ver como o bebê estava.

Como Mari e meu cunhado, Rafa, me pegariam de manhã para buscarmos o enfeite da maternidade, então precisei pedir apenas um desvio de rota e fomos direto para a maternidade.

Assim, depois de algumas horas e um longo banho quente acompanhado das minhas músicas favoritas, me arrumei e até café da manhã eu tomei. Meu Deus, como eu confiava no meu plano!

> *Hoje, enquanto eu compartilho tudo isso, parece muito claro o que estava acontecendo... mas, para os pensamentos e vieses inconscientes que eu tinha na época, nada disso era óbvio. Por acreditar tanto que o Pedro nasceria conforme o "meu plano", fiz grande parte do trabalho de parto em casa sem reconhecer que estava prestes a dar à luz.*

Me lembro de entrar no carro da minha irmã apenas com a minha bolsa e uma toalha de rosto embaixo do braço, caso a bolsa rompesse no caminho (como se uma toalhinha de rosto fosse suficiente para isso!). No fundo, pensava que a ida à maternidade seria apenas para o médico fazer uma ecografia e ver como o bebê estava, já que o desconforto na barriga deveria ser causado pelas contrações de Braxton[49], ou seja, só

---

[49] Contrações de Braxton-Hicks são conhecidas como contrações de treinamento ou "falsas". São uma preparação do corpo para o trabalho de parto.

um alarme falso. Na minha cabeça só existia um objetivo: buscar o enfeite para a porta da maternidade.

Assim que chegamos à maternidade e o meu médico me viu, perguntou onde o Alison estava. Eu disse que ele estava em um concurso e que não havia necessidade de avisá-lo, pois era somente uma consulta "quase de rotina".

Após me examinar, ouvi o veredito inesperado: já estava com nove centímetros de dilatação e em pouco tempo o Pedro nasceria. Pelo visto, já estava em trabalho de parto havia umas 8 horas.

A Mari me olhou totalmente pálida. Por me conhecer tão bem, não sabia o que fazer com tanta "falta de controle" sobre a situação. O plano original estava indo ladeira abaixo e ela sabia disso. Se a minha irmã estava nesse estado, imagine eu. Cheguei a ficar sem ar ao ouvir essas orientações. Estava tão atordoada que ele tomou a frente da situação e pediu para a minha irmã ligar para o Alison, solicitando que ele fosse para o hospital o mais rápido possível.

Apesar desse desespero, hoje vejo a oportunidade linda que tive de ficar em casa nestes momentos finais da gestação. Pude ficar tranquila e somente acompanhar o que acontecia dentro de mim.

O médico saiu para buscar uma cadeira de rodas e chamar um enfermeiro. Disse que, se eu caminhasse até a sala de parto, poderia acelerar ainda mais o processo, e ele sabia o quanto eu queria o Alison ao meu lado naquele momento.

Enquanto minha irmã fazia a ligação e falava com o fiscal da prova, meu cunhado corria para minha casa em busca da mala da maternidade. Claro que eu não tinha levado a mala, porque não estava no meu plano parir naquele dia. Aliás, era somente nisto que eu pensava: "Não era esse o plano… Não era esse o plano".

Sofri muito com essa quebra de expectativa, mas foi então que comecei a entender algo muito precioso, a primeira lição que aprenderia com a maternidade: nós não temos controle!

Não temos controle sobre a vida, sobre o que vamos passar, sobre os filhos. E foi assim, já no parto, que a maternidade se tornou algo tão incrível e poderoso na minha vida. Aprendi que, por mais que queiramos ou tentemos, não temos nenhum controle sobre o que nos acontece. Porém, **temos algo muito precioso em nossas mãos: decidir o que fazer com o que nos acontece. Isso, sim, é uma decisão inteiramente nossa!**

Pedro nasceu às 13h11min de parto normal, com o seu pai Alison ao meu lado (sim, ele conseguiu chegar a tempo!). Foi na hora e do jeito que ele quis!

> *Outra coisa que saiu "às avessas": me lembro de ter planejado o nascimento para um dia de semana em que todos estivessem trabalhando. Tinha receio de receber muitas pessoas na maternidade e perder a privacidade nestes primeiros momentos com o bebê. Mas... como era domingo, bem na hora do almoço... Em pouco tempo, toda a minha família e alguns amigos mais próximos já estavam na maternidade. Me lembro de encontrar todos eles (todos eles mesmo!) esperando no quarto, logo após o parto. E esta cena me marcou profundamente, principalmente porque a sensação que tive foi muito melhor do que havia imaginado em meu "plano perfeito".*

O parto foi mesmo uma revolução para mim. Momentos de dor e superação, mas também de tolerância e resiliência. Me vi forte, capaz e inteira. Tive medo e coragem ao mesmo tempo. Foi quando entendi que seria capaz de qualquer coisa por aquele ser humano que acabava de nascer.

Com o Pedro eu me tornei mãe. Ele me deu esse presente. E no começo esse amor era tão avassalador que eu não queria nem dormir. Queria vê-lo e acompanhá-lo 24 horas por dia. Sentia um medo enorme de ficar sem ele. Checava a todo tempo se ele estava respirando, ouvindo, se mexendo (quem nunca?). Queria supri-lo em tudo: física e emocionalmente. E pude viver tudo isso intensamente enquanto, aos poucos, ia me libertando da minha ilusão de controle.

Comecei a me sentir de um jeito que eu jamais imaginei. Mesmo com toda a alegria e alívio de um parto bem-sucedido, tendo um bebê saudável em meus braços, sentia um medo avassalador de não dar conta. Sabe aquele famoso "e agora?"? Pois é... Sem contar o cansaço extremo por não conseguir dormir nem amamentar.

Era uma nova etapa desta jornada. Ou melhor, um convite para entrar em contato com esses sentimentos de medo, dor e tristeza. Era uma sensação muito louca porque eu me sentia triste e igualmente culpada por me sentir daquela forma. Não entendia o que estava acontecendo e não tinha forças para reverter essa avalanche emocional sozinha.

Eu sempre fui uma pessoa muito expansiva e extrovertida. Consigo ficar amiga de quem não conheço em poucos minutos. Gosto de conversar, ouvir histórias e dar risada. Dou gargalhada alto, amo viver e estar com as pessoas. Então, como eu — diante do nascimento de um filho tão amado e esperado — poderia me sentir assim? Entrei em crise e senti muita culpa. De tudo o que poderia imaginar para os meus primeiros passos como mãe, nada disso havia passado na minha cabeça.

Depois de alguns dias neste processo, fomos ao médico e recebi o diagnóstico de *Baby Blues*, ou *blues* pós-parto: uma condição muito comum no puerpério, causada pelas alterações hormonais abruptas que acontecem com a ruptura da comunicação visceral com o bebê. Essa condição é caracterizada por um estado de instabilidade emocional com tristeza súbita, introversão, ansiedade, irritabilidade, insônia e cansaço.

Esta condição se estendeu pelas primeiras semanas após o nascimento do Pedro, mas, com muito apoio emocional, amor e horas de sono, não evoluiu para uma depressão pós-parto.

E por que quero falar disso aqui?

Porque relutei muito para reconhecer e assumir que estava mal, que precisava de ajuda. Resisti, pois era inaceitável estar triste diante da melhor coisa que já havia me acontecido. Mas não tinha como negar o que eu estava sentindo, era meu corpo avisando que havia um desequilíbrio químico e hormonal acontecendo naquele momento. Então, depois de muito choro e relutância, acabei aceitando ir ao médico. Agradeço por ter descoberto a tempo e não ter me afundado em uma depressão mais profunda. Ao entender o que estava vivendo, consegui apoio médico, mas, tão importante quanto, aceitei ter apoio emocional, além de ajuda prática com o bebê.

E tantas pessoas me ajudaram... Minha irmã querida foi fundamental. Eu só dormia porque sabia que ela estaria lá olhando o Pedro para mim. Meus pais e sogros também foram incríveis e fizeram uma escala para ficar com o Pedro enquanto eu me recuperava. Sou tão grata por isso... Me emociono só de lembrar.

Voltei a dormir, comer e passei a deixar o Pedro com outras pessoas da minha família, mesmo que por alguns minutos. Comecei a entender que ele era um ser humano vivendo agora fora da minha barriga e que eu não poderia controlá-lo. Comecei a entender que ele cresceria a cada dia de forma mais independente e que no futuro viveria seus sonhos e propósitos. Claro que estas constatações e experiências foram intensas e difíceis para aquela pessoa tão controladora e insegura que eu ainda era.

Logo nos primeiros dias "caóticos" após o nascimento do Pedro, ouvi algo muito precioso do Carlos Morassutti[50]. Ele me ligou para dar os parabéns pelo nascimento do Pedro enquanto eu ainda estava na maternidade. Com toda a sabedoria de quem já era pai, disse: "Paola, não se preocupe. Você deve estar assustada e pensando como fará para cuidar desse bebê. Talvez você não tenha comido e dormido desde que ele nasceu. Porém, fique tranquila, você verá que um dia será melhor que o outro com o Pedro. A cada dia você o conhecerá mais e saberá do que ele precisa. Cada dia que passa é melhor com os nossos filhos. Tudo melhora nesta relação quando os conhecemos e aprendemos com eles".

Naquele momento me senti tão compreendida e acolhida em meio àquele turbilhão de emoções que eu vivia com o meu filho no colo! Até hoje fico maravilhada em pensar que essa frase foi dita por um executivo renomado, mas que, acima de tudo, é um homem sensível e um pai maravilhoso. Uma pessoa que cultiva relações verdadeiras e que em poucos minutos me ensinou algo muito importante.

---

[50] Carlos Morassutti foi executivo de recursos humanos, liderando grandes times e projetos dentro e fora do país. Além de marcar a história de tantas pessoas com seu legado, participou de momentos muito especiais na nossa vida – no trabalho e na maternidade. Tornou-se amigo e — que privilégio o nosso — mentor deste livro!

Penso que essa frase tenha sido um alento e, ao mesmo tempo, força para seguir confiante nessa trajetória como mãe real e imperfeita que sou. Até hoje, ao final de um dia ou situação difícil com os meus filhos, me lembro disso e sigo em frente – fortalecida pela certeza de que o tempo de qualidade e a convivência com eles fazem desse vínculo algo tão forte e inquebrável.

E é sobre essa fundação, essa base, que os problemas encontram solução nesta relação de mães e filhos.

Além de acalento, sua fala foi um convite para eu sair do controle e estar aberta a aprender com este maravilhoso mundo desconhecido. Afinal, era apenas o começo da minha jornada de descobertas e experiências incríveis como mãe. Uma estreia. A inauguração de um novo tempo na minha vida. Repleto de sorrisos, choros, musiquinhas de ninar, cansaço e muitos beijinhos.

Vi o meu corpo e a minha forma de pensar se transformarem após a maternidade. Enquanto eu me conhecia neste novo papel, me tornei também ninho, colo e lugar seguro. Meus beijos passaram a ter o poder de "curar" arranhões e machucados. Minha voz passou a acalmar os medos. Passei a reconhecer seu choro em meio a muitos outros no parquinho. Passei a entender pelo seu olhar a emoção em seu coração. De fato, desenvolvi algumas habilidades que jamais imaginei. Certamente isso me tornou mais empática e sensível tanto comigo quanto com o outro.

Me lembrarei para sempre daquelas mãozinhas segurando o meu rosto quando nos deitávamos para cochilar à tarde após amamentar. De ouvir muitas vezes meu nome ser chamado no meio da noite. Guardo com carinho nossas conversas e risadas no carro a caminho da escola e seu sorriso largo na porta enquanto vinha correndo me abraçar depois do trabalho.

Escrevo isso nove anos depois, com lágrimas nos olhos e o coração cheio de gratidão e amor. Um filme passa na minha cabeça e me vejo de forma tão nítida em muitos momentos em que pensei que não daria conta, em que duvidei se teria repertório ou paciência suficiente para ser mãe. Foram tantos momentos em que me questionei se teria condições de ser uma "boa" mãe...

Enfim, graças a essa maternidade real, cheia de dúvidas, dificuldades e renúncias, eu aprendi que não tenho o controle da vida, que preciso de ajuda e que está "ok" pedir e aceitar ser ajudada. Aprendi que não serei "café com leite" porque quero, mas porque precisarei me posicionar e agir para que isso não aconteça. Que, com cada escolha, faço também uma renúncia. E como foi difícil decidir em alguns momentos, ou pior, saber se a opção escolhida foi a correta.

> *Escolhas difíceis acontecem todos os dias: reunião de trabalho até mais tarde ou assistir à aula de futebol? Buscar na escola e passar tempo com eles no carro ou retornarem de van para casa? Dedicar mais tempo ao trabalho ou passar mais tempo com meu filho?*
>
> *A verdade é uma só: não é sobre escolher certo ou errado, e, sim, sobre as melhores escolhas possíveis de serem feitas no momento vivido. Essa são as melhores escolhas que podemos fazer!*

Ufa! Com tudo isso que vivi, como não ser grata à maternidade?

E aqui me refiro a essa maternidade real e, por vezes, antagônica. Este misto de querer segurar e soltar. De ensinar autonomia e independência, mas desejar que fiquem bem pertinho de nós. De não ver a hora que cresçam e, ainda assim, querer que o tempo passe mais devagar. E o mais difícil de todos, na minha opinião: nos reconhecer naquele ser humano, nas suas maiores virtudes e nos seus piores defeitos, mas tentando não projetar nele as nossas frustrações ou expectativas.

Neste papel de mãe, tive a oportunidade de aprender muito e desenvolver um conjunto de habilidades que não teria chances de adquirir sem ele. Graças à maternidade, pude acessar essa potência que habitava dentro de mim. Uma **potência** para realizar, conquistar e melhorar todos os dias.

Foi vivendo essa maternidade real e cheia de renúncias que entendi melhor quem sou e que preciso me respeitar. Agora, verdade seja dita: só fui aprender a me ouvir mais e a **fazer escolhas difíceis pensando também em mim** quando me tornei mãe de dois. Mas isso é história para um próximo capítulo!

Aprendizados:

· Como e quando contar no trabalho?

Antes de tudo, é importante entender a cultura da empresa em que você trabalha, saber quais são as restrições e riscos da sua função, além dos benefícios existentes. Então, lembre-se de que o momento ideal para contar é quando você se sentir segura para dividir a notícia com outras pessoas. Comece compartilhando apenas com quem você tenha vínculo de confiança e saiba que torcerá por você.

Assim que se sentir mais segura, conte sobre a gravidez para as pessoas que precisam saber da notícia, como a sua liderança direta, por exemplo. Mas não vá de mãos vazias! É preciso se preparar para esta conversa: tenha um plano, uma proposta do que imagina para o período de gestação e licença-maternidade.

Na hora da conversa, seja transparente ao falar como se sente e suas expectativas, mas não deixe de apresentar suas ideias e combinar como será este período de forma bem prática e objetiva.

Seja titular nessa jogada e não café com leite!

· Vou performar grávida?

Cada gestação é única e todas são imprevisíveis. Performance e produtividade são consequências de vários fatores, sendo os principais deles "estar bem de saúde" e "estar de bem com o seu trabalho". Por isso, é importante se engajar nos projetos, ações ou iniciativas em que acredita e fazer coisas com as quais se sinta bem, mas sempre respeitando o seu corpo e o seu ritmo. Não ultrapasse seus limites tentando ser uma "supermulher" durante a gestação. Você não está em uma situação inferior por estar grávida, ao mesmo tempo que não precisa provar nada a ninguém, pois isso pode trazer sofrimento e riscos desnecessários tanto para você quanto para o bebê.

Dentro das suas condições, com o que você sabe e possui, tenha uma atitude ativa e positiva diante das circunstâncias. Assim, a sua gestação desencadeará um movimento de crescimento para você e seu time. Aproveite para desapegar, delegar e ensinar suas tarefas para outras pessoas nesta fase. Certamente você aprenderá muito com tudo isso!

· **Como dar conta de todas as demandas?**

Essa é a pergunta de um milhão de dólares, não é mesmo?

Simplesmente porque não há resposta correta, principalmente quando se é mãe. Entender que através da maternidade entraremos em contato com o desconhecido e mergulharemos no caos já é um bom começo. Ao entendermos isso, percebemos que dar conta de todas as tarefas — que passam a se acumular de forma assustadora — é algo impossível.

A verdade é que não existe uma forma certa ou errada para dar conta do que é preciso fazer, e sim aquela que é possível fazer no momento vivido. Confie que, entre as escolhas que tem, com as ferramentas que possui no momento, você conseguirá tomar a melhor decisão possível. Somos mães reais, precisamos "pegar mais leve" e entender que não daremos conta de tudo.

Então, isso significa que não vamos dar conta de tudo? Como faremos? Calma! Aprofundaremos mais sobre isso no capítulo "O que nos impulsiona". Aqui, o importante é refletir e ter consciência de quais são as demandas que você realiza em cada momento da sua vida, além de estar aberta para recalcular as rotas e os planos a todo instante. Mas o mais importante mesmo é estar disposta a pedir e aceitar ajuda, seja da família, de alguma amiga mais próxima, vizinhos, ou, inclusive, se vinculando aos muitos grupos de apoio à maternidade que já existem, tanto presenciais quanto virtuais.

Lembre-se de que não está em nossas mãos o controle do que acontece conosco, mas podemos e devemos decidir o que fazer com o que nos aconteceu. Isso, sim, é decisão nossa!

- **Como lidar com a avalanche de informações e opiniões?**

Querendo ou não, você receberá opiniões e informações vindas de todos os lados e de várias pessoas, inclusive de estranhos. Sabendo disso, em vez de se preocupar em descobrir por conta própria qual é a melhor ou buscar ainda mais opiniões e dicas, o interessante é se abrir com alguém de confiança ou que admira nesse papel de "mãe" e pedir ajuda com aquilo de que precisa. Isso não fará de você uma mãe pior, pelo contrário. Isso a tornará, inclusive, porto seguro para outras mães, além de gerar conexão e empatia com as pessoas que te ajudarem.

Para finalizar, gostaria de lembrar que a vida é feita de erros e acertos, e só aprendemos vivendo, tentando, errando e nos desafiando a melhorar. Portanto, estar aberta para ouvir os outros e replicar algumas dicas e experiências é muito proveitoso, mas saiba que no final do dia é sobre ouvir a própria intuição. É olhar o seu bebê (do tamanho que for) e acreditar que você dará o seu melhor pelo bem de vocês dois. E caso a ação ou atitude tomada não tenha sido a melhor, você terá novas oportunidades para fazer diferente da próxima vez!

O manual aqui é um só: o seu coração!

10

Nasceu!

A elegância de cuidar de si

Por Karen Wasman

Quando o bebê nasce, nascemos em alguns papéis e renascemos em outros, muitos deles inimagináveis. O primeiro e mais desafiador deles é o papel de mãe. A avalanche de novidades é constante, acontecendo várias vezes ao longo do mesmo dia. É como se, a partir do seu nascimento, a nossa vida desse um giro de 180 graus. Uma mudança e tanto, acredite!

E, infelizmente, o bebê não vem com um manual de instruções ou um passo a passo de como sobreviver aos primeiros meses e aos novos aprendizados. Para algumas coisas até existem dicas e literatura a respeito, mas para outras é um oceano por vezes solitário. Vamos vivendo e aprendendo ao longo dos dias... e das noites em claro.

Como a Paola comentou, por mais que a gente planeje, desenhe e sonhe com alguns cenários, a maternidade nos surpreende em toda nova etapa. Podemos ler muito, escutar nossas mães, avós e amigas, ou seguir à risca as orientações médicas, e nada disso dar certo. Isso porque cada pessoa te contará sobre o que deu certo ou funcionou na experiência de vida dela, mas cada bebê é único, com um organismo e funcionamento específicos, e não entende que há um padrão preestabelecido para seguir. Mesmo os médicos te orientarão baseados no que funciona para a maioria. Podemos nos basear pela média, mas não necessariamente teremos a sorte de nos encaixar.

A única certeza que temos é: tudo muda!

Nós mudamos, nossos cônjuges mudam, os nossos relacionamentos também. As prioridades passam a ser outras, os dias e noites se confundem e temos ainda a responsabilidade de cuidar de um serzinho indefeso e maravilhoso que antes não existia.

Apesar de a mudança ser grande, não significa que seja ruim. É claro que, com tanta coisa mudando ao mesmo tempo, e com tamanha velocidade, ficamos com a sensação de impotência e descontrole. Esse aparente caos é o famoso *lifelong learning*[51] posto em prática, o desenvolvimento através da vida "real".

Para contextualizar um pouco dessas mudanças que acompanham o nascimento de um bebê, vou contar como alguns conceitos ganharam significados diferentes em minha vida, sendo um deles o de elegância.

A vida por novas lentes

Quando a Marina nasceu, em 2009, ganhei com ela um novo amor e muitos novos aprendizados. Por mais "clichê" que pareça, comecei a ver o mundo de outra forma; as situações, os perigos e até o significado das coisas mudaram. E o entendimento do que é elegância foi um deles.

Sempre achei que elegância tinha a ver com mulheres finas, lindas, com roupas maravilhosas e a maquiagem na dosagem certa, um andar leve, causando impacto com a sua simples chegada. Mulheres de presença, que não precisam falar muito, pois o seu jeito de ser e andar já diz tudo.

---

[51] *Lifelong learning*, ou aprendizado ao longo da vida, é a atitude de ser um eterno aprendiz, com abertura para aprender, expandir seus conhecimentos, habilidades e horizontes.

Crescemos cercadas de padrões e estereótipos, guiadas por revistas de moda, regras sociais e até cursos prometendo ensinar como se portar, o que falar e como se vestir para se tornar admirada, desejada, bem-sucedida e... elegante.

Assim, meus parâmetros estavam diretamente ligados à imagem, à expectativa e ao padrão social. Em resumo, elegância era algo superficial, que está fora, e não dentro de nós.

Depois de um tempo nesse papel de mãe, comecei a refletir sobre este conceito e aprendi, principalmente com meu amado pai, que cuidar do outro, no fundo, é cuidar de si. Isso porque, quando ajudamos alguém, pensamos estar fazendo um bem dando algo de nós. Porém, o sentimento que vem desta ação é tão bom que beneficia muito mais a nós do que a quem é ajudado. É um sentimento de ser útil, de bondade genuína que abastece a nossa alma.

Ao entender como via os outros, passei a compreender elegância como a sabedoria de tratar as pessoas bem, independentemente de sua cor, raça, religião, orientação sexual ou ideologia de vida. É sobre olhar o outro com dignidade e respeito, observar o que está dentro e não fora.

Era menos sobre a imagem das pessoas, suas roupas, sua maneira de se sentar em uma mesa ou se comportar em uma reunião e mais sobre a forma de ver e tratar o próximo: da maneira mais linda e verdadeira de ver suas essências através da lente da humanidade.

Pensando sobre isso, percebi que sempre vivenciei essa dimensão da elegância com plenitude. Afinal, sempre cuidei da minha família, dos meus amigos e do trabalho. Gostava de estar com as tarefas em dia, de conseguir fazer as coisas e, ao mesmo tempo, cuidando para que as pessoas que eu prezava estivessem bem.

E tudo isso andava superbem... até eu me tornar mãe!

Aí meu mundo desabou nesse quesito. Quando me tornei mãe, o cuidar da minha imagem, o cuidar do outro e o cuidar de mim foram para o espaço.

Mas, ao mesmo tempo, meu entendimento sobre elegância começou a amadurecer, graças às experiências que a maternidade trouxe. Vivi um profundo processo de aprendizado através das frustrações, renúncias, escolhas difíceis, mudanças e, principalmente, da esmagadora sensação de incapacidade.

E, assim, os primeiros meses da Marina vieram recheados dessas intensas transformações.

A verdade sobre os primeiros meses

Ah, a beleza! Quão fascinante é se mostrar linda e plena o tempo todo!

Vivemos cada vez mais nesse mundo do belo, do externo, das comparações e da irrealidade das mídias sociais!

Adoramos o mundo da beleza. Eu, até hoje, gosto de me arrumar. Não saio de casa sem brinco e perfume, senão fico com aquela sensação de estar esquecendo algo. Porém, quando me tornei mãe, deixei de lado algumas dessas vaidades.

Foram meses de adaptação. O primeiro deles é aquela loucura para ajustar os horários de sono do bebê, muitas vezes à custa do sono da mamãe.

E se eu mal conseguia dormir, como ia pensar em me arrumar? Como pensar em cuidar de mim estando mergulhada em choros, noites mal-dormidas e tantas mamadas? E não vamos nos esquecer das assaduras!

Eu só conseguia pensar: "Puxa... Por que ninguém nos conta sobre isso?".

Sério! Por que ninguém fala das partes difíceis, ruins e cansativas da maternidade?

Se soubéssemos, possivelmente não nos sentiríamos tão mal, sozinhas ou "erradas", e lidaríamos de maneira diferente, menos sofrida, com essas situações.

Mas, naquela época, ninguém falava que a criança precisa mamar a cada três horas e que, nesse intervalo, você mal consegue dormir. Que, além de mamar, ela precisa arrotar e ainda tem a fralda que geralmente precisa ser trocada. Ou seja, você acorda às 2 da manhã, amamenta em 20 minutos, mais 20 para esperar arrotar, 10 para trocar a fralda e depois mais 20 para fazer a criança dormir de novo (porque é claro que ela despertou enquanto você a trocava!). Então, ela acordará em menos de duas horas e o processo reinicia automaticamente (sim, porque você já deve ter virado zumbi, funcionando no piloto automático!).

Por que romantizam tanto essa fase do famoso puerpério?!

Se você ainda não viveu essa fase, do jeito que conto pode parecer tudo muito ruim. Na verdade, é tudo muito novo, intenso e por vezes assustador. Imagine que, de um minuto para outro, você tem que se dedicar por inteiro a este processo, pois tem um serzinho lindo, frágil e pequeno que depende exclusivamente de você.

Você passa a lidar com muita coisa nova, como as terríveis assaduras do primeiro mês, que costumam vir acompanhadas de uma culpa incrível. Sim, pois, quando você olha aquela vermelhidão no bumbum do seu bebê, impossível não se perguntar: *"O que fiz de errado para que isso acontecesse?"*.

> *A boa notícia é que isso passa, geralmente após você testar todas as marcas de fralda do mercado... E existe remédio, que funciona só após experimentar pomadas, maisena e até banho de sol.*

Mas, ao longo dos primeiros meses, parece que o susto vai passando, as horas de sono e mamadas ganham sincronicidade e tudo começa a fluir melhor. A menos que... comecem as cólicas!

Então, confesso que não dei conta. De tudo isso, a falta do sono foi o fator que mais me pegou. Aquelas duas horinhas de cochilo entre as mamadas passei a usar para fazer massagem ou aplicar os maravilhosos saquinhos de sementes quentes[52] na barriga da Marina para tentar amenizar sua dor.

---

[52] Os saquinhos de semente funcionam como bolsa térmica, com a vantagem de ajudar a acalmar o bebê devido ao cheirinho de camomila ou outra erva calmante contida em seu interior.

Realmente tentei dar conta de tudo sozinha, mas o fato de já estar acordada para as mamadas não me permitia estar descansada, física e emocionalmente, para conseguir lidar com aquele choro infinito de dor!

Esses momentos foram particularmente difíceis porque tive que aprender a pedir ajuda, principalmente ao meu marido.

> *Pedir ajuda para mim significava derrota. Uma confissão de que eu não era capaz de dar conta.*

Mais do que esperar a mudança nele, tive que ressignificar o conceito de "ajuda" dentro de mim. Eu precisava muito dele, e ele precisava entender essa minha — ops, nossa — nova fase também. Não éramos mais só marido e mulher, mas, também, dois pais que necessitavam contar um com o outro para as coisas terem harmonia naquele lar.

Foi um período bem desafiador, com muitos diálogos, algumas vezes tortos; outras, com gritos e choros regados de emoção. E, aos poucos, com bastante conversa e novos combinados, o superpai começou a entrar em ação. Então, mesmo ansiosa por natureza, aproveitava o pouco tempo que tinha para desligar meu "modo controlador" e me permitir dormir. Bom… Permitir não é bem a palavra. Eu capotava! De tão embriagada de sono, eu dormia igual a uma pedra nos intervalos entre as mamadas noturnas.

Em algumas tardes de cólica intensa, quando eu não sabia mais o que fazer e ela não parava de chorar, passei a realizar um minirritual. Eu a colocava no berço, respirava fundo, bebia uma água, enxugava minhas lágrimas (que saíam quase na mesma proporção que as dela), para, só então, voltar a pegá-la no colo e recomeçar as minhas tentativas de acalmá-la.

Compartilho todas essas experiências não para te estimular a fazer igual, mas para te encorajar a seguir o seu coração. É um momento de muitas descobertas dentro dessa nova rotina, então permita-se experimentar o que funcionará ou não para vocês. Não se prenda somente às opções tradicionais, teste também as consideradas alternativas, mesmo que sirvam apenas para acalmar o seu coração.

Aliás, de toda literatura que encontrei na época (de babás, educadoras e autoras de *best-sellers*), não encontrei uma que fosse escrita por mães. Por isso, considerado certo ou errado, aqui tivemos muito colo, mamadeira, chupeta, cama compartilhada, sermões, broncas, educação, amor e limites. Tudo isso misturado e dosado da maneira como entendíamos que devia ser.

Sempre fui uma mãe que segue o coração e, acredito que graças a isso, conseguimos resolver muitas das questões e dificuldades que surgiram.

> *Um abria a mão daqui e outro cedia dali, pois tínhamos muita vontade de fazer dar certo. Aliás, até hoje é assim, afinal mudamos e não podemos exigir comportamentos iguais para fases diferentes. Somos outros, então a matemática das relações também precisa mudar, sempre com muito diálogo e dedicação para readequar as nossas atitudes à nova realidade de uma forma que fique boa para ambos.*

O cuidar de si!

Você pode imaginar (ou relembrar) o nível de vaidade de uma mãe de recém-nascido?

Lembro-me de tomar banho rapidinho, me vestir com as roupas mais confortáveis e fáceis para amamentar e... só!

Posso dizer? Até hoje eu não sei onde foi parar tamanha vaidade que existia em mim. Ela ainda estava ali, mas devia estar em alguma gavetinha bem trancada do meu cérebro. Tudo que vivia era tão intenso, desafiador e, ao mesmo tempo, tão bom que o resto era apenas o resto.

Lembro que voltei a fazer as unhas quando a Marina tinha uns 4 meses. Logo eu, que era devota da manicure. Tão assídua que tive cadeira cativa por anos no salão.

O máximo que fazia era escovar o cabelo, que cresceu muito com as vitaminas tomadas durante a gravidez. Agora, ver as roupas da tendência, as cores, botas, casacos ou saltos que estavam em alta? Todo esse mundo *fashion* que habitava em mim ficou pausado por um bom motivo: sobrevivência!

Eu sabia e sentia que era humanamente impossível conciliar tudo ao mesmo tempo. Tentava ser uma boa mãe, boa esposa e dona de casa. Agora, ser uma mulher linda, aí já era demais!

Mas entendi que era apenas uma questão de tempo para que o desejo de me olhar voltasse a florescer.

Quando a Marina tinha uns 4 meses de vida, comecei a sentir dores bem na lombar. Não entendia de onde vinham, se eu ficava apenas em casa cuidando dela. Até que fomos à consulta de rotina e o pediatra me contou que a tuquinha já estava bem grande para sua idade, com peso e altura acima da média. Na hora me deu um "clique" e associei com as minhas dores.

Claro! Como não pensei nisso antes? Eu sempre dava colo e não estava acostumada a carregar 10 quilos o tempo todo. Eu só precisava fortalecer a musculatura para continuar dando conta de tudo. A primeira ideia foi *"Já sei, vou voltar para a academia!"*, mas logo em seguida repensei: *"Nem pensar!"*. Então, uma amiga que também tinha acabado de dar à luz me indicou o pilates. E lá fui eu conhecer esse outro mundo novo. Amei logo de cara. Adorei aquele ambiente tranquilo, que a gente respira e se estica por todos os lados, e o povo vai com uma roupa qualquer, sem preocupação com roupinha colada, só com muita calma e muito alongar.

É claro que, para isso acontecer, eu contei com uma superlogística para poder ficar fora duas horas na semana, em dias alternados. Minha mãe vinha e ficava com a Marina enquanto eu saía para me alinhar e fortalecer os músculos. E foi assim, com uma ida ao pilates, que me redescobri. O que era para alongar meus músculos me alongou de volta para a vida.

Nessas idas ao pilates, comecei a "sair da toca", a ver gente diferente, rir um pouco de coisas cotidianas, ouvir conversas que não tinham a ver com maternidade (um verdadeiro bálsamo!). Comecei a me olhar no espelho antes de sair de casa, a perceber como minhas leggings já estavam furadas ou velhas demais. Aos poucos, desafiei nos exercícios algumas poses que jamais imaginei ter habilidade ou desenvoltura para fazer. E, graças a tudo isso, as dores nas costas diminuíram. O que era para ser um tratamento me trouxe a vontade de viver um pouco mais do mundo que existia para além da maternidade.

Eu continuava amando minha bebê e todo esse universo que ela me mostrava a cada dia, mas era como se eu voltasse a falar de coisas "normais", além de cólicas, rotina de sono ou a cor do cocô (se você já esteve em uma roda de mamães na hora do banho de sol, sabe do que estou falando). Comecei a ouvir sobre economia, sobre o aumento no preço da carne, que tinha assalto no bairro, que fulano tinha casado e o artista da TV tinha se separado. Conversas banais, que fazem parte dessa vida rotineira, me resgatavam pouco a pouco do mar profundo da maternidade, possibilitando que eu subisse à superfície para respirar a normalidade da vida uma vez mais.

Carreira: vivendo um dia de cada vez

Com mudanças ocorrendo por todos os lados, era absolutamente normal que o tema carreira estivesse em segundo plano nos meus pensamentos, pelo menos durante esses primeiros meses.

Claro que eu lembrava do meu trabalho, tinha saudades das pessoas, do ambiente agitado, de trabalhar. Ao mesmo tempo, essa rotina intensa e plural não me permitia tempo para pensar sobre o que eu queria para depois da licença. Era muito mais uma descoberta de quem eu estava me tornando do que como eu seria lá na frente.

Então, quando digo que o pilates foi um catalisador de tudo, tem a ver com o voltar a olhar para mim. No fundo, o pilates realmente me trouxe de volta à superfície, mas não apenas da vida "normal", mas da minha própria vida.

Às vezes, ficamos tão obcecadas em prosperar, em alcançar posições de alto nível ou performar em projetos incríveis, que nos esquecemos de alimentar a pessoa que poderá usufruir ou prosperar ainda mais nessa carreira: nós mesmas.

E foi assim, entre um exercício e outro, entre um sair e ir desapegando aos poucos da cria, que voltei a me ver como pessoa, como mulher, algo que por anos eu havia esquecido.

Nada te prepara para a maternidade, mas a maternidade é capaz de te preparar para tudo. Ela nos prepara até mesmo para renascermos na versão que queremos ser.

Foi assim que entendi, e tento sempre recordar, que precisamos viver um dia de cada vez. Curtir a jornada, mesmo nos dias ruins. **Afinal, o que acontece durante a viagem é tão ou mais importante que o lugar "feliz" aonde queremos chegar.** É durante o caminho que o aprendizado acontece, não no final.

E tem mais: qual é a previsão de acerto que temos quando fazemos planos sobre algo que ainda não aconteceu?

Não sei, ninguém sabe e ninguém consegue garantir. Podemos mapear os riscos e as possibilidades, mas — como a maternidade sabiamente nos ensina — não conseguimos garantir com 100% de certeza como realmente será. Até porque, de um instante para outro, tudo pode mudar.

A empresa pode mudar em vários sentidos: trocas de CEO's, alteração de gestores diretos, venda do negócio, dissolução de algumas áreas, mudança de cidade e país, novas operações... Enfim, um mundo de possibilidades que não podemos controlar.

E o mais legal: nós mudamos demais também!

O que sempre desejamos pode tomar rumos ou proporções diferentes com a maternidade. Ela pode despertar em nós o interesse por coisas até então inimagináveis. E é aí que está a beleza disso tudo: o aprender a se abrir para o novo e as possibilidades que ele nos traz.

Não tem como permanecermos as mesmas após vivermos tanta novidade. Não é só a forma do nosso corpo, mas também os nossos sentimentos que precisam ser reajustados. Por isso, não tem como sairmos dessa jornada do mesmo jeito que entramos. É como querer vestir a calça jeans da adolescência. Pode até caber, mas não assentará como antes, pois agora temos mais curvas, mais (ou menos) cintura. Essa mesma transformação ocorre dentro de nós. Nossos sentimentos e prioridades tomam outras proporções, nem boas, nem ruins, mas diferentes. O fato é incontestável, nos tornamos outra pessoa, por dentro e por fora.

E, a partir dessa mudança, passamos a querer relacionamentos diferentes ou a lidar de forma diferente com antigas relações, influenciando — mesmo sem perceber — a mudança de quem nos cerca também.

A jornada da maternidade se inicia sem muitas regras e consentimentos desde a largada, bem diferente dos jogos ou das relações com os quais estamos acostumadas. Partimos do mesmo ponto e, ao longo dessa vivência, vamos tendo que redesenhar os nossos combinados conosco, com o outro e com a vida.

Ela pode nos lançar em portais de criatividade e imaginação até então desconhecidos. Então, como esperar o mesmo se nosso potencial está sendo elevado da forma mais natural que pode ocorrer?

O que nos cabe é, a partir disso, viver um dia de cada vez, pois é sobre isto que temos controle: curtir cada momento dessa fase da jornada, pois ela passa rápido e não volta mais. Então, como dizem nos parques de diversões quando entramos nos brinquedos mais radicais: aperte o cinto e curta o passeio!

O retorno à nossa essência

Tem algumas coisas das quais falamos pouco sobre o período do puerpério: hormônios, oscilações de humor, o tanto de coisas novas que precisamos aprender e que nos tiram da zona de segurança. Tudo isso junto e misturado nos deixa superemotivas, sensíveis e, constantemente, nos faz duvidar da nossa capacidade de ser mãe.

Por muitas vezes cheguei a achar que estava enlouquecendo; em um minuto dizia estar bem e, no seguinte, já me derramava em lágrimas ao ouvir um simples comentário. Tem uma cena que exemplifica bem esses momentos em que me senti desequilibrada:

A Paty, minha melhor amiga e madrinha da Marina, sempre nos visitava e ajudava com as coisas de que eu precisava. Em uma dessas visitas, o meu marido quis aproveitar para ir rapidamente ao mercado, apenas para comprar algumas coisas básicas que estavam faltando em casa. Na mesma hora concordei e disse que ele podia ir tranquilo, pois a Paty me faria companhia até ele voltar. Ele se arrumou e, no momento que tocou na maçaneta da porta para sair, eu comecei a chorar, e muito.

Só me lembro de sentir uma insegurança enorme de ficar sem ele, mesmo que por pouco tempo. Nem ele, nem a Paty, muito menos eu, estávamos entendendo nada. Eu tentava explicar que estava com medo, mas não parava de chorar. De alguma forma, eles conseguiram entender o que falei, mesmo que um pouquinho. O Dú se sentou ao meu lado e disse que seria rápido, mas que, se eu quisesse, ele continuaria ali comigo. Sei que logo consegui controlar o choro, a ansiedade e, conforme fui me recompondo, percebi que ficaria tudo bem em sua ausência.

O medo tão real para mim naquele momento não era nem um pouco para ele – aliás, não fazia sentido nenhum. Por isso que o casal precisa ter muita calma. Não só o casal, mas as pessoas que convivem com a mãe recém-nascida também, principalmente quando se trata do primeiro filho, em que tudo é tão novo para todos.

Ao longo do puerpério, pequenas coisas podem ser catalisadoras de grandes emoções. Um simples detalhe para um pode ser algo enorme para o outro. Quis contar essa passagem porque a questão da oscilação de humor, e esse turbilhão de sentimentos que vem ao longo dos primeiros meses, é algo de que falamos pouco, mas sentimos muito.

Não conseguimos nem devemos controlar esses sentimentos. Mas devemos, sim, nos permitir sentir e, principalmente, falar sobre isso.

> *A partir do momento que nos permitimos falar, já iniciamos um processo de autocuidado, dando espaço para sermos nós mesmas, explorando e acolhendo tudo o que vem com esse novo papel, inclusive os medos e as inseguranças.*

O nascimento de um bebê é algo impactante e grandioso, por isso todos os olhares, todas as vozes e cuidados acabam sendo dirigidos somente a ele. A mãe passa a habitar um segundo plano e, independentemente de ser colocada ou ter que se colocar lá, acaba ficando carente de cuidados e de atenção.

O primeiro ato de cuidado que uma mãe merece é o autocuidado. É essa permissão de poder se olhar e se ver como a mulher incrível que é, que foi capaz de gerir e agora é capaz de cuidar desde que se cuide também. Afinal, ninguém pode dar o seu melhor se não estiver bem.

Precisamos estar em primeiro lugar e isso não quer dizer eliminar ou substituir alguém. É sobre o poder do **e**, o poder de somar ou multiplicar e não o de subtrair, muito menos de se anular.

> *Cuidar de si não significa negligenciar o bebê, muito pelo contrário: tem a ver com amor-próprio. Algo tão importante de se cultivar e ensinar aos nossos filhos.*

Sabe aquela mensagem de segurança do avião de primeiro colocar a máscara de oxigênio em você para depois colocar nas crianças? É exatamente isso, essa é a analogia perfeita para ilustrar o que quero dizer aqui.

Primeiro coloque a máscara em você!

Respire fundo e se cuide. Permita-se sentir e entender seus sentimentos para depois cuidar de tudo o que está ao redor. Somente assim conseguirá estar forte o suficiente para se dedicar ao outro, seja ele um bebê, seu relacionamento, o trabalho ou quem quer que seja.

Aprendizados:

· Mudanças e dificuldades sempre existirão!

A única certeza que temos é a de que a mudança vai acontecer, fora e dentro de você. Nascemos e nos reinventamos em vários papéis quando os filhos nascem. Importante entender que não tem uma cartilha igual para todos, pois cada criança é única nas suas alegrias e dificuldades e, como consequência, cada mãe também. Por isso, permita-se viver a oportunidade de aprender com cada nova fase dessa jornada.

· Os relacionamentos mudam porque você muda.

A maior mudança que acontece é dentro de você. E, como consequência, afeta seu jeito de se relacionar com os outros. Será um eterno dialogar para refazer os combinados de cada relação (com parceiros, familiares e amigos), deixando claro o que funciona e o que não funciona mais. Será necessário flexibilizar pensamentos, vontades, desejos, opiniões de ambos os lados nesse novo momento, então fique atenta para não ser a única parte que cede.

· Carreira: vivendo um dia de cada vez.

Ficamos tão obcecadas em prosperar, em alcançar posições de alto nível, em performar em projetos incríveis, ou mesmo em garantir o emprego ao retornar da licença-maternidade, que nos esquecemos de alimentar quem vai usufruir ou prosperar ainda mais nessa carreira: nós mesmas. Então, lembre-se de curtir a jornada e todo o processo de contínuo aprendizado (*lifelong learning*) que ela oferece. Entenda o quanto a maternidade pode te ensinar a cada dia e saiba que as habilidades que desenvolverá ao longo desse período são um excelente investimento, pois te fortalecerão e te enriquecerão para o retorno ao trabalho. Nada te prepara para a maternidade, mas a maternidade é capaz de te preparar para tudo.

· **A cada escolha, uma renúncia.**

As escolhas podem ser grandes, como parar ou não de trabalhar; banais e cotidianas, como decidir entre dormir e fazer exercício quando o bebê adormece; ou, ainda, sair para fazer as unhas ou ficar lavando e arrumando as roupinhas no armário.

É importante ter em mente que nem sempre as escolhas serão fáceis, mas serão necessárias. Crescemos cercadas de estereótipos de mães perfeitas, geradores de cobranças internas e externas, tendo como uma das principais consequências a culpa. Mesmo quando queremos fazer o nosso melhor, precisamos refletir sobre o que é mais adequado e sobre aquilo de que realmente conseguimos dar conta em cada situação. Entre o que é prioridade e o que dá para esperar, é preciso coragem para seguir dentro de nossas escolhas.

· **Cuidando de si em meio a tantas mudanças.**

Justamente por ser você a viver com as consequências das escolhas que fizer, lembre-se de colocar a máscara de emergência primeiro. É preciso se cuidar para estar bem para cuidar do outro, seja ele um bebê, seu relacionamento ou o trabalho, bem como falar sobre seus sentimentos, não querer controlá-los sem antes acolhê-los e, principalmente, entendê-los. Afinal, é muita coisa para aprender, é muito hormônio para equilibrar e muita mudança para assimilar em tão pouco tempo. Então, aproveite a maternidade como um período de resgate da sua essência, do seu autocuidado.

Ah, e lembre-se: cuidar de si não é apenas cuidar da aparência, pelo contrário. Seu exterior ficará ainda mais belo como consequência de uma mente saudável e equilibrada!

11
Licença-maternidade e retorno ao trabalho.
Ou não...

Por Paola Jagher

Durante a licença-maternidade, tive vontade de fazer coisas diferentes, experimentar e conhecer novos lugares. Com o Pedro, passei a descobrir do que eu gostava e quem eu era. Era como se houvesse um oceano de sentimentos, emoções e possibilidades sendo acessados pela primeira vez em minha vida.

Clarissa Pinkola Estés, em seu livro *Mulheres que Correm com os Lobos*, descreve lindamente essa vastidão de sentimentos que nós não acessamos ou não aprofundamos ao longo da vida, e o quanto isso nos impede de viver quem somos de maneira autêntica. A autora também fala do quanto nos distanciamos da nossa essência e potência feminina por conta dos arquétipos e mitos criados para delimitar o lugar da mulher na sociedade.

E você? Já se questionou sobre qual é o lugar que vem ocupando na família, no trabalho e na "sua" sociedade? Eu já me fiz estas e outras perguntas muitas vezes, a fim de entender se eu estava realmente vivendo o meu "lugar" como pessoa, mulher e mãe.

No capítulo "Engravidei. E agora?", compartilhei um pouco sobre como foi caótico esse início da licença-maternidade, repleto de imprevistos, questionamentos e — para rechear — um *Baby Blues* a tiracolo. Porém, apesar de todos esses desafios, ou até mesmo por conta deles, a licença também proporcionou espaço e *tempo* necessários para eu me reencontrar.

Este tempo em casa com o Pedro me possibilitou silenciar a correria da vida. Com isso, percebi muitas coisas sobre mim das quais até então eu não havia me dado conta. Pude relembrar coisas que eu gostava de fazer quando criança, o que eu pensava, brincava e sonhava. Aliás, esse é um bom exemplo de que tudo tem um lado positivo, pois, se não fosse o *Baby Blues,* eu não teria voltado para a terapia, que foi fundamental neste caminho de reconexões e descobertas. Graças ao processo terapêutico, reencontrei uma Paola intuitiva, criativa e muito mais colorida que havia ficado para trás, em algum ponto do meu caminho. E como foi bom poder encontrá-la nesse momento!

> *Claro que, como todo processo de transformação, só me dei conta de como esse tempo foi necessário e precioso depois que ele acabou. Foi olhando para trás que percebi nunca ter vivido uma "pausa" na minha vida.*

Porém, enquanto vivia esse período, era "afundada" em um turbilhão de emoções, pensamentos e sensações diversas. Me sentia vulnerável por reviver lembranças nem sempre bonitas ou positivas e, ao mesmo tempo, me sentia forte e supercapaz de mover montanhas. Sim, uma constatação estranha e linda que pulsava todas as vezes que me dava conta de que eu era mãe! Um sentimento primitivo e visceral — me sentia como uma leoa pronta para proteger, alimentar e suprir qualquer necessidade do meu filhote, essa força "selvagem" e "primitiva" que a Clarissa Pinkola Estés descreve tão sabiamente em seu livro.

Para a autora, não importa a cultura em que a mulher esteja inserida, ela compreenderá intuitivamente as palavras "mulher" e "selvagem" que regem o arquétipo da mulher selvagem e acionam lembranças muito antigas do nosso feminino. O termo "selvagem" nesse contexto não deve ser entendido como pejorativo (algo fora de controle), e sim como uma poderosa natureza psicológica e instintiva, inerente em todas nós. E essa revitalizante "prova da natureza" ocorre durante a gravidez, a amamentação ou, ainda, durante o milagre das mudanças que surgem à medida que se educa um filho.

Verdade ou coincidência, sei que foi exatamente isso que aconteceu comigo. Comecei a descobrir nesse período essa potência que o feminino nos traz. Essa força que não é física ou palpável, mas que se expressa de diferentes formas: na emoção, na resiliência, na criatividade e nas relações. A mais pura expressão do feminino que só acessamos através da maternidade.

Quando iniciei a minha carreira trabalhando em empresas, tive dúvidas se conseguiria gostar e até mesmo me adaptar a algumas "convenções" e "burocracias". Sabia que as pessoas viviam imersas em culturas corporativas recheadas de códigos e símbolos, na maioria das vezes limitantes. Cheguei a me questionar se conseguiria navegar por essas diferentes culturas e encontrar algo de bom, onde as pessoas pudessem crescer e atingir seu potencial de forma sustentável.

Lembro-me como se fosse ontem da conversa que tive com meu pai na cozinha, após um longo dia de estágio e aula repletos de decepções e equações muito duras de serem resolvidas. Como um desabafo, comentei com ele que não sabia como faria para me colocar nesses lugares tão formais e rígidos. Foi quando ele me disse: "Quem sabe aí esteja o seu maior desafio e a sua maior contribuição: ajudar as pessoas a entenderem a cultura e refletirem se querem isso para sua vida e carreira? Para alguns serão apenas ajustes e adaptações que terão que fazer. Para outros, simplesmente não será o lugar onde irão se desenvolver e precisarão buscar outro trabalho ou empresa. Acredito que é neste processo de crescimento e descobertas que você pode agregar".

Em poucas palavras, meu pai tão sabiamente me ajudou a entender que existia uma relação complexa entre as pessoas e os ambientes corporativos. E foi isso que me intrigou e motivou. Concluí naquela noite que era neste exato lugar que eu poderia contribuir e fazer a diferença.

Com este processo de amadurecimento técnico, comecei a busca por meu espaço e por quem eu seria como profissional de RH. Recordo que foi nesta mesma época que comecei a me vestir de forma mais "neutra" e discreta, por ouvir de várias pessoas que eu não deveria chamar muita atenção.

Os ambientes corporativos eram tidos como masculinos e racionais, então, por eu ser mulher, achei então que não poderia usar roupas muito coloridas ou "chamativas". Com essa crença em mente, passei a usar camisa branca e calça social, geralmente preta ou cinza, a mais neutra e imperceptível possível. Ah, o cabelo também deveria estar preso e nunca aparentar estar molhado, pois poderia gerar interpretações indesejadas. Afinal, estamos falando de uma época em que o ambiente corporativo era bastante formal e demandava um comportamento e um "*dress code*"[53] à altura. Resumindo, eram espaços bem conservadores e machistas. Certamente, tudo que fosse diferente ou que representasse algo do "feminino" seria malvisto e mal interpretado.

E assim continuei por muitos anos: meu guarda-roupa refletia o modo como me relacionava com o trabalho e o quanto havia anulado o feminino em mim. Sem espaço para cores, intuição ou criatividade, usei calças e camisas para me proteger desse ambiente rígido e masculino, acreditando que, "camuflada", conseguiria conquistar um espaço e crescer na carreira. Talvez tudo isso tenha ajudado, não na forma como me desempenhei e trabalhei, mas, sim, em como me protegi. Foi a forma que encontrei de me sentir segura.

Acontece que os anos passaram, o ambiente corporativo foi mudando e só fui me dar conta de que continuava vestindo a mesma armadura durante a minha licença-maternidade. Lembro-me claramente de, em um dia qualquer, olhar para o meu guarda-roupa e pensar: "O que aconteceu comigo? Como não percebi antes o quanto me escondia atrás disso?".

E o resultado foi libertador. Quis vestir roupas de outras cores e modelos, pois não queria mais me "proteger". Percebi que já estava em uma empresa onde poderia me expressar de forma mais autêntica. Claro que

---

[53] Dress code significa código de vestimenta. É uma expressão usada para definir padrões ou regras de vestimenta dentro de cada organização.

não seria nada radical, até porque nesta época eu trabalhava em uma indústria do ramo automotivo, com uma cultura mais tradicional. Mas isso não aconteceu da noite para o dia.

Pensando agora sobre isso, vejo que passei por algumas mudanças internas até chegar a ter essa consciência. Lembro-me de me sentir estranha indo ao mercado e ao shopping fazer compras, vestida toda de "social" e com o bebê no colo. Em momentos como aquele, só pensava em duas coisas: como aguentaria ficar longe do Pedro quando esse período de licença acabasse e que eu, definitivamente, não queria mais usar camisas sociais (meu Deus, que fase)!

Com o passar dos dias e o privilégio de ter esse tempo "para mim", comecei a pensar e buscar o que eu gostava e o que eu queria vestir. Passei a me vestir do jeito que me sentia: mais leve e colorida.

Aproveitei esse período de agenda livre dos compromissos, reuniões infindáveis e horários apertados para desfrutar de um tempo de muita qualidade com o Pedro. Desafio das semanas iniciais vencido, começamos a aproveitar mais: noites com mais horas de sono, amamentação fluindo e mais passeios ao ar livre. Também fomos juntos ao mercado, parque e às sessões de cinema em horários que nem se eu tivesse de férias conseguiria aproveitar. Até viajar no meio da semana foi possível. Consegui acompanhar seu desenvolvimento, dia a dia, nas pequenas mudanças e conquistas: os primeiros sorrisos, os primeiros dentes, as cólicas e as noites em claro. Amamentar, trocar fraldas, cantar e ninar eram atividades prazerosas, mas que demandavam muita energia e paciência. Aprendi tanto nesta época e desenvolvi tantas habilidades novas... Passei a seguir mais a minha intuição e percebi que era capaz de fazer coisas que nunca tinha feito antes.

Ah, que vida boa! Para aquelas que trabalham e contam com o benefício da licença-maternidade, é isto o que acontece: recebemos o nosso salário todos os meses para cuidar intensamente do nosso bebê. A vida que sempre pedimos.... Bom seria se parasse por aqui.

Mas não é bem assim que acontece, não é mesmo?

Quem já passou pode confirmar que esse processo é um dos mais antagônicos da vida. Pois, quando tudo parece estar sob controle, você aparentemente já dominou a rotina e está começando a curtir cada momento com mais habilidade e leveza.... Começa a sentir um incômodo, uma inquietação...

De repente, assim como muitas mulheres, comecei a me sentir meio perdida, desejando as duas coisas ao mesmo tempo: amando a vida de mãe em período integral e sentindo vontade de ser útil em outro contexto que não fosse debater sobre mamadeira, tipos de choro ou a melhor marca de fralda.

Mas como eu poderia realmente sentir falta do trabalho? Como eu poderia sentir falta de uma agenda repleta de reuniões, discussões sobre a economia global, variações cambiais e tendências do negócio? Para quê, se estávamos nos entendendo tão bem e essa rotina tranquila era tão boa?

Pois é, eu também não sabia, mas você vai entender que essa sensação de ser puxada para esses dois lados tão opostos é muito normal. Por um tempo, desejamos simplesmente ser ricas e ficar em casa com o nosso bebezinho, mudar de vida ou jogar tudo para o alto. Em outros momentos, morremos de curiosidade de saber como andam as coisas no trabalho e sentimos crescer a vontade de retornar, produzir e ser útil como quando éramos "profissionais".

Em alguns desses momentos, inclusive, me culpava por sentir falta das reuniões, das conversas sobre negócios e de me arrumar para ir trabalhar. Sim, até disso! Mas o principal era a falta de ser desafiada, de criar planos e "apagar incêndios", de me sentir realizada de outras formas.

Ao mesmo tempo que eu queria tudo isso, me via cercada de um enorme receio de como tudo seria a partir dali. Sabia que eu precisaria fazer escolhas e renúncias, e isso estava prestes a acontecer.

E eram nesses momentos de conflito e dúvidas que a culpa surgia, uma velha conhecida nossa e que sempre aparece diante de momentos e decisões importantes, principalmente quando o assunto é a maternidade.

Já a conhecia desde quando entendi que queria ser mãe. Ela surge muito cedo, não é mesmo?

E, a partir de sua visita, muitas dúvidas começaram a surgir: como deixar esse serzinho que eu amava tanto, que esperei e carreguei por nove meses e só há pouco estava nos meus braços? Um ser tão pequeno, que dependia do meu leite, precisava de mim e sorria só de ouvir a minha voz? Alguém que me fazia sentir tão plena e feliz? Como eu teria coragem de deixar o maior amor que senti até então para voltar ao trabalho?

Ah, Dona Culpa! É assim mesmo que você funciona. Me sentia culpada só de pensar em voltar a trabalhar, imagine em reconhecer o quanto queria voltar... E a vergonha de nem sequer dividir isso com alguém? Foi muito difícil reconhecer, e nesta época meu marido foi fundamental.

Agradeço tanto por ter encontrado um homem tão encorajador e impulsionador como ele!

Além do Alison, algumas pessoas que trabalhavam e já eram mães também me ajudaram muito, como a Karen, minha amiga e coautora deste livro, que já tinha passado por tudo isso com a Marina. Lembro que conversamos e choramos muito vezes juntas, falando sobre todas essas dúvidas e inquietações.

Graças às conversas em que compartilhava esse turbilhão de dúvidas e sentimentos, compreendi que, bem lá no fundo, eu queria, sim, retornar ao trabalho, mas não pela empresa ou pelo cargo que eu ocupava (ambos superlegais, por sinal!), e sim pelo significado que ele tinha e tem até hoje na minha vida. Sabia que a minha vontade de servir e ajudar as pessoas era muito importante e que isso era possível através do meu trabalho, então queria muito continuar a realizar essa missão juntamente com a maternidade.

E, mesmo entendendo isso, continuei com essa montanha-russa dentro de mim: feliz por ter o privilégio de ficar sete meses com o Pedro em casa e, ao mesmo tempo, com uma vontade enorme de fazer outras coisas que não fossem alimentar, trocar fralda e cuidar da casa. Tinha a vontade de retornar, mas não dizia isso em voz alta. Sentia um medo enorme de como seria, do que encontraria ao retornar, e uma curiosidade maior ainda de saber como a área e a empresa estariam. Geralmente o medo ganhava... "Como voltar para o mesmo lugar se eu já não era a mesma pessoa?", "Será que essa nova pessoa que eu me tornei ainda gostaria do trabalho que tinha antes da licença?", "Haveria ainda um lugar para mim?", e o pior de todos: "Encontraria algo que me motivasse o suficiente para deixar o Pedro na escola o dia todo?".

Ah, que difícil! Mas, enquanto minha mente montava mil cenários possíveis e meu coração lutava com a decisão de desapegar do casulo tão precioso, olhava para o Pedro em meus braços e desejava que ele tivesse uma relação saudável com o trabalho. Não gostaria que ele o visse apenas como fonte de renda, necessidade financeira ou status, como usualmente vemos acontecer ou, muitas vezes, fomos ensinados em casa.

Existia dentro de mim um desejo muito grande de que um dia o Pedro pudesse entender o trabalho como algo de grande significado para ele e para os outros. Algo bom, que traz dignidade e possibilidades de realização e sentido. Uma extensão de quem somos e do nosso propósito neste mundo.

O meu desejo era que ele pudesse, assim como eu, se sentir fazendo a diferença na vida das pessoas através do seu trabalho. E, claro, crescesse e se sentisse amado por uma mãe que decidiu trabalhar fora. Que o fato de eu trabalhar não significasse menos amor ou dedicação a ele e, com isso, pudesse aprender a respeitar seus desejos e sua individualidade, antes mesmo de desempenhar qualquer outro papel.

E foi com essa constatação que decidi voltar ao terminar a minha licença-maternidade!

> *De lá para cá, o que tenho buscado, inclusive com este livro, é que nossos filhos possam reconhecer o trabalho como algo que nos dignifica e nos realiza. Todos nós temos um chamado para algo que precisamos realizar.*
>
> *Nossa vida e, consequentemente, nosso trabalho precisam ser a "resposta" para problemas que a humanidade ainda não encontrou ou resolveu.*

Podemos alcançar outras vidas e fazer um mundo melhor com aquilo que somos. Cada um do seu jeito, com aquilo que tem de único em sua natureza, essência e personalidade. Quero muito que, um dia, a próxima geração entenda e viva tudo isso com menos culpa e com maior consciência de sua responsabilidade diante da vida.

Foi só diante dessa constatação tão profunda que me senti pronta e com "liberdade" para retornar ao trabalho. Faria desta difícil escolha algo que marcasse a nossa história como mãe, filho e família. Confesso que essa decisão e desejo me deram a força e a coragem de que eu precisava para calar os medos e seguir com minha carreira.

Os dias passaram e o retorno aconteceu. Foi muito bom, mas igualmente difícil. Tive dúvidas se estava fazendo as coisas da maneira certa. Dúvidas se a estrutura planejada seria boa para o Pedro e para nossa família. Era o meu primeiro filho, então tudo foi muito novo (e difícil) nesse processo de voltar à realidade. Nos primeiros dias de adaptação escolar, eu chorava ao deixá-lo e chegava na empresa com vontade de voltar correndo para escola. Ele ficou bem e se adaptou, já eu... Chorei muito mais do que ele, com certeza!

Eu acompanhava tudo o que acontecia na escola de forma intensa e presente. Com o passar dos dias, fui percebendo que ele estava bem e eu também passei a me acalmar. Percebi que, se eu estivesse tranquila com a nossa decisão, ele ficaria também.

Aliás, pode reparar: as crianças percebem e absorvem tudo o que sentimos!

Com o tempo, percebi ser possível fazer as duas coisas: trabalhar e ser uma boa mãe. Certamente exigiu muito esforço, renúncias, e me trouxe uma vida muito mais corrida e agitada. Ao mesmo tempo, mais feliz e repleta de realizações. Percebi também como a maternidade me tornou mais produtiva e focada.

Sabe aquelas competências que desenvolvemos na relação com o bebê e não valorizamos? Essas mesmas! Talvez por não falarmos ou não reconhecermos tudo o que aprendemos neste período de licença-maternidade, não damos valor ao tanto que crescemos e aprendemos com esse papel de "mãe".

Por exemplo, antes de o Pedro nascer, eu não tinha pressa para sair da empresa. Voltava para casa somente quando terminasse o que eu havia planejado para o dia. Com a sua chegada, isso não era mais possível. Passei a ter horário para buscá-lo no berçário e muita vontade de reencontrá-lo. Então, como não tinha mais tempo a perder, passei a ser mais focada e produtiva. Me dei conta de que, se eu eliminasse as distrações, conseguiria fazer um relatório ou apresentação em até um terço do tempo que costumava levar para concluir. Comecei a perceber os benefícios de ter hora para sair e de estar mais centrada por não ter mais todo o tempo do mundo para o trabalho. Aliás, esta palavra, "tempo", passou a ser algo "sagrado" para mim. Passei a dar mais valor e a priorizar melhor minha agenda e meus horários.

Foi assim que comecei a entender melhor a tão famosa "gestão de tempo" para poder gerir melhor as minhas tarefas e compromissos. Precisei me adaptar, aprender a ter mais foco e a não "me perder" com as frequentes distrações ou procrastinações.

Comecei a ter mais consciência sobre as inúmeras microdecisões que tomava ao longo do dia, tais como que horas acordar, quanto demorar tomando café da manhã (ou não?!), o tempo para realizar algumas tarefas e a duração das reuniões que eu participava ou conduzia. Tudo passou por uma "revisão"... um teste de eficiência.

> *Pode não parecer, mas estar mais alerta e consciente ao tomar essas microdecisões ao longo do dia é fundamental para ter aquela deliciosa sensação de satisfação ao se deitar, sabe?*

Certamente esse foi um dos grandes aprendizados que vivenciei ao retornar para o trabalho. E isso me deixou mais eficiente, prática e objetiva nas ações e tarefas que precisava realizar.

> *É até irônico pensar que foi justamente a falta de tempo que me ensinou a priorizar o que era de fato importante no trabalho e em casa.*

Passei também a viver de maneira mais intencional, a estar presente em cada momento. O desafio de transformar o tempo que eu tinha em algo significativo para mim e para o Pedro se tornou a minha meta diária. Queria viver com ele dias que fossem marcados por experiências e aprendizados conjuntos. Momentos em que memórias afetivas fossem criadas por meio de rotinas simples, como estabelecer brincadeiras para o trajeto de carro até a escola, ter nossas canções para a hora do banho e contar histórias para dormir. E foi assim que comecei a me concentrar mais no que acontece "aqui e agora", me sentindo mais inteira em casa e no trabalho.

Com o Pedro percebi que carreira e maternidade não são excludentes. Ele me deu esse presente e aprendizado. Me mostrou que, inclusive, elas podem ser compatíveis quando nos propomos a vivê-las com mais intencionalidade e leveza. E uma boa dose de organização e gestão do tempo, claro!

Aprendizados:

- **Licença-maternidade como presente: saiba viver o momento.**

Se você está no puerpério com um recém-nascido em seu colo, pode parecer até irônico ouvir algo como "curta a sua licença-maternidade, ela passa muito rápido". Alguns dias são terríveis e extremamente exaustivos. Outros podem parecer um pesadelo sem fim, principalmente se estiver passando por dificuldade para amamentar, o bebê tiver cólica, se estiver trocando o dia pela noite ou com algum problema de saúde. Mas, acredite, em poucos anos você entenderá o que essa frase significa. Por isso, confie quando te peço para se entregar de corpo inteiro a esse momento. Aproveite cada instante para conhecer o seu bebê, entender suas necessidades e ritmo natural. Aos poucos, estarão tão sintonizados que os dias fluirão com mais leveza e alegria.

Você terá tempo para pensar na sua carreira. Além disso, trabalho é algo possível de recuperar, mesmo que precise de algum empenho ou atualização. A empresa pode até ficar "órfã" sem você, mas seu filho ou filha, não. E, diferentemente do trabalho, esses primeiros momentos de conquistas e descobertas que deixamos de viver com nossos filhos não podem ser recuperados, é um tempo que não volta mais. Vale aqui lembrar de algo simples e bem importante: viva o agora ☒ ou, se preferir, viva um dia de cada vez!

O momento atual é um presente!

· Tudo bem você se descobrir diferente durante a licença.

Acolha as descobertas, permita-se viver e sentir todas as mudanças que a maternidade trouxer. Encare esse processo como uma oportunidade de autoconhecimento e desenvolvimento. Tudo isso contribuirá para você se conhecer mais como pessoa, mãe e profissional. Escolher alguma forma de terapia também pode ajudar muito, te deixar mais consciente das suas escolhas, necessidades, limites e desejos. Também te deixará mais "afiada" para reconhecer a culpa e mandá-la para bem longe (fora, culpa!).

Tornar-se alguém diferente após a maternidade pode ser um grande presente para acessarmos quem realmente somos e nos conectarmos com nosso propósito e sonhos, principalmente os que ficaram adormecidos ao longo do caminho. É um lindo momento de conexão e uma grande oportunidade de conhecer mais sobre você e seu bebê.

Por isso tudo, faça coisas que nunca fez, vá a lugares que nunca foi, permita-se ter experiências diferentes. Afinal, você está experimentando e vivendo um novo papel: o de mãe. Você deu à luz uma criança: quer algo mais incrível do que isso? Aproveite toda a sua potência, intuição e liberdade para viver coisas novas!

· Como lidar com os diferentes desejos?

No começo da maternidade tudo é muito novo e intenso, por isso precisamos de um período de imersão nestes novos aprendizados. É um momento em que não temos tempo para pensar em mais nada, somos "sugadas" para esse novo mundo. Mas o instinto maternal é incrível e logo passamos a ter mais segurança e a dominar tudo que antes era desconhecido.

E é quando temos tempo para fazer e lembrar de outras coisas além do bebê que as saudades do "velho mundo" podem aparecer. Saiba que viver essa ambiguidade é muito normal. A questão aqui é se permitir flutuar entre os diferentes desejos: ser mãe e ser profissional, ficar com o bebê e voltar a trabalhar, viver para ele e sair de férias para bem longe... Parece maluco e conflitante, mas de certa forma é uma preparação para o retorno ao trabalho, pois nos faz pensar, descobrir e desejar outras coisas além da maternidade.

Reconhecer que será um período antagônico nos permitirá viver e planejar da melhor forma as duas coisas: a carreira e a maternidade. E lembre-se: tudo no seu tempo! Cada mulher e cada bebê têm uma necessidade e um tempo únicos. Descubra os seus e tente respeitá-los o máximo possível.

• **Quero voltar ao trabalho? Se sim, quando voltar?**

É natural durante a licença-maternidade repensar o trabalho e a carreira que escolhemos até então. Para algumas de nós, esse processo é mais fácil; para outras, nem tanto. Mas, em todos os casos, é importante refletir e descobrir qual o significado que o trabalho tem para você antes de tomar qualquer decisão.

Caso tenha a escolha de voltar a trabalhar, procure pensar em quais ganhos tal escolha trará em médio e longo prazos tanto para você quanto para seu bebê. Tudo fica mais fácil quando temos um motivo ou uma razão clara para fazer ou deixar de fazer algo. Tal clareza te ajudará bastante nos momentos que bater aquele desespero ou arrependimento, sabe? Tipo, "o que foi que fiz?" ou "onde eu estava com a cabeça quando escolhi voltar para esse lugar?".

Agora, se o seu retorno é necessário, seja por questões financeiras ou alguma outra razão, procure reconhecer os pontos positivos dessa situação. Aceite como uma oportunidade e busque sabedoria para compreender a importância do trabalho e do salário no orçamento e no bem-estar da sua família. Ao mudar a sua postura e a forma de entender as circunstâncias, perceberá que o seu trabalho também pode ser bom e realizador.

Isso não significa se acomodar, e sim compreender o que te faria ter maior prazer em trabalhar. É manter o emprego? Conseguir uma promoção? Mudar de área ou de profissão? Empreender? Cada mulher tem uma família e realidade. É preciso reconhecer o momento que está vivendo para planejar com cuidado o passo a passo do que precisará fazer para mudar a sua realidade e tornar seu trabalho algo significativo em sua vida.

Independentemente da situação — escolha, necessidade ou ambos —, planeje seu retorno ao trabalho para que o processo de mudança e adaptação seja o mais tranquilo possível. Além disso, esteja aberta às novas realidades internas e externas que enfrentará. Lembre-se de acessar ou, caso não tenha, criar a sua própria aldeia[54] — como a Karen explicou, uma rede de apoio composta por familiares, amigos, vizinhos, companheiros de fé, outras mães da própria escolinha ou até algum grupo de apoio materno. Enfim, pessoas que possam facilitar a sua rotina ou te ajudar nas mais diversas situações. Afinal, a vida com uma criança nunca é tediosa. Terão emergências, você ficará presa até mais tarde no trabalho e não conseguirá chegar antes de a escola fechar, ou ela pode ficar doente no meio do seu expediente. Essa rede, essas pessoas com quem você já conversou e sabe que podem ser possíveis "salvadoras", serão de grande ajuda nessas horas de aperto.

Ah, lembre-se de ser também uma trama na rede de alguém. Nós, mulheres e mães, podemos oferecer desde uma mãozinha, uma indicação de cuidado, até uma carona ou abrigo. É essa troca genuína que faz a nossa rede ficar cada vez mais forte.

---

[54] O conceito de aldeia é abordado no capítulo 8, "Quando engravidar?".

12
Mais filhos: quero?

Por Paola Jagher

Quando dei meus primeiros passos nesse novo papel de mãe, uma onda de felicidade e descobertas inundou a minha vida. A maternidade me trouxe mais segurança, leveza e cor, literalmente!

As descobertas e experiências eram tantas que foi difícil voltar para a realidade. Retornar ao trabalho foi um grande desafio e exigiu muito de mim, do Alison e do Pedro. Fizemos renúncias e nos esforçamos muito para fazer funcionar uma grande mudança na minha vida como mãe, mulher e profissional.

Mesmo "só" acordando para amamentar, pois o Alison era responsável pelos demais cuidados com o Pedro (sempre fomos um bom time!), eu ainda me sentia um trapo no dia seguinte. Além da privação do sono, tinham os dentes nascendo, febres (nos piores horários), novos projetos e reuniões importantes — tudo ao mesmo tempo, o que tornava a missão de estar em pé e bem disposta no trabalho uma tarefa nada fácil.

Tive momentos de cansaço, momentos de crise, sentindo que não conseguiria, e alguns nos quais tive a certeza de que simplesmente não daria conta. Mas também vivi momentos maravilhosos. Pedro crescia bem, supersaudável, e me surpreendia com as fofuras e descobertas. No trabalho, crescimento e novos desafios se apresentavam e apontavam para maiores responsabilidades.

Todo o cansaço dessa maratona diária era compensado pelos sorrisos e primeiras palavrinhas do Pedro. Eu me sentia forte e "abastecida" vendo-o crescer bem, saudável e feliz!

E como tudo ia bem — ou seja, algo entre "ufa, sobrevivi" e "nossa, isso está longe de ser perfeito" —, comecei a desejar retomar nosso antigo plano de ter outro filho. Então, quando o Pedro fez 3 anos e já estava numa fase mais independente, falava e fazia muitas coisas com autonomia, o desejo de ter outro filho brotou em meu coração novamente. Pois é, mesmo diante de todos os desafios para conciliar a rotina entre esses dois papéis, comecei a sentir falta de ter um bebê em casa. Percebi que ainda tinha muito amor para um filho só (pensa uma pessoa maternal!), então, de comum acordo, entendemos que estávamos prontos para engravidar novamente.

> *Quando nos casamos, Alison e eu não sabíamos se teríamos dois ou mais filhos, mas já tínhamos certeza de que seria mais de um. Sempre amei o fato de ter irmãos e entendo que esta relação é mesmo única, muito diferente de qualquer outra relação em nossa vida. E eu queria muito que o Pedro também tivesse essa experiência.*

Então, de uma forma surpreendentemente rápida, eu engravidei. Foi uma alegria enorme ter um novo bebê dentro de mim, no prazo que havia planejado, pois não queríamos uma distância grande entre um filho e outro. Celebramos muito e começamos a compartilhar a notícia com nossas famílias e amigos.

Porém, a vida não é linear e tem a sua própria forma de nos ensinar que os planos nos protegem, mas é a flexibilidade diante de suas surpresas que nos faz crescer. Após nove semanas de gestação, descobri que o desenvolvimento do bebê não ia bem, havia algo anormal com o seu crescimento. Difícil aceitar aquela notícia dada pelo médico que fazia o ultrassom. Sozinha naquele momento, eu perdi o chão. Não sei como fiz isso, mas liguei para o Alison e pedi para que ele fosse comigo ao obstetra, seguindo a recomendação do médico.

Ainda em choque com a notícia e com um profundo sentimento de tristeza, ouvi do obstetra que eu tinha duas opções: ir para casa e aguardar o processo natural ou internar na maternidade e realizar um processo artificial para expelir o bebê. Alison me olhou e eu soube que ele me apoiaria em qualquer decisão. E assim fomos para casa, de mãos dadas e chorando.

Cheguei em casa e desejei muito que eu não sentisse mais dor. Já estava sentindo uma dor emocional enorme. Lembro-me de fazer essa oração chorando e ela ser realizada. Algumas horas depois, tudo se encerrava seguindo seu processo natural. Os dias seguintes não foram fáceis, mas, apesar disso, sabia que aquele bebê havia realizado o seu propósito em nossa vida.

Sabíamos que, infelizmente, os abortos são mais normais do que gostaríamos que fossem e, apesar da dor e do luto, desejávamos tentar novamente, mesmo com os riscos. Então, após algum tempo e com acompanhamento médico, seguimos com o nosso desejo e esperança de ter mais um filho.

A vida seguiu o seu curso e, seis meses depois, engravidei novamente. Com o exame positivo em mãos, um misto de medo e alegria tomou conta de mim. Compartilhamos com as pessoas mais próximas, agradecemos e acreditamos.

Hoje, enquanto escrevo tudo isso, percebo que não estava pronta emocionalmente para esta nova gestação.

O desenvolvimento do bebê seguia bem e os exames demonstraram isso. Fizemos muitos planos e estávamos prestes a descobrir o seu sexo. Nos sentíamos confiantes com o final do primeiro trimestre de gestação e com o sentimento de que as semanas de maior risco já haviam passado. Em alguns dias faríamos uma nova ecografia e escolheríamos o nome. Passamos o Natal daquele ano grávidos: eu, Alison e Pedro. Para completar a alegria, minha irmã Mariana estava grávida também. Estávamos quase com o mesmo tempo de gestação e logo ela também descobriria o sexo. Era o seu primeiro filho: Joaquim (espero que ele também leia este livro um dia e saiba o quanto foi amado e desejado por nossa família!).

Foi um Natal muito especial e repleto de comemorações. Logo depois, partimos para uma viagem ao interior do Paraná para visitar os tios e a avó do Alison. O plano seguia bem e alguns dias depois nos encontramos com amigos muito especiais em Foz do Iguaçu, no Paraná. Ana, Marcelo e seus filhos estariam conosco em uma viagem de férias superaguardada. Sentia-me bem e feliz. Era véspera de Ano Novo e estávamos muito animados em passar estes dias juntos!

Assim que chegamos a Foz do Iguaçu, fizemos check-in no hotel e planejamos aproveitar a piscina enquanto aguardávamos nossos amigos chegarem com os filhos. Em pouco tempo, comecei a sentir dores muito fortes acompanhadas de um sangramento. Lembro que a única coisa que me vinha à mente era o desejo de correr para o hospital e ver se o bebê estava bem. Assim que eles chegaram, deixamos Pedro com a Ana e corremos para lá.

> *Que bom que tivemos estes amigos tão queridos por perto, eles foram fundamentais para enfrentarmos tudo o que vivemos nos dias, semanas e meses seguintes. Foram nosso apoio e fortaleza.*

Eu estava com treze semanas e, mesmo com todos os exames apontando para um desenvolvimento normal do bebê, algo estava muito errado. Fomos o caminho todo orando e buscando cada fagulha de fé e esperança em nós. Não queríamos acreditar no que estava acontecendo. Realmente pensava que seria incapaz de superar mais uma perda.

Fui atendida rapidamente e encaminhada para uma ecografia de emergência. Enquanto o médico projetava a imagem na tela e buscava os batimentos cardíacos do bebê, eu olhava para o Alison e sentia a força com que segurava a minha mão naquele momento. Mas o tão esperado barulho não veio. Não ouvimos os batimentos do seu coraçãozinho e nenhum outro som. Nada. Envoltos no silêncio profundo e ensurdecedor da sala de ultrassom, perdíamos mais um bebê. Não havia batimentos e nem palavras para expressar o que estávamos vivendo. Ali, naquela sala de ultrassom, sentimos o mundo parar por alguns instantes.

Sem ar e totalmente atônitos, choramos enquanto o médico desligava o aparelho. Sem conseguir olhar nos nossos olhos, disse sentir muito e saiu para buscar o encaminhamento de internação para curetagem[55]. Alison me abraçou em silêncio. Enquanto aguardávamos no corredor de um hospital que nunca imaginávamos estar, eu me sentia lançada de forma abrupta em outra realidade. Encarar a dor e a perda de mais um bebê era... surreal. Não conseguia acreditar no que estava acontecendo.

O procedimento médico correu conforme o esperado e tive alta no dia seguinte. A dor física não era nada se comparada à emocional. Realmente pensava que não suportaria sentir tanta dor. Muitos pensamentos me vinham à mente enquanto me despedia do meu bebê e da mãe que eu seria com ele.

Pedro seguia bem na companhia dos nossos amigos (sou tão grata por esta amizade!). Logo que chegamos ao hotel, contamos para ele o que havia acontecido e juntos lamentamos e choramos.

Foi de fato uma experiência difícil e hoje vejo como fomos fortalecidos por tudo o que aconteceu. Pedro tem um coração tão sensível e empático... Eu o admiro demais e o vi amadurecer muito com tudo pelo que passamos como família.

Esperamos alguns dias até eu poder retornar para Curitiba. É claro que o ocorrido transformou de forma muito intensa todos os planos que vieram depois. Com esta perda, uma ferida profunda se abriu em meu coração. Era uma mistura de tristeza, angústia e dúvidas difíceis de encarar. Neste processo todo, tentei não questionar a Deus, pois, partindo do que acredito, sabia que Ele também não queria isso para mim. Um dia de cada vez e com esperança em dias melhores, Alison e eu seguimos juntos. Ele nunca soltou a minha mão.

Apesar de não ser o foco deste livro, a minha história com a maternidade passa por estas duas perdas. Me tornei a pessoa e a mãe que sou em função de tudo o que vivi com meus dois filhos que não vieram ao mundo. Como disse, sei que eles cumpriram seu propósito e nos tornaram melhores, mais resilientes e mais sensíveis como pessoas e como família.

---

[55] Procedimento médico que consiste na raspagem do útero com a cureta (instrumento parecido com uma colher) para retirar o bebê e evitar complicações à saúde da mãe.

Nossa fé foi fortalecida e nossa empatia também. Apesar da dor e do luto, agradecia diariamente por estar bem e por ter Alison e Pedro ao meu lado.

Mesmo com – e apesar de – duas gestações interrompidas, eu sabia que seria mãe novamente. Estranho, né? Mas era o que eu sentia. A maternidade pulsava em mim e havia muito amor e espaço para mais um filho, fosse ele gerado em minha barriga ou não, já que também falávamos sobre possibilidades de adoção.

Após algumas semanas, iniciamos um check-up médico e uma busca intensa por especialistas e geneticistas. Precisávamos saber se o ocorrido havia sido um acidente ou se havia algo no meu corpo que impedia novas gestações. A resposta demorou dois longos anos para aparecer.

Depois de muitos exames e consultas com diferentes especialistas, recebemos o diagnóstico: meu organismo produzia uma substância que, por alguma razão, agia como um coagulante, não permitindo que o sangue e os nutrientes chegassem ao bebê. Com este diagnóstico, era finalmente possível tentar engravidar novamente, porém com grandes chances de ser uma gestação de risco. Caso eu engravidasse, precisaria tomar anticoagulantes — via oral ou injeções — e torcer para meu organismo se adaptar e dar tudo certo.

Isso tudo mexeu muito conosco. Passamos por um período de muita reflexão, tristeza e, principalmente, culpa. Voltamos para a terapia e nos apoiamos em nossa fé, intensificando a nossa participação na igreja, ações que nos ajudaram muito neste período. Repensamos alguns hábitos e nossa forma de viver. Passamos a nos cuidar mais e a desacelerar algumas ambições e planos que tínhamos.

> *Sem saber, fizemos tudo que era necessário naquele momento, pois descobri mais tarde que essa substância era produzida diante de situações de muito estresse. E aqui fiz uma reflexão muito importante sobre o estilo de vida que eu levava e a correria em que vivia.*

Havíamos perdido dois bebês, mas não a fé e a esperança. E, movidos por elas, iniciamos uma jornada para ressignificar toda a dor e luto em algo bom. Alison e eu sabíamos que tudo o que havíamos enfrentado não era ao acaso e sentíamos um grande desejo de transformar toda aquela dor em coisas boas, para nós e para os outros. Assim, foram anos em que buscamos aceitar, perdoar e curar o que havia acontecido. Mais uma vez o Alison não soltou a minha mão. E mais uma vez tivemos pessoas incríveis ao nosso lado.

Durante este tempo, continuei cuidando do Pedro, da minha casa e da minha carreira, onde me sentia realizada e crescendo a cada dia. Foi então que algo surpreendente aconteceu: recebi uma proposta para liderar uma área de desenvolvimento organizacional onde trabalhava. Uma função que sempre sonhei e me preparei para assumir. Amava criar e desenhar programas de treinamento, viabilizar recursos e ações para o desenvolvimento de pessoas e times. Assim, mesmo com um superfrio na barriga diante dos desafios que me aguardavam, aceitei feliz a proposta que prometia um mundo de oportunidades. Por um instante pensei que toda a minha história com o segundo filho ficaria mesmo para depois.

Mas não esperava por uma reviravolta tão emocionante. Apenas uma semana depois de ter recebido a proposta, descobri que estava grávida. Sim, grávida!

Pensei: *"Meu Deus, como podem duas coisas tão importantes e desejadas acontecer ao mesmo tempo?"*. Essa pergunta me tirou o sono e o fôlego em muitos momentos. Me encontrei naquele lugar angustiante novamente, pensando que precisava escolher entre uma delas.

> *Não sei ao certo a resposta, mas sei que tudo realmente tem um propósito em nossa vida. Hoje consigo identificar marcos, tantos momentos importantes na carreira e na vida de mãe que pareceram "chegar ao mesmo tempo". O "e" sempre esteve presente, mesmo eu não o percebendo, mesmo achando racionalmente que eu deveria escolher um OU o outro.*

E escolhi. Diante do sonho de ter outro filho e do medo de perdê-lo novamente, escolhi a maternidade. Decidi que meu foco seria o bebê e declinei da proposta que havia recebido.

Eu acreditava ser impossível conciliar as duas coisas e sabia que a minha prioridade era o bebê, ainda mais estando ciente da possibilidade de uma gestação de risco. Durante uma semana chorei me preparando para renunciar ao que mais queria na minha carreira. Ensaiei o discurso e marquei uma reunião com a minha gestora. Já havia até feito uma lista de pessoas que indicaria para a posição, afinal não queria deixar a empresa "na mão".

Com o discurso ensaiado, lá fui eu para a reunião com a Karen (sim, a coautora deste livro era minha gestora na época!). Estava com tudo pronto para explicar a ela o porquê de eu não aceitar a proposta e mostrar que, de fato, era impossível fazer as duas coisas: ter mais um filho e ainda liderar uma área. Comecei agradecendo pela oportunidade, explicando que não daria conta de liderar uma área com mais um filho a caminho, e, para completar, sugeri alguns nomes capazes de ocupar a posição que eu tanto queria. Estava me sentindo tão insegura, com tantas dúvidas, que realmente acreditei ser o melhor caminho.

Ela ouviu atentamente e, quando terminei de falar, me disse: "Por que você acha que não será possível fazer as duas coisas? Quem te disse isso? Este cargo será assumido por você e estarei aqui para te ajudar a passar por isso da melhor forma!".

Até hoje agradeço por ela não ter deixado eu desistir. Como é importante ter mulheres fortes e empoderadas ao nosso redor. Precisamos de pessoas que nos ajudem a entender as situações por diferentes perspectivas.

> *Em horas como esta, precisamos reconhecer e agradecer pelas pessoas especiais que a vida nos dá. Certamente a Karen é uma delas. Posso dizer, com muita admiração e amor, que, além de minha amiga, ela é uma das maiores lideranças que conheci e com quem tive a chance de trabalhar.*

Sem perceber, eu estava sendo movida pelo medo. Afinal, havia a possibilidade real de ser uma gestação de risco e eu não conseguir trabalhar. Então, sim, eu senti medo. De perder o bebê, de me sentir culpada e de não performar grávida. Era um enorme medo de fracassar. Naquele momento, a minha história estava sendo escrita sem nenhum referencial. Não conhecia nenhuma mulher que houvesse passado por algo parecido, ninguém que tivesse aceitado o desafio de assumir uma equipe estando grávida.

Então, para minha alegria, tive ao meu lado uma mulher forte e encorajadora que me fez as perguntas certas, me apoiou e me incentivou a acreditar ser possível, sim, ser as duas coisas: mãe **e** líder. Uau!

Como não escrever este livro com ela depois de tudo isso?!

Com a Karen, tive a chance de ressignificar o medo que sentia e entendi que não tinha controle e nem conseguiria ter nenhuma garantia. O que eu poderia fazer era me cuidar e tentar, pois contava com o apoio dela e da empresa. E foi o que fiz.

Vivi o primeiro ano como liderança, com o Vicente crescendo dentro de mim. Enquanto todos os desafios e projetos aconteciam, a barriga crescia e eu enjoava. Nesta época, formei um time de pessoas muito talentosas e dedicadas que, além de me apoiarem, fizeram a diferença e entregaram muito resultado.

Em casa, Alison e Pedro me encorajavam e celebravam os avanços e conquistas. No trabalho, contava com a minha supergestora Karen e um time incrível que marcou esta etapa na minha vida com empatia, generosidade e muita cumplicidade. Naquele ano, produzimos muito, atingimos as metas e entregamos valor para o negócio. Fui bem avaliada ao final desse primeiro ciclo e me senti realizada ao constatarem que não só performei como também consegui cumprir com o plano que havíamos desenhado para aquele período.

E a gestação, que poderia ter sido de risco, não foi. Segui de maneira disciplinada (olha o lado bom do controle aí!) um tratamento com medicamentos anticoagulantes. Também aprendi a pôr limites, a dizer "não" e a me cuidar mais. Cuidei da minha saúde e das minhas emoções. E quando o medo se aproximava, eu me apoiava na minha fé!

E por falar em medo... Como sair de licença-maternidade agora, ficar tanto tempo "fora" da organização com todos os desafios e responsabilidades que eu tinha como líder? Pior, como meu time ficaria durante este período?

Sentia uma enorme vontade de parar (aquele cansaço dos nove meses e uma barriga enorme para carregar!) e, ao mesmo tempo, um desejo de seguir com os projetos e planos para a área. Já havia passado por esse antagonismo na gestação do Pedro, por isso achei que não seria afetada. Porém, mesmo entendendo melhor meus sentimentos, ainda me sentia insegura e apreensiva com tudo que viria pela frente.

> *Talvez por serem contextos diferentes, ou pelo fato de cada gestação ser única... O fato é que nunca estaremos 100% preparadas, seja na segunda ou na quinta gestação, pois, assim como o tempo, o contexto e a criança, nós também não somos as mesmas!*

Em um desses dias, onde corria para deixar tudo certo para a minha licença-maternidade, reencontro na empresa um executivo que atendi quando ainda era HRBP[56] da área comercial (uma função anterior a esta de liderança).

Ele era uma liderança sênior, além de ser uma pessoa muito experiente e respeitada na organização. Enquanto trabalhamos juntos, ele me fez analisar as situações por diferentes perspectivas de negócio e também ampliar e calibrar meu olhar sobre a gestão de pessoas – aprendi e cresci muito profissionalmente. Fiquei muito feliz em reencontrá-lo naquele momento!

Logo no início da conversa, ele me perguntou sobre a gestação e como eu estava. Lembro-me de ter dado uma daquelas respostas prontas e superficiais, mas ele percebeu que eu estava preocupada e me perguntou como eu realmente me sentia (como é incrível ter lideranças humanas e maduras nas organizações). De forma natural (natural até demais, eu acho!), acabei compartilhando a minha preocupação com essa nova licença-maternidade. Falei sobre o quanto estava apreensiva com o tempo que passaria fora, em como o time e os projetos ficariam com a minha ausência. Enfim, fui supertransparente e compartilhei o que estava sentindo.

---

[56] *Human Resources Business Partners* (HRBP) é um consultor interno de recursos humanos responsável pelo alinhamento e desdobramento das políticas e práticas da empresa, com foco na estratégia do negócio, na gestão das pessoas e nos resultados das equipes.

Após me ouvir atentamente, ele me perguntou: "Paola, quanto tempo você ficará fora? Seis meses? O que são esses poucos meses comparados à sua trajetória profissional? O que são estes poucos meses comparados ao tempo que ainda terá para conquistar tudo o que deseja profissionalmente? Esses meses fora não farão tanta diferença na sua carreira, mas farão toda a diferença na vida dos seus filhos. A sua carreira está dentro da vida e não o contrário".

Uau, algo mudou na minha forma de pensar naquele instante. Essas reflexões que ele propôs me ajudaram a seguir, confiante de que precisava — e podia — fazer uma nova pausa na minha carreira, desta vez para cuidar do Vicente.

> *E quem diria que esse executivo tão experiente no mundo de negócios me ajudaria a perceber algo tão precioso com relação a maternidade?! Esse momento, essa conversa, foi tão especial que marcou a minha trajetória como mãe e gestora.*

> *O que aprendi com ele me inspirou a seguir, e contribuiu para que eu pudesse estar aqui, inspirando outras mulheres a fazerem o mesmo!*

Três semanas depois desta conversa mais que especial, e com um barrigão de 37 semanas de gestação, Vicente chegou saudável e feliz. Mais um parto normal repleto de acontecimentos especiais. Repleto de desafios e superações, para marcar de fato quem eu era como mãe e me mostrar que eu era capaz de dar conta do que viesse pela frente.

> *A chegada do Vicente me tornou ainda mais forte, confirmou que sou capaz de amar ainda mais, de seguir mais longe e ser tudo aquilo que eu quiser. Ele é a confirmação da minha fé, da minha esperança e persistência!*

Ah, a maternidade... sempre repleta de surpresas. Eu vivia agora o nascimento do Vicente, de forma única e intensa. Sua chegada trouxe mais alegria e amor para nossa casa. Realmente cada filho é único e vivemos a maternidade com cada um deles de uma forma.

E com o segundo filho, passei a experimentar e conhecer como seria a minha "nova vida" de mãe de dois. No começo parece que vai dar tudo errado e aquele tempo que você ainda tinha evapora. E não, não é o mesmo caos. É pior. Mas, calma! A rotina vai se ajeitando e logo tudo fica muito bom com o segundo filho também.

Ah, e sabe aquelas habilidades que aprendemos com a maternidade? Com a chegada do Vicente me vi mais resiliente e corajosa. Não é qualquer coisa que me tira do sério ou me deixa apreensiva no trabalho. Todas as coisas pelas quais passei como mãe me trouxeram tenacidade e me deixaram mais persistente.

Me sinto capaz de cuidar de assuntos mais complexos com mais calma e assertividade, até porque o que é uma reunião tensa de planejamento orçamentário se comparada a uma briga entre irmãos? Esse é o presente que a maternidade nos dá. Através dos filhos, temos a oportunidade de aprender e crescer como pessoas e profissionais. E a cada filho, algo novo e diferente acontece em nós. Um novo processo de autoconhecimento e aprendizado se apresenta, com novas oportunidades e descobertas.

Aprendi a gerir melhor o tempo. As minhas famosas planilhas e calendários nunca foram tão necessários para organizar os compromissos do trabalho com as aulas de futebol e os dias da fruta na escola. Aprendi também a priorizar e dizer "não".

Entendo que não conseguirei fazer tudo de que gostaria e que algumas coisas não acontecerão como imaginei, pelo menos por um tempo, como ir a um curso, ler um livro ou apenas ficar de "pernas para o ar". Sei também que os dias passam muito rápido e, com o crescimento e autonomia deles, o tão esperado tempo para nós mesmas vai voltando. E já tenho vivido isso de novo!

Por fim, quero dizer que é possível ser mãe de dois (ou de mais!) e trabalhar, ter uma carreira bacana e conquistar posições de liderança, se assim você o quiser. E o melhor, sem enlouquecer no processo. É claro que o grau de dificuldade aumenta, e o esforço também. Como num videogame, passamos de uma fase para outra mais desafiadora. Os desafios para conciliar a rotina em casa e no trabalho aumentam. Além de toda a lista de afazeres, agora tenho dois garotinhos me esperando para jogar bola após um longo dia de trabalho. Mas, assim como o cansaço, os beijinhos e o amor também aumentam na mesma proporção.

Por isso, é preciso estar aberta às novas lições e ter humildade para aprender com elas.

Hoje me sinto inteira e realizada como mãe e profissional. Pedro e Vicente crescem vendo sua mãe trabalhar com esforço e alegria. Temos uma ligação muito forte, sou completamente apaixonada por eles e pela história que estamos escrevendo. Quero ser "o lugar seguro", de amor e liberdade para serem quem são. Me esforço todos os dias para que saibam como são amados incondicionalmente e que sou uma pessoa melhor por causa deles. Uma pessoa que acerta **e** erra. Que pede desculpas **e** começa de novo. Quero ser uma mãe real e presente na vida deles, mesmo que não esteja em casa 24 horas por dia. Por isso, me orgulho de vê-los crescer tão perto de mim – física e emocionalmente.

E caso você tenha alguma dúvida, aprendi com o Vicente que — diferentemente do que a gente teme — o amor de mãe não se divide, e sim se multiplica. O amor e a maternidade trazem consigo uma força exponencial, assim como a capacidade de ser mãe, mulher e profissional!

Aprendizados:

· O mito da baixa performance com mais filhos.

O fato é que a complexidade do nosso dia a dia só aumenta com a chegada de outro bebê. E, assim como no amor, não basta somar, tem que multiplicar para ter uma leve dimensão desse impacto na sua vida!

É, sim, mais coisas para administrar, não só as tarefas rotineiras, mas também a gestão das necessidades, desejos e emoções de cada filho. Não dá para tratá-los de forma igual, são "pessoinhas" com vontades, gostos e jeitos de ver a vida bem diferentes. Mas dizer que a sua performance cairá devido a isso, nem pensar!

Temos vários exemplos de lideranças políticas, executivas em grandes corporações, lideranças indígenas, cientistas, ativistas, presidentes de grandes nações que são mães de mais de um filho e conseguem fazer uma boa gestão de carreira. Fácil não é, mas é possível, sim.

• **Como gerir o tempo?**

A melhor administração do tempo é aquela que você consegue fazer. Seja na agenda, *planner*, bloco de anotações, planilha ou agenda do celular. Mas lembre-se de que, neste momento, a rotina passa a ser a sua maior aliada. Mesmo que o caos impere, e por vezes pareça estar em uma maratona ou uma corrida de obstáculos, não desista e recomece.

Parece que não, mas ter uma rotina é a chave para aproveitar melhor o tempo e ter filhos mais equilibrados e saudáveis. Sabe a famosa música "Cotidiano", do Chico Buarque? Pois é, muitas pesquisas comprovaram a importância do "fazer todo dia tudo sempre igual" para o desenvolvimento das emoções e da autoestima das crianças. Isso porque a rotina reduz a ansiedade, traz segurança e cria confiança nelas. Elas sabem o que esperar quando possuem limites claros e horários certos para cada atividade importante. Ter tempo delimitado para as tarefas, como acordar, arrumar os pertences ou brinquedos, estudar, brincar, tomar banho, jantar e dormir é excelente, por mais chato e cansativo que pareça.

A rotina também vai te ajudar a priorizar o que é importante e dizer "não" para o que não é. Vai ajudar a encontrar tempo para você, para aquilo de que gosta e precisa fazer. Pode ser ler um livro, ir à academia, encontrar uma amiga ou simplesmente dormir, mesmo que, para isso, você necessite fechar os olhos para os brinquedos "decorando" a sala ou a louça na pia uma vez ou outra. Aliás, com mais de um filho você verá que seu nível de exigência para limpeza e organização reduzirá rapidamente, e tudo bem!

Mais do que nunca, com mais filhos é importante programar sua semana e até mesmo seus dias, identificando aqueles com mais atividade, suas e das crianças, para — se necessário — dividir com sua aldeia algumas responsabilidades ou deixar alguém de sobreaviso caso perceba o risco de algum contratempo.

Lembre-se: entender que não daremos conta de tudo e que será um eterno jogo de "escolhas e renúncias" para fazer apenas aquilo de que dá conta é uma das maiores lições da maternidade.

- **É possível progredir na carreira com mais filhos?**

É possível performar e entregar grandes resultados no trabalho com mais filhos, sim. No começo parece que vai dar tudo errado, pois tudo fica mais intenso e complexo. Umas das coisas que temos poder e autonomia para fazer é adotar uma gestão de tempo que funcione.

Para as outras que acontecem em meio ao caos, é necessário entender que a solução virá com tempo. Ou seja, relaxar e não tentar controlar tudo. Você verá que as coisas se ajeitarão naturalmente. Uma competência que adquiri com o segundo filho foi ser mais flexível e menos intransigente com os controles. A rotina e a gestão do tempo servem para te organizar e não te escravizar, ok?

Além disso, aprendi a pedir ajuda e entendi que este é um ato de coragem e autocuidado. Já foi o tempo em que pedir ajuda era fraqueza ou sinônimo de fracasso. Compartilhando tarefas ou atividades, me sinto mais forte e com mais espaço para seguir desempenhando outros papéis. Também aprendi a confiar mais nas pessoas e nos processos, tanto na minha vida pessoal quanto na empresa, e você também pode. Mas lembre-se de que elas farão o melhor possível do jeito delas, e não do seu, então esteja aberta ao diálogo, a fazer combinados e ser mais flexível. O perfeito é aquilo que você pode fazer de melhor na situação em que se encontra, e não um ideal das redes sociais.

- **A carreira está dentro da vida e não o contrário.**

O maior aprendizado com o segundo filho é este lema que compartilho com você. Algo óbvio, mas que só aprendi na minha segunda gestação: o principal está do lado de fora dos muros da empresa. A vida pessoal é a grande precursora de tudo, o grande norte a nos guiar. A carreira é "mais um" dos complementos da nossa vida, bem importante, mas não mais que a nossa saúde e a dos nossos filhos. Ter consciência disso a cada dia nos ajuda a deixar a "conta" em um tamanho justo e a encarar todas as adversidades que aparecem no caminho de forma mais leve. Sabe o que é mais legal disso tudo? Conseguir desfrutar desses momentos, por mais difíceis que pareçam, encarando-os como aprendizado e evolução!

Aprendizados

13

O que nos impulsiona?

*Deixar expectativas utópicas para trás,
descobrir o que faz bem e cuidar mais de si*

Ao ler a nossa jornada até aqui, você pôde acompanhar as nossas experiências, dores e amores. Pôde entender um pouquinho do que aprendemos e como nos transformamos com — e graças a — tudo o que vivemos.

Acontece que, entre uma experiência e outra (melhor dizendo, entre um "perrengue" e outro), descobrimos alguns aspectos que atuam como impulsionadores e outros como bloqueadores da nossa vida.

Por isso, este e o próximo capítulo são tão especiais e importantes para nós. Eles são dedicados a esses *insights*[57] que tivemos. Uma verdadeira coletânea de experiências e aprendizados que nos fizeram amadurecer e nos ajudaram a seguir diferentes, mais leves e conscientes. Alguns são baseados em nossas próprias tentativas, erros e acertos. Outros, aprendidos graças ao compartilhar generoso de mães e profissionais que nos inspiraram e ensinaram ao longo desse caminho.

---

[57] Instante em que conseguimos compreender algo até então oculto, graças a uma clareza súbita dos elementos, forças e relações envolvidos na situação.

Então, em vez de pesquisas, estudos ou dados estatísticos, queremos te contar sobre os diferentes impulsionadores e bloqueadores de vida que descobrimos. Acreditamos que, assim como aconteceu conosco, conhecê-los melhor te ajudará a expandir sua forma de pensar nas diferentes oportunidades, dificuldades e desafios em sua vida. E, quem sabe, facilitará alguns caminhos na sua jornada, te ajudando a evoluir como mãe e profissional.

O efeito gangorra

Passamos muito tempo de nossa vida buscando o equilíbrio: equilíbrio em nosso corpo, pensamentos, emoções e até nos relacionamentos. Mas, principalmente, buscando um equilíbrio entre todos os papéis que desempenhamos (de mãe, filha, amiga, profissional, amante). Seja de forma romântica, idealizada ou até quase que irracional, acreditamos que esse seria o caminho para termos sucesso na vida.

Na verdade, buscamos este equilíbrio quase como um padrão ⊠ muitas vezes inconsciente — para termos a segurança de que estamos dando conta de tudo e de bem com todos. Uau, que sonho. E que utopia!

Como se estar bem o tempo todo fosse algo possível. Quem está sempre bem na vida? E convenhamos que as postagens nas redes sociais não contam. Mas, mesmo que você esteja concordando conosco de forma racional, no fundo da alma desejaria que fosse possível. Certo?

Queremos estar sempre bem no trabalho, atuando em novos projetos e desafios, nos manter atualizadas com o que acontece no mundo, ler todos os livros ou fazer todos os cursos do nosso interesse. Fazer atividades físicas, mesmo que só uma caminhada para ficar em dia com o nosso corpo (magras, de preferência!), com a unha impecável e rotina de *skincare* bem-feitas e o cabelo maravilhoso. Queremos a nossa casa limpa e organizada, tudo no lugar e os filhos saudáveis, lindos e felizes. Que eles sejam sociáveis, tenham bons amigos, pratiquem esportes e tirem boas notas. Desejamos ter uma vida espiritual ativa, participar de ações sociais e ajudar quem precisa. Ter amigos e tempo para namorar. Viajar, aprender um novo idioma e entender de *bitcoins*[58] e do mercado financeiro. Queremos ir à feira de ciências e às apresentações da escola, além de participar em todas as reuniões de pais.

Quantas coisas nós queremos!

E tudo bem... está tudo bem desejar cada uma delas. Podemos e merecemos viver tudo isso. O ponto aqui é: como ter equilíbrio em meio a tantas demandas? Como priorizar tarefas sem deixar de lado todas as nossas necessidades e desejos?

Certamente a busca por atingir essas expectativas tem uma relação direta com a performance e a perfeição. E é graças a este ideal que abrimos espaço para as cobranças internas, comparações e frustrações. Afinal, qual é a mãe que não gostaria de ser chamada de equilibrada?!

Já compartilhamos aqui o quanto isso interferiu nas nossas histórias, gerando sofrimento e dor. E agora te convidamos a refletir se essa busca por equilíbrio também não está prejudicando a sua!

A verdade é que "maternidade" e "equilíbrio" — do jeito que o entendemos — não coexistem e essa busca por uma equação insolúvel tem como resultados a culpa e a frustração. Quantas decepções sentimos quando algo que planejamos ou desejamos simplesmente não acontece? Muitas, não é mesmo?

Com que frequência você se planejou para uma reunião ou um trabalho importante e o seu filho ficou doente? Faltou na academia porque não dormiu na noite anterior ou pagou a mensalidade sem nunca aparecer? Ou já se viu com um milhão de coisas para fazer, a casa naquela bagunça e os filhos só esperando você chegar do trabalho para brincar? E quantas vezes você deu banho, jantar, leu histórias para dormir, recolheu todos os brinquedos espalhados pela casa e, só então, percebeu que não havia ido ao banheiro ou tomado água ao longo do dia?!

Vimos no começo do livro que nós, mulheres, há séculos carregamos essa necessidade de dar conta de tudo, de precisarmos provar que somos

---

[58] *Bitcoin* é uma criptomoeda, um dinheiro digital usado para transações virtuais (pagamentos, recebimentos, trocas e investimentos).

capazes. Acontece que esse "tudo" já é bastante coisa para uma mulher que trabalha. O grau de complexidade só aumenta quando surgem os filhos, o que certamente torna a vida muito mais complicada e trabalhosa se comparada às demandas que tínhamos antes.

Isso porque a maternidade é o lugar máximo das coisas que não controlamos! Ela nos mostra que não importa o planejamento que a gente adote ou o quanto se organize para fazer algo da forma "certa", a vida vai simplesmente ignorar tudo e seguir seu próprio rumo. Várias situações nos vêm à mente enquanto escrevemos isso, muitas delas compartilhadas aqui com você.

Então, por que ninguém nos conta essa parte? Por que tão poucas mulheres falam sobre como se sentem — de verdade — tentando equilibrar tantos "pratos" rodopiando no ar? Será que é porque se sentiriam culpadas se admitissem que não conseguem, que estão esgotadas?

Sabemos que a culpa é uma emoção social. Ela nasce de uma avaliação interna negativa sobre algum comportamento ou resultado considerado insuficiente para os padrões sociais. Então, se é isso que a culpa significa, faz sentido esse silêncio, certo?

Falar sobre isso é o mesmo que assumir o "fracasso", admitir não ter atingido o padrão esperado. Mas não falar sobre isso ajuda? Elimina o medo de serem vistas como mães ruins, ou a sensação de serem fracas, ou insuficientes?

Definitivamente não!

Por isso, mesmo sem falar e, muitas vezes, sozinhas, cada vez mais mulheres continuam encarando estes pratos rodopiando freneticamente.

Nós mesmas passamos anos nessa tentativa desesperada de nos equilibrarmos neste malabarismo utópico.

Como pudemos acreditar que equilibrar igualmente todas as áreas da nossa vida não só é possível como também o esperado de toda mulher?

Quando fazemos um resgate histórico como esse, sobre a evolução da mulher na sociedade, descobrimos como fomos apenas agregando atividades, responsabilidades e estereótipos ao longo do tempo. E o quanto isso foi sendo reforçado por vários meios.

Repare nos últimos filmes, séries ou novelas aos quais você assistiu, ou nas *influencers* que segue nas redes sociais... Perceba como as pessoas multitarefas são exaltadas – as mulheres-polvo, que abraçam tudo e conseguem dar conta de um dia de 36 horas em metade do tempo, ou as supermulheres, que se sacrificam e se anulam, numa reprodução romantizada dos contos de fadas... Estamos constantemente recebendo essas mensagens em que exceções são exaltadas e tidas como modelo, como regra a ser seguida.

E nos comparamos... nos cobramos... Acreditamos que a nossa vida "tem que" ser como um comercial de margarina, em que "devemos" estar sempre bem, bonitas e... equilibradas para sermos felizes. Assim, nos lançamos nesta meta impossível: dar conta de tudo e fazer tudo para todos.

Acontece que entender isso de forma racional é até fácil. Difícil é dizer "não", deixar de fazer, terceirizar... Por isso, mesmo após tanto sofrer e bater a cabeça tentando nos libertar dessa utopia da "multi" ou da "supermulher", não conseguimos. É um problema social, bem mais profundo e repleto de paradigmas. Afinal, estamos vivendo, ou melhor, correndo atrás desse ideal inatingível há quanto tempo?

Porém, queríamos aprender a viver de forma mais leve e com menos culpa pelas escolhas que fazíamos. Poder sentir felicidade por voltar ao trabalho ou buscar os filhos na escola e simplesmente curtir um momento juntos, mesmo com a casa de pernas para o ar.

Depois de muitas conversas com outras mulheres, trocas de experiências e muita terapia, nos convencemos de que não era possível harmonizar "milimetricamente" cada papel, nem manter todas as demandas equilibradas porque, simplesmente, é uma conta que não fecha. Também começamos a observar algumas mulheres e homens que levavam a vida com mais leveza, mesmo tendo múltiplos papéis como nós.

Percebemos que havia um jeito diferente de estar presente nos momentos e nas escolhas que fazemos em nossa vida. Para compartilhar o que aprendemos, vamos usar aqui uma imagem para nos ajudar a entender e colocar em prática.

Até agora, vivemos assim:

Mas descobrimos que a vida pode ser assim:

Isso mesmo. Uma gangorra como a dos parques e praças.

Enquanto a malabarista precisa olhar freneticamente para cima, equilibrando todas as varas para que os pratos não caiam, a gangorra faz um sobe e desce que depende da força e da necessidade. Também te permite parar e, estando em cima, poder contemplar a vista e o que está abaixo, esperando sua vez.

Assim como na brincadeira, também é na vida. Quando vivemos plenamente um papel no "alto", todos os outros estão na base. No momento seguinte os lados se invertem e outro papel passa a ser mais importante naquele momento. É este "sobe e desce" de tarefas e emoções que nos convida a estarmos presentes naquele papel, naquele momento. Não é o movimento frenético dos pratos que tentamos equilibrar no ar. Não somos malabaristas. Somos mães que vivem uma vida real, com altos e baixos, num subir e descer alternado, que nos mostra a prioridade e foco que devemos ter em cada momento.

É justamente quando não aproveitamos a possibilidade de estarmos inteiras em cada papel, quando insistimos em fazer manobras mirabolantes para dar conta de tudo ao mesmo tempo, que os pratos quebram e a nossa vida vira um caos.

Quer ver? Você já tentou trabalhar quando estava sozinha com uma (ou mais) criança pequena ao seu lado? Se sim, certamente ficou maluca tentando terminar o que precisava com várias interrupções, chamados ou "acidentes". A criança quer, precisa de você e vai demandar a sua atenção total. Você pode até conseguir fazer uma reunião urgente ou resolver um problema rápido, mas a energia que vai consumir para que isso aconteça é enorme. Quando tentamos fazer as duas coisas simultaneamente, há uma sobrecarga física e também a emocional – gerando estresse em você, na criança e em quem mais estiver ao redor.

Precisamos ter consciência de que a nossa vida é uma jornada de altos e baixos. E precisamos, principalmente, entender que "estar embaixo" não quer dizer algo ruim ou negativo. Só conseguimos ter foco e nos dedicar a um papel quando estamos presentes de corpo e alma!

O que isso significa na prática? Se cheguei em casa e tenho "só" meia hora para brincar com meu filho, vou estar totalmente focada nele, sem celular, sem conversas paralelas, "aqui e agora sou inteira dele". Mando embora as lembranças do que não fiz, ignoro o alerta de mensagens, deixo para depois a anotação do que lembrei de fazer... Esta presença, o tal do estar inteira nesse momento, é isto: conseguir focar somente naquilo que estiver fazendo, porque no momento é a tarefa que está no alto. Sem ficar preocupada ou ansiosa, pois sabe que logo ela abaixa e outra subirá. Basta organizar a ordem das tarefas na brincadeira para que todas possam ter sua vez de subir...

Teremos momentos em que o foco é o trabalho. Um novo desafio, função, ou um simples pico de atividades. E em outros, os filhos serão a prioridade, seja porque estão doentes, passando por alguma dificuldade, ou porque queremos participar mais ativamente de uma fase do seu desenvolvimento. Então, dedicaremos tempo para a nossa saúde, estudos ou para aprender algo novo. Depois, passaremos mais tempo namorando ou curtindo nossas amizades. Cada coisa em seu tempo, com um tempo para cada coisa, assim seguimos neste "sobe e desce".

É entendendo e respeitando a atividade da "vez" que mantemos a nossa atenção e aproveitamos para criar memórias. E a memória, responsável por nossas preciosas lembranças, só é armazenada quando estamos presentes para podermos registrá-las.

Mas já avisamos que isso não é tarefa fácil. Nada fácil. Exige muita força de vontade e persistência. Porque estamos "viciadas" e somos constantemente bombardeadas para voltarmos a equilibrar pratos. Tanto que tentamos equilibrar até a gangorra!

Mas, assim como o brinquedo, na gangorra da vida conseguimos ficar apenas por alguns instantes equilibrando duas tarefas no alto (e como cansa!). Logo ela vai pender para algum lado, e tudo bem ser assim. Esse é o movimento da vida e do "não controle" das coisas. A gangorra é isto: um pêndulo, um constante ir e vir.

Acreditamos muito que, desta forma, podemos viver de maneira intencional, tendo mais qualidade em todas as nossas relações, inclusive com os filhos. Conhecer o que pensam, o que sentem e o que estão vivendo em cada etapa do seu desenvolvimento. Fortalecer vínculos e criar memórias. Assim, garantimos que estejam bem – física e emocionalmente. Isso é cuidado e amor. E demanda tempo e inteireza[59].

Aceitar que estamos em uma gangorra pode nos libertar de muitos pesos e cobranças desnecessárias. Quando desapegamos dessa visão "romantizada", conseguimos escolher de forma mais consciente o que fazer e como utilizar o nosso tempo ao longo do dia. Quando entendemos que precisamos estar realmente presentes na atividade ou momento que

---

[59] Qualidade ou estado do que é inteiro. Segundo Eliana Maria do Sacramento Soares, inteireza é um "estado de consciência que permite olhar para si com legitimidade e presença a fim de estar com o outro, em convivência e transformação mútua".

está em alta nossa gangorra, podemos viver com menos cobrança, mais leveza e felicidade os nossos papéis. Sentimos que estamos inteiras e fazendo bem aquilo que escolhemos fazer (em vez de nos sentirmos divididas ou sendo puxadas para todos os lados). Percebemos que somos capazes de fazer conexões profundas com os nossos filhos, famílias e equipes. E serão estes os momentos que ficarão na nossa história e na vida das pessoas.

Enfim, lembra-se daquela cobrança para equilibrar mil pratos?

Desejamos sinceramente que você possa refletir e trocar o malabarismo pela gangorra! Torcemos para estar inteira e presente nos "altos e baixos", pois acreditamos que você dará a sua melhor contribuição dessa forma e passará a viver mais leve e feliz em cada um dos seus papéis.

O que te abastece?

Nós, seres humanos, temos o "dom" de amar, em suas mais diferentes formas de expressão: na relação com os filhos, pais, parceiros e pessoas do trabalho. Sempre admiramos pessoas que conseguem fazer isso de forma despretensiosa — sem esperar nada em troca.

Na nossa trajetória tivemos o privilégio de conviver com mulheres incríveis que foram verdadeiros referenciais de amor e cuidado. Citamos em outro capítulo a Vó Terezinha, avó materna da Paola, nascida e criada em uma cidade pequena do interior. Mesmo nascida em uma família com poucas condições e sendo criada no sítio, estudou e se tornou professora. Trabalhava e ainda cuidava da casa e dos filhos em uma época em que era considerado normal não ter nenhum apoio dos maridos para essas tarefas, em que a maioria das mulheres exercia múltiplos papéis de maneira solitária e nada igualitária em casa, e sem nenhum reconhecimento por isso.

Ela foi uma mulher forte e inteligente em todos os sentidos. Enfrentou muitas situações difíceis, dores e perdas significativas ao longo da vida.

Enfrentou muitas dificuldades no casamento, perdeu uma filha (nenhuma mãe deveria ter esta experiência!) e precisou cuidar das finanças após o falecimento do marido. Em todos os momentos, ela cuidou das pessoas ao seu redor. Cuidou dos filhos, da casa e dos alunos da escola onde lecionava.

Depois que os filhos cresceram, se dedicou àqueles que mais precisavam nas ruas e nas ONGs. Hoje, com 92 anos, ainda cuida dos seus irmãos, netas e bisnetos. Tudo isso sem pretensão ou holofote nenhum, apenas com amor genuíno e satisfação por ver o outro bem.

O que fez a Vó Terezinha viver bem e feliz por tantos anos?

Basta conversar cinco minutos com ela para você descobrir que a sua real motivação, a sua razão para seguir e ver sentido na vida, é poder ajudar. Ser capaz de ajudar as pessoas é o que enche o seu tanque de combustível!

Porém, o combustível da Vó Terezinha talvez não seja o mesmo que seu!

Qual é o seu combustível? O que te energiza para dar conta do recado e continuar organizando as atividades na fila da gangorra?

Para te ajudar nessa reflexão, vamos dar mais um exemplo.

Quando o Pedro nasceu, Paola nos contou que nos primeiros dias não queria sair do lado dele nem para dormir. Segundo ela, "era tanto amor que chegava a doer", lembra?

Foi neste momento que o Emílio (pai da Paola) disse para o Alison: "Cuide da Paola e a ajude a se cuidar. Todos vão querer cuidar do Pedro, mas precisamos cuidar dela. **Se ela estiver bem, Pedro ficará bem!**".

Uau, era isso!

Ele sabia que, se a Paola estivesse bem, estaria bem para cuidar do Pedro. Certamente isso nos ensinou e definiu o que acreditamos sobre cuidarmos uns dos outros. Mas o grande ponto que queremos abordar aqui é:

E você?

Quem cuida de você? Você cuida de você?

Quem convive com a Paola já a ouviu falar sobre o "tanque de combustível" que todos nós temos. É um tanque subjetivo, porém muito importante que carregamos dentro de nós. Quando não abastecemos este tanque, "pifamos". Sem combustível, dá pane no sistema e nada funciona, certo? Não é possível andar com o tanque vazio sem causar graves prejuízos. E isso serve tanto para os carros como para nós, seres humanos.

Assim, para estar bem, é importante conhecer o que te abastece — autoconhecimento — e saber com qual frequência precisa abastecer — autocuidado.

Algumas pessoas se abastecem praticando um esporte, correndo, se exercitando. Outras precisam descansar, dormir, meditar ou ficar em silêncio. Há quem tenha como combustível a jardinagem, a escrita, o origami ou outro passatempo que acalme sua mente, organize seus pensamentos e dê sentido à sua vida. Outras ainda necessitam estar em contato com pessoas ⊠ conversar, rir, se relacionar para se reabastecer. E aqui podemos nos lembrar da Vó Terezinha, que se abastece ajudando as pessoas, servindo e inspirando os outros com seu amor e doação!

Não importa qual seja o seu combustível, muito menos se ele é considerado "útil", se gera ou não valor para o outro (aliás, isso é o que menos importa). O importante é você se conhecer e se abastecer daquilo que te dá energia, vigor e motivação para seguir. Só assim estará bem para viver bem e cuidar de quem ama.

É a história da máscara de oxigênio do avião, lembra? É preciso colocar a sua primeiro para garantir que conseguirá ajudar o outro a colocar também.

Há muitas mulheres andando com o tanque na reserva ou até mesmo vazio por aí. Vemos isso acontecendo no trabalho, com mulheres da nossa família e amigas. Por tentarem fazer tudo e resolver tantas questões em diferentes papéis, sem separarem um tempo para si, por insistirem cuidar de tudo sem estarem bem para isso, acabam adoecendo.

E aqui precisamos te dizer algo: isso não tem como funcionar.

Nós também já "rodamos" bastante por aí sem abastecer, sem combustível, dando o que muitas vezes nem tínhamos para dar. Como consequência, além do cansaço e da exaustão, culpamos os outros por não cuidarem de nós e ficamos frustradas quando não valorizaram o nosso esforço e dedicação.

Por muitos anos protelamos comer melhor, fazer exercícios físicos e criar uma "agenda" de autocuidado para priorizar os outros. Mas estamos mudando. Afinal, se somos ótimas em conseguir tempo para as tarefas da casa, do relacionamento e do trabalho, como não conseguimos a mesma proeza quando se trata de nós? Por isso, hoje o nosso desafio está em criar "espaços" na agenda para o nosso autocuidado, para suprir as nossas necessidades e desejos pessoais também.

Tudo isso ainda é bem recente por aqui e demanda esforço, autoconsciência e constância.

E você, tem criado momentos para se "abastecer"? Para cuidar de você antes de cuidar dos outros?

Por favor, conheça o que te abastece e descubra qual a frequência com que precisa se abastecer. Faça isso por você. Não espere "sobrar" um tempo, porque isso não vai acontecer. É preciso fazer acontecer de maneira intencional.

Pode não parecer, mas somos nós que decidimos o que fazer com o tempo que temos todos os dias!

Então, escolha fazer algo por você todo santo dia, mesmo que seja passar um creme no rosto, fazer a unha ou cuidar da sua alimentação. Comece com coisas pequenas, simples de encaixar na rotina. Então, com o tempo, vá avançando. Permita-se encontrar aquela amiga com quem você não conversa há muito tempo ou, simplesmente, assistir a um filme/ler um livro que tanto quer e nunca consegue. **Abasteça o seu tanque e vá muito mais longe.**

Sem ser tão eficiente. Sem dar conta de tudo. Respeitando seus limites e vivendo com mais saúde e alegria.

A aldeia

"Cadê a mãe dessa criança?"

Assim como nós, você também já deve ter ouvido essa frase. Ela é geralmente dita quando uma criança se machuca, apronta algo ou precisa de cuidados. E, sim, é atribuída à mãe, pois está implícita na frase de quem é a responsabilidade pelos atos e cuidados com ela.

E, como crescemos em sociedade, foi nesse exato lugar que aprendemos a estar como mães: responsáveis integrais pela vida da nossa criança.

Com esta "verdade", nos moldamos a pensar que ninguém mais pode suprir as necessidades dos nossos filhos a não ser nós mesmas. Mas como assumir essa enorme responsabilidade que é dar conta da vida inteira de outro ser humano sozinha?

Como viver essa maternidade tão solitária, se ela, por si só, já é um dos temas mais sensíveis e desafiadores na vida de uma mulher?

Ficamos perdidas diante de tantos dilemas que surgem com a maternidade. Tão confusas em meio às inúmeras opiniões, julgamentos e comparações (usar ou não chupeta, amamentar em livre demanda ou no horário recomendado, cama compartilhada ou berço, e por aí vai).

E, mesmo assim, aceitamos esse lugar de únicas responsáveis por tudo e nos esquecemos de algo tão fundamental na nossa formação como seres humanos: que somos seres sociais e que não fazemos nada grandioso sozinhos.

Foi durante as pesquisas para este livro que tivemos um dos maiores insights da nossa vida. Ficamos perplexas e profundamente tocadas diante de um provérbio africano que diz: **"É preciso uma aldeia inteira para criar uma criança".** Este provérbio se originou na Nigéria e ganhou novas versões em diversos países deste continente.

Lá, as crianças passam longos períodos com avós, tios e tias. É assim também em muitas tribos indígenas. Em algumas cidades do interior, ainda é possível encontrar este senso de responsabilidade coletiva por suas crianças.

Infelizmente, o conceito de comunidade e aldeia foi se perdendo e as mães, se tornando cada vez mais solitárias. Por conta dessa solidão, dessa falta de compartilhar, a maternidade passou a impor padrões, culpas, pesos e comparações.

Passamos os primeiros anos como mães tentando controlar tudo e relutando em pedir ajuda. Afinal, isso seria a confirmação do nosso fracasso, o atestado de incapacidade em cuidar de uma criança. E como sofremos com isso!

Já que precisávamos dar conta de tudo sozinhas, saímos em busca de nos tornarmos supermulheres, supermães. Sentíamos a necessidade de estar em todos os lugares, garantindo um desenvolvimento e uma educação perfeita para os nossos filhos.

Claro que nem sempre foi assim, e algumas situações (às vezes da pior forma!) nos fizeram reconhecer o quanto precisávamos da ajuda daqueles que podiam dividir essa experiência de criar e educar uma criança. Com o tempo, fomos percebendo que não temos controle sobre a vida, sobre os filhos, e passamos a entender melhor a importância da ajuda e de uma rede de apoio.

Hoje temos a sorte de compartilhar um espaço social e emocional de criação dos filhos com outras pessoas — mulheres da nossa família, vizinhos, amigos e igreja: a nossa aldeia. E não somente porque precisamos de ajuda para trabalhar, mas porque compartilhamos dos mesmos valores e sentimentos que eles.

Nestes últimos anos temos recebido diversos convites para compartilhar as nossas histórias como mães e profissionais. E temos aceitado todos os que podemos. Sabe por quê? Porque entendemos que existe algo poderoso na troca, no ouvir e no compartilhar.

E foram nesses encontros que conhecemos muitas mulheres que tristemente desistiram dos seus sonhos, incluindo a maternidade. Por não terem uma rede de apoio, e por se sentirem sozinhas demais para ter um filho, desistiram de ser mães. Outras nos contaram que, por estarem cansadas, esgotadas, tomaram decisões das quais se arrependeram mais tarde. Decisões tomadas sozinhas, sem alguém com quem pudessem conversar e compartilhar.

Todas elas tinham algo em comum: ausência de uma rede de apoio, privadas de uma aldeia que servisse de acalento e proteção.

Atualmente, tem crescido o movimento de mães-solo e famílias que têm retornado a este modelo de criação "em aldeia". Este modelo que prevê apoio, troca e entendimento de que precisamos um dos outros para crescer e viver bem. Precisamos uns dos outros para educar nossos filhos como cidadãos do mundo.

Pedir ajuda é um ato de coragem. Fazer parte de uma aldeia é expressão de coragem. É um exercício de dividir, compartilhar, trocar e confiar. Quando pedimos ajuda, estamos sendo corajosas em expor nossa vulnerabilidade, nossas limitações e ausências. E por mais que você tenha aprendido que isso tudo deveria ficar bem escondido das outras pessoas, queremos te dizer que é o contrário. Já dizia Paulo Freire:

> *"Ninguém ignora tudo. Ninguém sabe tudo. Todos nós sabemos alguma coisa. Todos nós ignoramos alguma coisa. Por isso aprendemos sempre."*

Você não precisa ter ou saber todas as respostas, nem sofrer sozinha com as suas dificuldades. Você pode construir a sua própria aldeia[60]. E ela pode ser composta por amigas, vizinhas e até mesmo pessoas que você nunca imaginou, como mães da escola ou grupos virtuais de maternidade.

A mensagem mais importante que queremos deixar é:

A responsabilidade envolvida na criação e desenvolvimento de um ser humano não é só da mãe, só do pai ou dos parentes, mas de toda a sua família, comunidade e da sociedade. É uma responsabilidade compartilhada, com base em relacionamento, confiança, comprometimento e colaboração. E é um direito protegido por lei!

---

[60] Veja as dicas preciosas que a Paola dá no fim do capítulo 11!

Artigo 227. É dever da família, da sociedade e do Estado assegurar à criança, ao adolescente e ao jovem, com absoluta prioridade, o direito à vida, à saúde, à alimentação, à educação, ao lazer, à profissionalização, à cultura, à dignidade, ao respeito, à liberdade e a convivência familiar e comunitária, além de colocá-los a salvo de toda forma de negligência, discriminação, exploração, violência, crueldade e opressão.

Assim, não queira fazer tudo sozinha ou sentir-se responsável única e exclusivamente pela criação de um filho. Lembre-se: **é preciso uma aldeia inteira para cuidar de uma criança!**

Maternar: papel da mãe, certo?

Para responder a essa pergunta, vamos pedir a ajuda de Carl Gustav Jung novamente. Lembra que conversamos sobre os arquétipos, inclusive o da Grande Mãe, e falamos sobre o inconsciente coletivo?

Então, esse mesmo pensador, em seu livro *Os Arquétipos e o Inconsciente*, fala sobre o "complexo materno", adquirido pelas filhas ao verem suas mães exercendo a maternidade. Assim como os demais, o arquétipo do "complexo materno" é um padrão inconsciente de pensamentos, comportamentos e emoções passados de geração à geração pela relação filial.

Segundo Jung, quando desde a tenra infância a filha convive com uma mulher que se anula e anula seus outros papéis numa doação exacerbada à cria, pode ativar esse arcabouço inconsciente de forma desequilibrada. Traduzindo: passa a compreender a maternidade de forma distorcida.

Numa atrofia[61] desse complexo, pode haver uma diminuição ou enfraquecimento dos aspectos femininos, querendo eliminar ou anular esse lado. Já na hipertrofia[62], a menina pode crescer acreditando que a principal meta da sua vida (e de toda mulher) é procriar. Logo, o seu in-

---

[61] Atrofia é um termo usado para apontar a parada ou redução no desenvolvimento de algo, ou de alguma parte do corpo.
[62] Hipertrofia refere-se ao desenvolvimento ou crescimento excessivo de algo, seja em tamanho ou em complexidade.

vestimento de tempo e energia estará focado nisso, em vez de estar no desenvolvimento de suas inúmeras habilidades além da materna.

Veja como a reprodução secular da imagem dessa mulher que se sacrifica e se anula pela cria pode gerar um desequilíbrio na personalidade das crianças, no entendimento do que é a feminilidade e no desejo — ou não — de maternar.

Se já parece ruim, imagine quando esse desequilíbrio faz com que a mulher delegue ao homem um papel secundário. Passa a percebê-lo apenas como um instrumento de procriação e não como um parceiro. Ele perde a oportunidade de ter alguém para compartilhar as alegrias e tristezas da criação dos filhos e da relação.

Pode ser que você esteja discordando, pensando que isso não passa de bobagem psicológica, ou ainda achando uma "viagem" sem sentido. Mas...

Quantas vezes achamos um absurdo quando ouvimos que "instinto materno" não existe? Ou nos chocamos ao ouvir que uma mulher não gosta de criança e jamais pensaria em ter filhos? E quantas vezes você viu uma mulher, ou até você mesma, recusando ajuda do parceiro, alegando que ele não saberia trocar fralda direito ou não conseguiria cuidar/fazer como você (mesmo sabendo das vezes em que também colocou a fralda errada)?

Ah, e atire a primeira pedra quem nunca concordou ao ouvir um "homem não leva jeito pra cuidar de criança".

Aliás, essa afirmação está tão presente no nosso complexo materno que, durante o desenvolvimento deste livro, alguém perguntou à Karen: "Fale mais sobre o lado materno que veio do seu pai. Mas você quis dizer da sua mãe, não?".

Karen cresceu em um lar onde o "lado maternal" era vivido pelo seu pai. Um homem com sentimentos à flor da pele (para o bem e para o mal!). Ele valorizava as emoções e era intenso na sua forma de sentir a vida. Isso não o fazia um homem menor ou fraco — ao contrário, era uma pessoa forte, corajosa e destemida. Ele era muito empático com os sentimentos dos filhos, bem como com os seus desejos, vontades e sonhos. A alegria de suas manhãs era fazer vitamina para os filhos (Karen e seu irmão Wilian), depois de acordar cheio de alegria, pelo simples fato de estar vivo!

Ele era tão forte e seguro de si que não precisava explicar isso a ninguém. Não se sentia inferior por fazer e viver esse papel maternal, cuidar dos filhos e zelar por eles.

Foi por esses dias, em uma palestra da Maiara Liberato[63], que aprendemos mais sobre o quanto os homens sofrem, atacam e se posicionam diante do patriarcado opressor.

Homens e mulheres viveram, por séculos, replicando comportamentos em forma de manada, como repetição de uma cultura herdada, instaurada. E não podemos ser levianas e pensar que só um lado sofreu. Houve perdas e ganhos, vitórias e derrotas para ambos os lados!

Maiara propõe uma revolução do masculino e não uma exclusão dele. Uma evolução do maternar e da vulnerabilidade que existe em cada homem.

> *O que faz as pessoas perderem a cabeça? As suas emoções descontroladas, as suas dores reprimidas e não trabalhadas que acabam virando dor, revolta interna e eclodem. Precisamos lançar luz sobre o sofrimento silencioso — emocional e existencial — que os homens enfrentam e auxiliá-los a darem conta dessa instância tão importante quanto relegada!*
>
> *A maioria dos homens não tem experiência nessa área. Eles precisam de suporte para lidar com as suas emoções e se permitirem vivenciar a afetividade, tão imprescindível ao nosso bem-estar.*
>
> *Maiara Liberato*

Homens foram criados para serem fortes, não sentirem medo, não chorarem. A sociedade os educou para não demonstrarem afeto ou outras

---

[63] Maiara Liberato é palestrante, pesquisadora em gênero e fundadora da empresa Cabeça de Homem, onde fala de maneira carinhosa e empática sobre ser homem e a masculinidade em nossa sociedade.

emoções. Por séculos essa repressão, essa rigidez, a necessidade de estar sempre forte foram trazendo peso e dor. Quanta "casca" precisou ser criada, quanta armadura — sempre atentos e prontos para o confronto, para entrarem em combate.

Mas hoje não precisamos mais disso. Homens e mulheres podem largar as armaduras e deixar a emoção fluir. Livres para amar, serem amados e, principalmente, expressarem esse amor!

Segundo Brené Brown, a vulnerabilidade é a porta para as demais emoções:

> *Vulnerabilidade não é uma fraqueza, mas sim a melhor definição de coragem. Ela não é algo bom ou ruim, ela é o centro de todas as emoções e sensações. Quando estamos vulneráveis, o amor nasce, a alegria, a aceitação, coragem e empatia também.*
>
> *Brené Brown – A coragem de ser imperfeito*

Escutamos de várias amigas próximas sobre o quanto sentem-se fatigadas, cansadas e exaustas emocionalmente por não conseguirem incluir os homens neste papel de cuidado e afeto. Reclamam de não receberem ajuda e de sentirem-se sozinhas neste papel.

Será que eles não participam ou somos nós, mães, que não permitimos a entrada dos homens neste papel? Fazemos isso por conta da rigidez e do perfeccionismo. Queremos, muitas vezes, as coisas somente de um jeito: o nosso. Olha o complexo materno aí!

A consequência disso é o que falamos anteriormente, mães exaustas física e emocionalmente e pais tolhidos de experimentarem os sentimentos que a paternidade traz.

Para que o outro entre, é necessário liberar espaço. É preciso deixar que o pai troque fralda, dê banho nas crianças, arrume o cabelo das filhas e escolha a roupa para o aniversário. Talvez o penteado não seja tão perfeito ou tão incrível, mas o momento que viverão juntos ficará para sempre em suas memórias.

Precisamos permitir — e incentivar — que os homens também cuidem e *maternem*.

Quando a Marina, filha da Karen, era pequena, o Eduardo a levava para a escola alguns dias da semana. Um dia, assim que Karen chegou para buscá-la, a secretária da escola a recebeu rindo: "Karen, eu reconheço de longe quando é o Eduardo que está trazendo a Marina para a escola, pois as "marias-chiquinhas" sempre vêm uma para cima e a outra para baixo".

Esta experiência marcou a vida da Marina e do Eduardo de forma muito especial. Que oportunidade linda ele poder cuidar, pentear e arrumar o cabelo da Marina. Ter esse momento para conversar, fortalecer o vínculo e criar memórias com ela. Com toda certeza o que menos importou nesta história foi o alinhamento das "marias-chiquinhas"!

Precisamos entender que o outro dará o seu melhor na tarefa de cuidar e amar. Às vezes a roupa não vai combinar, as presilhas de cabelo serão uma de cada cor. E tudo bem ser assim.

> *Quantas saudades e emoção sentimos ao nos lembrar de tantos momentos em que Alison e Eduardo puderam cuidar e amar. E isso aconteceu do jeito deles, não do nosso.*

É só assim, na convivência, que um aprende com o outro e ambos evoluem. A consequência disso são famílias que compartilham os papéis, colaboram entre si e geram filhos mais seguros e confiantes. Famílias que podem experimentar o cuidado e o amor também através do pai. Com isso, todos ganham.

Vemos também o quanto o papel atribuído à mulher é distorcido. Passando bem longe do maternar. Somos criadas em ambientes onde a menina brinca com boneca e, estressada, dá bronca nos "filhos". Onde as brincadeiras têm um personagem indefeso e a ser salvo, a mocinha, e o super-herói que salva o dia é sempre um homem.

Graças a esses diálogos sobre maternidade real e masculinidade tóxica, a própria indústria cinematográfica vem investindo em personagens que representam esse novo "lugar" de ser e viver o feminino e o masculino nas relações. No filme infantil *Os Incríveis II*, é a mãe que embarca em uma missão para "salvar o mundo", enquanto o Senhor Incrível cuida da casa e dos filhos. Os estúdios de cinema e animação estão oferecendo contextos e configurações familiares mais atuais, refletindo o movimento que tem ocorrido na vida "real".

Realmente acreditamos na inclusão dos pais na criação dos filhos. Pai não "ajuda". Pai faz a parte dele ao participar ativamente do processo de criação e educação dos filhos. Sabemos que, quando isso acontece, as mães também passam a ter mais tempo para elas.

> *E se não há a figura paterna, ainda assim não devemos achar que somos as únicas responsáveis por cuidar. Lembra-se da aldeia? É necessária uma aldeia inteira para cuidar de uma criança!*

E já vemos tantos pais assim por perto... Wilian, irmão da Karen, é superexemplo disso: presente, amoroso, sensível e cuidadoso. Colegas da empresa onde trabalhamos, já estão saindo mais cedo do trabalho para levar os filhos ao médico, tomar vacina ou buscá-los na escola.

Maternar é muito bom. E exercer essa função sozinha quando podemos contar com os pais é egoísmo. Podemos e devemos dividir, incluir. Estabelecer parceria com aqueles que estão ao nosso lado na criação dos filhos. Por isso, sugerimos uma parceria: às vezes teremos mais repertório, às vezes serão os pais (ou quem exerce com você esta função de cuidar).

Assim, poderíamos, então, chamar essa habilidade de *paternar*?

Pode ser que a resposta seja "sim", porém, mais do que a resposta, queremos deixar aqui um convite para reflexão:

Você é capaz de reconhecer pessoas que, com atitudes, tarefas e conversas, proveem alguma criança de alimento, afeto e proteção, sendo um porto seguro, uma âncora e, ao mesmo tempo, força de propulsão?

Nós não sabemos tudo. Queremos somente o melhor para as nossas crianças, pois através das próximas gerações, formada por seres humanos melhores, construiremos um mundo melhor para todos. E, para isso, precisamos do pai, da mãe e daqueles que forem cuidar e amar nossos filhos — maternando e paternando juntos.

14

O que nos bloqueia?

*Além da sociedade patriarcal, temos ainda
as síndromes que nos rodeiam*

Durante a nossa vida somos marcadas por alguns acontecimentos. Muitas vezes eles se tornam forças propulsoras; em outras, bloqueadoras do nosso potencial. Mas sabe o que ambas as forças têm em comum?

Elas interferem diretamente em como pensamos, sentimos e agimos.

Crescemos recebendo incentivos e elogios de nossos pais, avós, amigos e outras pessoas importantes em nossa vida. Essas experiências reforçaram positivamente muitos de nossos comportamentos e decisões.

Outras vezes, recebemos estímulos contrários, desencorajando ou até proibindo atitudes e decisões, tentando nos mostrar que seria muito difícil realizar nossos sonhos ou viver o que queríamos, mostrando sempre o lado ruim das situações e até reforçando os nossos medos, inseguranças e limitações.

Vivemos expostas a diversas comparações diárias nas redes sociais, chegando a um ponto em que, se não fizermos uma boa gestão interna do que vemos, acreditamos que todos são perfeitos, com exceção de nós.

Uma verdadeira fonte de problemas/resíduos tóxicos/distúrbios para a nossa saúde mental!

Dedicamos um capítulo inteiro para falar da evolução da mulher e seu papel ao longo do tempo, justamente porque tudo ainda é muito recente em nossa sociedade atual. Você pôde ver o quanto tivemos que lutar para sermos consideradas "cidadãs", como ainda não somos iguais e, de forma inconsciente, como limitamos os nossos avanços e conquistas em diferentes papéis das nossas vidas.

Então, pensando em tudo o que vimos e aprendemos até aqui, adotamos um conceito chamado "mochilas da vida". Pense em uma mochila que está sempre com a gente, em que guardamos as nossas experiências, as referências daqueles que nos criaram, as lembranças dos famosos "joelhos ralados" e dos feitos que conquistamos. Em resumo, é toda a bagagem que carregamos na vida e acaba se refletindo em nossos comportamentos.

Todas temos essa mochila, com coisas boas e outras nem tanto. Ao longo da vida, temos a oportunidade de manter algumas dessas coisas e descartar outras, geralmente por meio de um exercício de aprendizado contínuo, desapego e autodesenvolvimento.

Muitos dos nossos bloqueios acontecem por meios externos (alguém que nos julga incapaz de algo ou uma fala que nos paralisa). Mas, como vimos em capítulos anteriores, muitas dessas limitações também podem ser internas, como ecos do inconsciente coletivo, ou resultado de experiências vividas, que geraram medos ou crenças limitantes. Alguns desses pensamentos são tão fortes e poderosos que se firmam absolutos em nossa mente, impedindo-nos de viver plenamente.

Um bom recurso para combatê-los é o conhecimento. Saber que eles existem e como funcionam nos ajuda a reconhecê-los. Assim, conseguimos perceber como, e o quanto, estamos sendo afetadas por eles.

Como são vários os limitadores que insistem em aparecer e ganhar espaço dentro de nós, escolhemos compartilhar os quatro mais comuns, que consideramos verdadeiros bloqueadores para quem deseja seguir nessa dupla jornada de carreira e maternidade. Porém, saiba que podem ter muitos mais por aí.

1. Síndrome da Impostora

Acreditamos que seja um dos bloqueadores mais conhecidos, pois vem sendo amplamente estudado e debatido nos consultórios e empresas mundo afora. Um estudo realizado pela KPMG, organização global em prestação de serviços, apontou que 75% das executivas pesquisadas relataram ter experimentado a Síndrome[64] da Impostora em algum momento da carreira[65].

O termo Síndrome da Impostora surgiu pela primeira vez em um artigo publicado em 1978 pelas psicólogas Pauline Clance e Suzanne Imes[66] da Universidade do Estado da Geórgia. Elas estudaram um grupo de 150 mulheres que, mesmo sendo bem-sucedidas, sentiam-se uma fraude.

Essa síndrome afeta principalmente as mulheres, sendo caracterizada pela falta de confiança, medo do sucesso, medo do fracasso e comportamentos de autossabotagem.

Esse "combo" de sentimentos e reações é mais facilmente observado quando estamos diante de algo novo ou desafiador. Pensamentos de que não daremos conta de lidar com determinada situação invadem a nossa mente e, dessa forma, nem ao menos tentamos. Se enfrentamos esse medo e conseguimos nos sair bem, acabamos atribuindo o nosso êxito à sorte. Podemos ainda ficar com uma estranha sensação de que "enganamos bem" ou que a "concorrência estava baixa".

Para ficar mais claro o quanto temos internalizada essa sensação de estarmos sempre "devendo", sempre precisando provar que podemos e merecemos estar onde estamos, vou citar Rafa Brites, em seu livro *Síndrome da Impostora – Por que nunca nos achamos boas o suficiente?*:

---

[64] Síndrome é um conjunto de sintomas característicos de uma doença ou de uma condição específica.
[65] Estudo "Acelerando o Futuro das Mulheres nos Negócios - The 2020 KPMG Women's Leadership Summit Report".
[66] Clance, P. R.; Imes, S. A. (1978). *The imposter phenomenon in high achieving women: dynamics and therapeutic intervention*.

> *"Você já teve aquela sensação de que nunca é boa o suficiente? De que precisa estudar mais? Trabalhar mais? Malhar mais? E que, se não fizer isso, a qualquer momento perceberão que você é uma farsa? Durante muito tempo me senti exatamente assim. Achei que estava sozinha até saber que a Michelle Obama, e Michelle Pfeiffer e a Michele estagiária sofriam da mesma coisa. Gente, será que eu sou a única Rafa sofrendo esse problema de Micheles, ou será que tem mais mulheres como eu?"*

Com certeza, em algum momento da sua vida, você já passou por algo semelhante, já sentiu algo assim. E nós também. Mesmo com todas as nossas conquistas profissionais e pessoais, nos colocamos por diversas vezes nessa condição psíquica, social e emocional, em que nos consideramos incapazes de ser uma boa mãe e progredir na carreira simultaneamente.

A antiga diretora do Facebook, Sheryl Sandenberg, executiva, mãe de dois filhos e extremamente admirada por suas excelentes entregas profissionais, comentou algo muito relevante em seu livro *Faça Acontecer – Mulheres, trabalho e a vontade de liderar*: "Ainda há dias em que acordo com a sensação de ser uma fraude; não estou certa de que deva estar onde estou".

Ou seja, acontece com muitas mulheres, mais do que imaginamos, mesmo aquelas nos maiores cargos executivos. E, cuidado, pode estar acontecendo com a gente ao longo da semana ou mesmo do dia.

É aquele pensamento que aparece e nos impede de fazer algo. Aquele "foi pura sorte" ou "até parece que eu vou conseguir", como uma barreira interna que temos e que nos trava. Essa síndrome nos bloqueia usando nossos medos, sejam eles imaginários ou reais. Provoca uma sensação de fraude, de que um dia descobrirão que não sabemos tudo, que não somos tão boas quanto pensam, e, então, seremos finalmente desmascaradas.

Mas o mais louco de tudo isso é: ninguém sabe tudo! Nem homens, nem mulheres! Somos todos eternos aprendizes. Então, por que morremos de medo de assumir que estamos sempre aprendendo?

Outro exemplo disso ocorre de forma frequente em processos seletivos. Quando nós, mulheres, procuramos uma oportunidade de emprego, geralmente não nos candidatamos à vaga se não preenchermos toda a enorme lista de pré-requisitos solicitada. Mesmo que tenhamos grande parte desses atributos, ainda não nos sentimos preparadas para a posição.

Já quando um homem vê o mesmo edital, e percebe que tem, pelo menos, uns 40% dos atributos requeridos, ele pensa "Uau, essa vaga foi feita para mim!" e automaticamente se candidata.

E sabe o que é pior? Muitas vezes consegue a vaga, por um simples fator: ele acredita que pode dar conta do recado, mesmo que ainda não possua todos os atributos, pois confia que pode correr atrás e conquistá-los com a "bola em jogo".

A diferença neste exemplo está na forma como processamos as informações ou os acontecimentos durante as nossas trajetórias profissionais.

Quando um homem não é aprovado em um processo seletivo, ele consegue fazer um balanço entre o que falta nele enquanto conhecimento técnico e habilidades comportamentais. Em vez de generalizar, ele tenta entender mais objetivamente os pontos faltantes. As mulheres tendem ao processo de generalização. Nos impactamos emocionalmente com a negativa, não paramos para reconhecer se foi um ponto ou outro que faltou e que podemos desenvolver para o futuro. Em vez disso, generalizamos o resultado e concluímos que não estamos prontas ou não somos boas o suficiente. Para completar, a cereja do bolo: saímos com a certeza de que somos mesmo um fracasso e nunca ocuparemos posições maiores ou mais desafiadoras.

A Síndrome da Impostora pode nos levar a padrões de comportamento repetitivos na carreira:

1. Autocobrança em excesso:

O receio de ter as conquistas questionadas e a necessidade de se sentir ou se provar merecedora fazem com que a pessoa exagere na autocobrança. Na tentativa de não dar margem para questionamentos de sua competência ou "revelar" a sua incapacidade, se lança num esforço excessivo para que tudo fique perfeito. Com isso, geralmente gasta mais tempo e esforço do que o necessário, além de gerar altos níveis de ansiedade e estresse.

2. Procrastinação:

Diferentemente dos outros transtornos ou distúrbios, em que a tarefa é adiada para gerar a adrenalina do "se superar no último instante", quem se sente impostora geralmente o faz para evitar a verdade ou para comprovar a "sua" verdade.

Quando se trata das suas demandas e interesses pessoais, o medo de descobrir o que "aconteceria se" a impede de se candidatar à vaga dos sonhos, se inscrever para o curso desejado, ou deixar para depois o projeto que tanto quer realizar... Se afunda em trabalho para justificar o "não conseguir". Afinal, se não fizer, não descobrirá se seria um sucesso ou um fracasso, certo? Não saber é seguro, protege da desilusão, do medo e, principalmente, do julgamento.

Se a tarefa está atrelada às cobranças externas, é deixar o relatório para a última hora, entregar o trabalho com atraso, não ir atrás das informações a tempo... São todos movimentos que põem em risco a qualidade da entrega, a confiança na execução, e, consequentemente, confirmam a sua suposição de que é incapaz, não merece estar ali ou não é boa o suficiente. Uma forma de acabar com o estresse, se "desmascarar", revelando a impostora que realmente é. Talvez seja isso que os psicólogos chamam de "profecia autorrealizadora".

3. Comparação com os demais:

A comparação potencializa e retroalimenta a síndrome. Quem se sente impostora está sempre se comparando com alguém, raramente consigo mesma. Não consegue comparar-se com quem era um tempo atrás, observar e valorizar o quanto evoluiu. Ela se compara com os demais, observa e admira suas características, confirmando serem mais capacitados e merecedores que ela. Então, o chicote afiado da autocrítica a lança em busca de uma perfeição que nunca atingirá.

2. Síndrome da Shining Star

Era uma vez uma criança que cresceu em uma família em que se prezava muito ser o exemplo de boa menina à sociedade. Isso implicava estudar muito, tirar notas acima da média e ser o destaque da turma.

Tinha ainda que falar mais de um idioma, ser sempre bem-educada nas rodas de família, comer de boca fechada e não falar palavrões. Além disso, sua caligrafia era linda e sua letra, redonda e perfeita. Suas roupas e cabelos deveriam estar sempre impecáveis. Era o protótipo ideal da menina brilhante e exemplar!

Essa história retrata a figura de uma verdadeira princesinha. É possível até imaginá-la com laço de fita na cabeça e sapatinhos brilhantes, certo?

Porém, quantas mulheres não carregam em suas mochilas da vida comportamentos e expectativas iguais a esses? Quantas não foram criadas em ambientes de extrema cobrança pela perfeição?

Pois é, muitas de nós vieram de famílias que tiveram dificuldades até mesmo para completar seus estudos e passaram para seus filhos e filhas os valores que prezavam: estudo e educação.

Até aí, tudo bem, pois eles nos desejam sempre o melhor. Queriam nos dar estudo para que pudéssemos ter condições melhores que as deles. Estudo que nos possibilitaria desenvolver carreiras em grandes corporações, e que pudéssemos ir ainda mais longe, transpor fronteiras e ocupar cargos até mesmo em outros países.

Desejavam, ainda, nos proporcionar segurança financeira, atrelada à estabilidade de emprego, nos estimulando a estudar para concursos públicos e, dessa forma, não dependermos de um homem ou qualquer outra pessoa para viver bem.

Não os condenamos, pelo contrário. Acreditamos que nos deram o melhor que podiam naquele momento, dentro de suas condições e repertórios de vida. O problema é que, com isso, muitas meninas cresceram nessa bolha da cobrança pela perfeição, por estarem sempre buscando o destaque, o brilho, a aprovação do "público", chegando ao ponto de, inclusive, desenvolverem a chamada "Síndrome da *Shining Star*", a estrela brilhante.

Nessa síndrome, por acreditar que nasceu para brilhar, a pessoa cresce exigindo de si e dos outros um alto nível de entrega e perfeição. A cultura do erro é desconsiderada, afinal errar está fora de cogitação. E, como consequência, desenvolve-se a vergonha exacerbada e a dificuldade de exercitar a criatividade e a inovação.

O motivo disso é simples: inovar demanda riscos, tentativas e erros até se chegar a uma boa execução da ideia. Se aprendemos a obedecer e a seguir um padrão rígido, desejado e idealizado, como podemos arriscar errar?

Sabe aquela mulher organizada, controlada (e controladora...), metódica? Já imaginamos quantas delas te vieram à mente.

É isso, o perfeccionismo nada mais é do que um tipo de comportamento de proteção. Realizar todas as tarefas sem erro, com resultados satisfatórios e dentro do padrão esperado, traz alívio e segurança. Por isso o acerto, o método e o controle são tão desejados.

Mas o que acontece com essa pessoa quando se torna mãe? Quando as inúmeras necessidades do bebê se somam às demandas profissionais, trazendo o caos e o descontrole? Afinal, não há mulher que, ao menos no início — e por mais ajuda que tenha —, consiga dar conta de tudo.

Porém, o medo de perder o brilho, a dificuldade de entender que continua tendo valor e sendo especial mesmo se "falhar" a impede de permitir-se. Permitir-se errar e, dessa maneira, descobrir novos caminhos, soluções e aprendizados. Afinal, não existe o andar de bicicleta sem ao menos um tombo, um ralado de perna ou cotovelo. É com esses machucados que vem o equilíbrio para, então, ter o manejo perfeito das marchas, e até poder arriscar algumas manobras.

Quando aprendemos que não precisamos brilhar e que podemos ser perfeitas em nossa imperfeição, passamos a valorizar os aprendizados que as cicatrizes nos deram. Entendemos serem os tombos que nos tornam mulheres, mães e profissionais muito melhores e mais humanas, e conseguimos uma vida mais leve, repleta de experiências e significado.

A vida é assim, cheia de oscilações, de altos e baixos. Só aprende quem erra. Não tem outra fórmula para o aprendizado.

Então, brilhar a nossa estrela é, muitas vezes, deixá-la se apagar por alguns instantes. Permitir que nossa luz se enfraqueça para que volte a brilhar ainda mais forte e vívida em outros momentos ou papéis.

Nos permitirmos e não nos cobrarmos tanto... esses são os antídotos da Síndrome da *Shining Star*!

3. A Síndrome da Abelha-Rainha

Todas sabemos que os ambientes de trabalho nos desenvolvem, talvez até mais que uma universidade ou curso técnico. Ali, na "vida como ela é", somos pessoas trabalhando para conseguir um êxito comum (o sucesso da empresa ou instituição) e o êxito individual, sendo que a soma dos êxitos individuais garante o almejado êxito comum, por meio de resultados fantásticos.

Bem, na teoria é isso, mas a realidade pode ser bem diferente...

Geralmente, o que observamos em muitas empresas é algo chamado de incivilidade no ambiente de trabalho, ou seja, uma série de comportamentos desrespeitosos, como conduta discriminatória, intimidação, abuso de poder e assédio, além de outros mais "leves", como sarcasmo, falta de educação ou de consideração com demandas e prazos de outros profissionais ou setores. Segundo os pesquisadores Pauline Schilpzand, Irene E. de Pater e Amir Erez[67], essa incivilidade "é um comportamento custoso e generalizado no local de trabalho, com importantes consequências negativas ao nível afetivo, cognitivo e comportamental para os seus alvos, as testemunhas e seus autores".

Como já vimos, a liderança dos ambientes organizacionais ainda é majoritariamente masculina. Logo, os estudos sobre incivilidade no trabalho comprovaram o que nós já sabemos na pele há tempos: as mulheres são mais vítimas desses comportamentos nocivos do que os homens.

Porém, ao investigar a origem dessa causa, um grupo de pesquisadores americanos descobriu que parte desses comportamentos é proveniente das próprias mulheres. Especialmente as que estão em cargos de liderança.

Tal resultado já havia sido identificado por outro grupo de pesquisadores[68] em 1973 e batizado como a "Síndrome da Abelha-Rainha", uma série de comportamentos competitivos e mais rudes de mulheres em cargos de liderança, principalmente em relação a outras de cargos ou posições inferiores.

Naquela época, as mulheres precisavam adotar uma "casca mais grossa" se quisessem se destacar e obter uma posição melhor. Lembre-se de que lutavam de forma injusta e absolutamente desigual. E, como a concorrência era grande e a aceitação de mulheres nos cargos de liderança era mínima, basicamente outra mulher era uma ameaça à manutenção da sua posição. Assim, ser mais dura, crítica, exigente e até agressiva com as demais era uma forma de autopreservação em um ambiente hostil.

Como vimos ao longo desta jornada, desde a década de 1970 para cá muita coisa já melhorou, porém a síndrome ficou. Até porque, além de o ambiente empresarial ainda ser incivilizado, a cultura social persiste em reforçar a rivalidade feminina.

Cerca de alguns anos atrás, quando iniciamos uma jornada de equidade de gênero em uma das empresas que atuamos, convidamos uma consultoria especializada para nos ensinar mais sobre dados de mercado, estatísticas, vieses inconscientes e motivos pelos quais as mulheres não se aplicavam para as vagas que tínhamos.

---

[67] Estudo "Workplace incivility: A review of the literature and agenda for future research", publicado em 2016 no Journal of Organizational Behavior.
[68] Artigo "The queen bee syndrome", publicado por G. Staines, C. Tavris, T. Jayaratne, em 1974.

Começamos esse trabalho com o nível mais alto da empresa, a diretoria e os *heads* de cada área de negócio. Nesse comitê de executivos, tínhamos até um número equivalente de homens e mulheres, e, para a nossa surpresa, foram elas que mais se opuseram a esse tipo de ação!

Uma vez acordado que precisávamos abordar essa temática como fonte estratégica para a sustentabilidade do negócio, combinamos que todos participaríamos das sessões de desenvolvimento, nos colocando como aprendizes nessa jornada.

"Baixadas a guarda" e a resistência de alguns membros, iniciamos dois dias de *workshop*[69] com essa consultoria, trazendo exemplos de resistências, dicas de como praticar atividades mais inclusivas por parte do RH e da alta liderança da empresa.

Mas o momento de maior efeito ocorreu quando as consultoras trouxeram o tema sobre a Síndrome da Abelha-Rainha e o efeito negativo que ela causava na produtividade nas organizações.

As quatro executivas que participaram saíram do workshop com olhos arregalados, caladas e muito pensativas. Todas nos procuraram após o evento para relatarem que durante a carreira haviam agido daquela forma, sem demonstrar muita empatia com as demais mulheres, esperando que todas sobrevivessem a tudo que elas viveram, pois o pensamento delas era: "se eu consegui, você também pode".

> *Aqui é importante reforçar que elas agiam como abelhas-rainha, mas sem terem a mínima consciência de que agiam dessa forma. Outras ainda enxergavam as demais mulheres pelo prisma da sua experiência pessoal, numa perspectiva de igualdade e não de equidade*[70].

Não é porque conseguimos algo que todas são capazes de conseguir. Não é porque optei por uma licença-maternidade de três meses que as demais também devem optar. Todo ponto de vista é a vista de um único ponto.

---

[69] Workshop é um treinamento de curta duração, em que as pessoas aprendem técnicas, habilidades, ou saberes sobre um determinado tema de forma mais prática e dinâmica.
[70] A igualdade é baseada no princípio da universalidade, ou seja, todos devem ter os mesmos direitos e deveres, o que nos leva a tratá-los da mesma forma. Na equidade, todos têm os mesmos direitos e deveres, porém possuem diferenças e necessidades individuais que precisam ser consideradas para serem tratados de forma justa.

Após o entendimento sobre essa síndrome, as quatro executivas ficaram mais unidas e se envolveram em ações para ajudar outras mulheres a alavancarem melhores resultados em suas carreiras. Estavam dando algo que nunca receberam. Se voluntariaram como mentoras, passaram a contar sobre suas carreiras, seus erros e acertos. Tornaram-se fonte de apoio e inspiração.

E assim, com uma ação de diálogo, conhecimento e ampliação do nível de consciência, foi possível gerar engajamento e construir um lugar de fala para estas mulheres. Elas entenderam haver um papel importante a ser desempenhado, em que poderiam contribuir significativamente na construção da carreira de outras mulheres. Passaram a praticar a sororidade[71] de forma espontânea e genuína. Elas puderam entender seus funcionamentos, muitas vezes inconscientes e, por isso, automáticos. Foi uma oportunidade incrível de autoconhecimento que permitiu deixar vivo dentro delas o verdadeiro desejo de colaborar.

Compartilhamos essa experiência para mostrar como uma simples abertura de espaço para diálogos sobre este e outros temas sensíveis contribui significativamente para a saúde do ambiente e construção de relações mais transparentes, empáticas e humanas.

4. As comparações com vidas não reais

Ah, a maternidade...

Como é linda, mágica, enriquecedora e....

Cansativa, caótica, desgastante, enlouquecedora!

Somos bombardeadas com uma maternidade romantizada.

Muito do que vemos, lemos ou escutamos apresenta vidas perfeitas, com mães lindas, que logo no segundo mês do puerpério já perderam

---

[71] Sororidade é a união entre as mulheres, baseada na empatia, respeito e irmandade. Então, praticar a sororidade também é parar de sustentar ideias que incitam a rivalidade do gênero feminino.

todos os seis quilos adquiridos durante a gravidez e voltaram a ter suas barrigas "chapadas".

Calma, aqui contém boa dose de ironia, pois conseguir controlar o peso durante a gravidez e ainda perder tão rápido é praticamente uma matemática impossível!

Mas, voltando às vidas perfeitas....

Pais másculos, competentes, pacientes, totalmente dedicados ao provento da família e cheios de atenção e amor para dar. Aqueles que chegam em casa depois de uma jornada intensa de trabalho perfumados, com a camisa ainda passada, e vão para a cozinha preparar o jantar.

Cuidado. Esses personagens de novelas, séries e redes sociais são surreais e utópicos.

No mundo real, em todos os endereços ao redor do mundo, existe a vida como ela é: alegria, tristeza, choro, cansaço, decepção, felicidade, mau-humor, celulite, calvície e sobrepeso. Enfim, uma infinidade de sentimentos, tipos físicos e relações afetivas existentes no mundo.

Não é novidade que crescemos admirando a grama do vizinho, desejando viver o que o outro tem e nós não: uma vida perfeita, totalmente equilibrada e feliz.

Porém, se sabemos que isso não é real nem possível, por que mantemos essa eterna comparação com o que vemos nos filmes ou redes sociais? Por que achamos que só a nossa vida não funciona? Ou supomos que as outras pessoas não sofrem ou não possuem problemas?

Por isso, sempre que pensarmos em alguém como superperfeito, precisamos lembrar que todo ser humano na face dessa terra vive a mesma condição humana que vivemos: a imperfeição.

E o que mais espanta na comparação é a questão de gênero implícita: nós, mulheres, somos as primeiras a nos julgar e nos comparar.

Nossa primeira reação instintiva quando algo nos é apresentado é julgar. E fazemos isso com muito mais força quando o tema é maternidade.

Sem propriedade e, muitas vezes, sem conhecimento, estamos com nossas opiniões, críticas e julgamentos a postos. É quase um "instinto" se manifestando automaticamente. O nosso lado sombrio ganhando espaço e burlando o filtro da consciência. Se não estivermos atentas, tecemos comentários e impomos nossa opinião sem nem percebermos.

Para ilustrar melhor esse impulso julgador, vamos compartilhar aqui esse relato da Karen na íntegra:

Como gestora da área de recursos humanos, soube de uma funcionária que estava sendo considerada um potencial talento na organização em que trabalhávamos.

Agendei uma conversa para conhecê-la melhor e entender os planos que possuía para a sua carreira. No primeiro contato que tivemos, ela me contou ter acabado de retornar da licença-maternidade. Eu rapidamente falei: "Nossa, que legal. Deve ter sido tudo de bom!".

Ela retrucou no mesmo instante: "Não, foi horrível. Não via a hora de voltar a trabalhar".

No momento que ouvi isso, era como se eu tivesse levado um soco na boca do estômago, de tão forte que a resposta dela soou. Eu, partindo da minha experiência com a licença-maternidade, vivi momentos incríveis com minha filha. Por isso, aquilo que ela trazia era quase uma ofensa, um ataque direto a um dos meus valores pessoais: a família. Após esse gatilho, conduzi toda a entrevista com um olhar julgador. Então, a considerei fria, calculista e ambiciosa.

Eu só pensava: "Que monstra, meu Deus! Que mãe monstra!". E, a partir daí, vários outros julgamentos vieram automaticamente: "É por isso que existem tantas crianças carentes no mundo!"; "Se achou tão ruim assim, então por que engravidou?", e vários outros, num fluxo de maldade que dominou meus pensamentos...

Ainda bem que a vida se encarrega de nos trazer as verdades!

Depois de um tempo, tive a felicidade de trabalhar com ela em um projeto e acabamos nos aproximando. Foi então que descobri como a licença-maternidade tinha sido um dos períodos mais difíceis de sua vida, devido à depressão pós-parto. Me contou que foram meses de muita culpa e luta para superar a doença. Que voltar ao trabalho significava uma esperança de vida, de que ela ainda era capaz de algo mais. E não significava, de forma nenhuma, que não amasse sua filha. Ela simplesmente adoeceu, como acontece com tantas outras mães no puerpério.

Quando soube disso, me achei horrível por tê-la julgado daquela forma, consegui ter empatia e entender que não é porque a minha licença tinha sido maravilhosa que a das demais mães também seria. Percebi que, por haver reações como as minhas, muitas mulheres se sentem culpadas e envergonhadas, evitando sequer contentar sobre o assunto. Afinal, as dores emocionais e as doenças mentais ainda carregam muitos preconceitos e julgamentos.

Essa cena revela um caso clássico de preconceito.

Lembrando que o preconceito é quando o nosso cérebro usa um conceito prévio (nossas certezas, crenças ou experiências de vida) para avaliar algo que a gente vê ou ouve!

Quisemos trazê-la para mostrar que todos nós temos esse julgamento imediato sobre as coisas. Esse impulso de "sentenciar" algo ou alguém partindo da nossa referência de mundo é muito mais comum do que imaginamos. Afinal, é função do nosso cérebro encontrar sentido para as coisas que vemos e ouvimos. E, como vemos e ouvimos muitas coisas ao longo da vida, ele usa nossas experiências e conhecimentos prévios como atalhos para ser rápido e economizar energia ao mesmo tempo[72].

Agora que sabemos disso, nós podemos prestar mais atenção ao analisar uma situação quando surgir um pensamento acusatório. Então, te convidamos a quebrar esse ciclo do preconceito:

---

[72] Esta economia de energia cerebral é mais bem explicada no capítulo 7, quando falamos sobre os vieses inconscientes.

Ao pensar algo como "isso é errado!" ou "como ela pôde?", antes de dar a sua opinião, reflita se está tomando a rota mais fácil ou avaliando corretamente a situação, incluindo o ponto de vista da pessoa e sua realidade.

Esse pequeno tempo que paramos para pensar, para entender a realidade e o contexto em que a outra pessoa está vivendo nos permite usar dados e fatos diferentes dos nossos para entender o que está acontecendo de forma mais realista e justa.

Veja como essa experiência da Karen revelou o quanto a maternidade não é universal: gestação, licença-maternidade e a criação dos filhos. Se olhamos para as experiências de outras mulheres usando apenas as lentes da nossa verdade, se ouvimos já nos coçando para questionar ou dar respostas antes mesmo de a pessoa terminar de falar, estamos julgando.

Então, se estiver em dúvida se está fazendo isso ou não, repare se as suas perguntas são para — ao ouvir a resposta — pensar e procurar entender ou usá-la para reforçar sua ideia e comprovar que tem razão.

No caso descrito acima, a licença-maternidade foi uma experiência incrível para uma e um pesadelo para outra. Querer voltar ao trabalho torna a segunda mulher uma péssima mãe? Ou a torna uma mãe melhor para seu bebê, pois se dedicar a um papel diferente possibilita que volte para casa mais animada, feliz e realizada, e não cansada e frustrada?

Essa mulher conseguiu dar muito mais àquela criança por respeitar seus limites e manter-se saudável. Ela reconheceu que o trabalho era sua "máscara do avião", o oxigênio que precisava para se reenergizar. Ao trabalhar, ela pôde resgatar a sua individualidade e sentir-se inteira para poder viver o papel de mãe quando chegasse em casa.

Ela poderia ter mentido para ficar bem com o RH da empresa. Dizer que não apreciou a gravidez e a licença ainda é agressivo demais, mesmo para ouvidos menos julgadores.

É sobre isso, sobre nos tornarmos mais reais e mais humanas com — e graças às - nossas imperfeições. Porque, perfeitas, nem as princesas da Disney são mais. Cada vez estão surgindo princesas que lutam, que choram, que trabalham e vão em busca do que acreditam sem esperar por alguma mágica ou príncipe encantado.

Se até a Disney já adaptou o seu conceito de princesa, por que ainda queremos viver no mundo que anula, elimina ou nega as nossas imperfeições?

Por que precisamos tratar todas as pessoas da mesma forma e com o mesmo filtro? Achar que, só porque vivi algo difícil e sobrevivi, as outras também podem, ou devem, passar pelo mesmo e sobreviver também? Sentir e viver da mesma forma, se bobear até com as mesmas soluções?

E saber que os piores julgamentos que sofremos vem das próprias mulheres torna essa realidade ainda mais cruel. Justo nós, que passamos por tantas coisas durante nossa vida, tantos "nãos", tantos desafios e provações. Por isso, devemos ser as primeiras a amparar, dar colo e amor umas às outras!

Precisamos lembrar que a vida nas redes sociais é perfeita porque tem filtro, tem Photoshop e, acima de tudo, não tem nem um milésimo da fração da realidade. A vida não espera pelo fundo bonito, pela luz mais adequada ou pela pose que nos favorece. A vida flui — às vezes como estouro de manada — e raramente podemos controlar os fatores, o enquadramento ou as reações que virão.

Pensar dessa forma nos ajuda, e muito, a desenvolver a empatia. Mas, lembre-se: **o primeiro passo é entender que devemos ser gentis conosco em primeiro lugar!** Sermos as primeiras a acreditar em nossa capacidade de sonhar e alcançar tudo o que queremos.

Sabemos que não é fácil dar conta de tanta coisa, mas, tendo coragem e nos permitindo ser imperfeitas e mais reais, podemos sair do modo "júri, juíza e carrasco" e ser mais gentis e apreciativas conosco e com as outras mulheres.

E como combater tudo isso?

O combate a esses pensamentos bloqueadores e preconceitos é diário e fruto de muito treino para adquirir autoconsciência.

Porém, **o nosso cérebro é capaz de aprender super-rápido.** Então, vamos descobrir como treiná-lo de forma eficiente!

Assim, os pensamentos autossabotadores podem continuar dentro de nós, mas conseguiremos armazená-los em um lugar de mais difícil acesso.

O **autoconhecimento** é uma das chaves de sucesso para combatê-los. Entender como funcionamos, o que aciona esses gatilhos mentais e quais são as nossas crenças limitantes é um excelente exercício para nos conhecermos profundamente.

Quando pensamos sobre isso, imaginamos que precisaríamos de muitas horas de terapia e *feedback*. Mas não existe só esse caminho para o autoconhecimento.

Outro caminho que tem sido muito abordado por especialistas da neurociência é o **conhecimento da nossa regulação emocional.** Regulação emocional é a capacidade que a gente desenvolve para compreender as nossas reações emocionais, seja através da ajuda de profissionais especializados ou através da leitura sobre o assunto.

Um dos livros que trazem esse tema de forma clara e fácil de entender é o *Permissão para Sentir*, de Marc Brackett, PhD, psicólogo e diretor do Centro de Inteligência Emocional de Yale. Nesse livro, o autor nos ensina que sentir é humano e, portanto, não devemos nos culpar pelos nossos sentimentos, ou tentar evitá-los, mas podemos aprender a gerenciá-los.

Marc comenta que parar de sentir é como parar de pensar ou de respirar: algo impossível. Mesmo assim, passamos a vida inteira tentando fugir dos nossos sentimentos, negando ou escondendo o que sentimos até de nós mesmos. O problema é que, quanto mais os ignoramos, mais fortes eles ficam.

Sendo assim, ele apresenta algumas técnicas que nos ajudam a identificar nossas emoções. A que mais gostamos e queremos compartilhar com você é a RULER, um acrônimo para *Recognize - Understand - Label - Express - Regulate*:

RECOGNIZE	UNDERSTAND	LABEL	EXPRESS	REGULATE
Reconhecer as emoções de si e de outros.	Compreender as causas e consequências das emoções.	Rotular as emoções com um vocabulário específico e rico.	Expressar as emoções de acordo com as normas culturais e contextos sociais.	Regular as emoções com estratégias eficazes.

Fonte: ThePhysicalEducator.com

Não são etapas fáceis de aplicar, mas totalmente possíveis de serem integradas ao nosso repertório interno. Com treino, podemos substituir aquelas nossas respostas automáticas julgadoras ou limitantes por outras mais saudáveis. Seremos capazes de **R**econhecer o que sentimos, **E**ntender o porquê de estarmos sentindo isso, **R**otular adequadamente a emoção para, então, **E**xpressá-la de forma assertiva. Um processo que auxilia na **R**egulação das nossas emoções de forma mais saudável e eficiente.

Esse processo de análise das nossas emoções pode começar com o que Marc chamou de "metamomento", ou seja, aqueles segundinhos que temos antes de agir – por exemplo, se estamos diante de um choro intenso que entendemos como "birra" ou uma ação desafiadora da criança, mas, antes de gritar ou já repreender, nós conseguimos parar, respirar e perguntar: "O que estou sentindo?". Esse curto espaço entre a ação da criança e a reação é um metamomento.

É nessa fração de segundo, em que paramos para pensar — em vez de reagir —, que podemos aplicar o método RULER e, assim, agir de forma mais consciente e assertiva.

Esse pequeno, mas muito precioso, tempo entre ser afetada por uma situação e reagir a ela nos ajuda a regular a nossa emoção e aumentar a nossa inteligência emocional. Lembrando que regular uma emoção não é deixar de senti-la, muito menos expressá-la de forma descontrolada. É conseguir acolhê-la e redimensioná-la para ocupar o tamanho certo em nossa vida.

É um fato: se consigo entender minhas emoções, consigo entender com mais facilidade as emoções dos outros, inclusive dos filhos. Se com autoconhecimento posso ter mais empatia, investir nisso garante que todos ganham nessa equação.

Autoconhecimento e autocuidado são a melhor forma de colaborarmos para uma vida social com menos sofrimento e mais entendimento.

Outro exercício muito bacana para combatermos nossos bloqueadores são os **diálogos construtivos**. Diálogos construtivos são conversas que podemos ter com pessoas de confiança, em que abrimos os nossos sentimentos de dúvida e medo e pedimos para que elas pensem e nos ajudem a entender o quanto eles são reais, possíveis de acontecer ou apenas pensamentos que estão nos impedindo de agir ou decidir sobre algo.

Dialogar sobre os nossos medos e vieses inconscientes é um excelente exercício de reflexão, pois, geralmente, quando falamos, nos escutamos. Com isso, identificamos mais facilmente os bloqueios e preconceitos que habitam a nossa mente e, assim, podemos desenvolver repertório para superá-los. Acredite, isso é um alívio, uma linda luz no fim do túnel que podemos seguir sem o risco de ser um trem vindo em alta velocidade.

Mas, de novo, o primeiro passo é nos permitir sentir o que sentimos e legitimar esses sentimentos. Termos consciência de que os medos, barreiras e preconceitos são mais comuns do que imaginamos e que é possível desafiá-los, bem como que eles não são eliminados. Por mais que os "deletemos", ficam armazenados na pastinha da "lixeira", onde sofremos o risco de acessá-los novamente. E fique atenta: para nossa sorte ou azar, geralmente isso acontece nos momentos mais decisivos ou de êxito em nossa vida.

No livro *Mais Forte do que Nunca — Caia, levante-se e tente outra vez*, Brené Brown fala:

"Não podemos ser corajosos no mundo sem ter ao menos um espaço seguro para elaborar nossos medos e nossas quedas."

Pegue a sua mochila da vida e analise cada coisa que está lá dentro. Faça um exercício de valorizar conquistas, qualidades e pessoas que te trazem essa segurança. Delete alguns padrões, certezas e até pessoas que pesam, te limitam e te impedem de ir mais longe. Então, libere espaço para novos comportamentos, novas pessoas e aventuras.

Ao eliminar excessos e ter consigo apenas o que realmente importa, você descobrirá que pode ir muito mais longe nessa jornada.

Até porque o nosso "MBA da maternidade" não acaba aqui, ele representa só o primeiro ciclo. Ainda há tantos outros pela frente, como a adolescência, o sair do ninho, a chegada dos netos... Cada ciclo com seus desafios, habilidades e descobertas correspondentes. Nós nunca estaremos formadas, nunca dominaremos todas as fases ou seremos "mestras" em alguma delas. Mas podemos estar abertas e com espaço livre na mochila para aprender, para evoluir ao longo do caminho.

A maternidade, assim como a vida, é um fluxo contínuo de aprendizado e evolução. Sempre há algo para aprendermos, para nos desenvolvermos e sermos melhores para nossos filhos. Mas, esse *lifelong learning* da maternidade não precisa e nem deve ser solitário. Podemos aprender com as experiências umas das outras. Assim como nós, você também pode compartilhar com outras mães as suas experiências, emoções e expectativas sempre que possível. Acreditamos ser na comunhão que aprendemos, aliviando o peso e nutrindo de força e sabedoria a nós mesmas e as mulheres ao nosso redor.

Este livro tem a missão de te mostrar que existem caminhos possíveis, que você pode conhecer e se cercar de pessoas com quem poderá contar.

Esperamos que ele contribua para o seu autoconhecimento e evolução pessoal.

Por último, temos um pedido e um convite: **tenha a sua aldeia e seja parte da aldeia de alguém.**

Viva a maternidade real, seja verdadeira consigo mesma, acolhendo e respeitando seus sentimentos e limites, mas também sendo suporte e impulsionadora de outras mulheres para que, juntas, possamos irmos muito mais longe!

Reflexões Finais

15

Conclusões e aprendizados

A maternidade como impulsionadora da vida e de nossas carreiras

Por Karen Wasman e Paola Jagher

Durante a escrita deste livro, nos sentíamos gerando um novo filho. Ele foi desejado, e muito. Foi concebido e, conforme crescia dentro de nós, também fomos nos transformando e nos desenvolvendo enquanto escrevíamos.

Após longos meses de gestação, foi finalmente lançado ao mundo. E, assim como acontece com os filhos, pensar nisso gera alegria, esperança e medo na mesma proporção!

O porquê do livro sempre esteve muito claro para nós duas. O que não tínhamos sequer noção é do quanto aprenderíamos antes, durante e após o seu lançamento.

Desejávamos que ele pudesse ser um legado às mulheres, que elas pudessem usufruir e aprender, seja rindo dos causos, se emocionando com as nossas dores ou mesmo discordando de algumas colocações, pois acreditamos ser desta forma que conseguimos nos identificar, nos diferenciar e até nos transformar lendo uma obra.

Para conseguir que o livro te proporcionasse uma leitura envolvente e, ao mesmo tempo, útil, trabalhamos nessa "gestação" por dois anos. Foram muitos encontros de criação, trocas de informações, reflexões e lembranças profundas — e algumas vezes doídas — da nossa história. Tudo isso fez o nosso "elástico" do desenvolvimento esticar várias e várias vezes.

Mas só percebemos o quanto nosso elástico esticou ao escrevermos estes últimos capítulos. Foi nesse ponto que nos demos conta de como a maternidade exige tenacidade[73]. Estamos sempre construindo e reconstruindo conhecimento, soluções, alternativas. Aprendendo algo novo, reaprendendo e nos desafiando a colocar em prática velhas lições. Haja tenacidade!

E, ao mesmo tempo, ela nos exige flexibilidade. Esse bailar conforme a música, encarar os altos e baixos sem nos deixarmos abater ou, sendo abatidas, recuar para recuperar as forças e esperar o momento certo para voltar a avançar mais fortalecidas... Ela nos ensina resiliência[74].

E como nos desenvolvemos nesse processo! Muitas dessas vezes sem nem sequer nos darmos conta de que estávamos em plena evolução.

E com os filhos não é nada diferente.

Costumamos dizer que, a cada troca de fase das crianças, somos merecedoras de medalhas de reconhecimento. Ou seria honra ao mérito? Mas que merecemos, merecemos. Principalmente por darmos conta de tantas mudanças e adaptações deles — e nossas!

Fato é que a maternidade é um berço de possibilidades, uma fonte inesgotável de oportunidades de desenvolvimento, uma escola viva sobre como nos tornarmos melhores como pessoa, mãe e cidadã. Mas, infelizmente, isso é muito pouco pouco reconhecido e discutido, inclusive entre as mulheres. E a vida tem disso, às vezes o que está mais perto é o mais difícil de se perceber e dar o devido valor.

---

[73] Tenacidade é a qualidade, estado ou condição do que é tenaz, ou seja, muito aderente, resistente ou difícil de partir. No sentido figurado, tenaz é aquela atitude persistente, que não desiste e segue com afinco em sua ideia ou projeto.
[74] Resiliência é a capacidade de um objeto voltar ao estado original após ter sido submetido à pressão ou deformação elástica. Em humanos, refere-se à capacidade de se recuperar rapidamente de situações estressantes ou se adaptar às mudanças bruscas.

Como dissemos antes: se você consegue dar conta de ser mãe, consegue dar conta de tudo o mais que quiser em sua vida!

A maternidade é o mais longo e exaustivo MBA que existe, em que as matérias nos fazem desenvolver competências extremamente úteis. Você já havia pensado nisso?

Você já refletiu sobre quantas competências desenvolveu neste MBA chamado maternidade? Parou para pensar sobre isso? Já tentou contabilizar por quantas matérias diferentes passou até agora, quantas vezes seu "elástico" interior se esticou, ou melhor, quantas *hard* ou *soft skills*[75] conseguiu desenvolver?

A maternidade é o *lifelong learning* em ação, pois a cada fase de desenvolvimento dos nossos filhos nos desenvolvemos também. E conforme passamos de fase, vamos experimentando diferentes papéis, experiências e aprendizados. Como na natureza, aprendemos a maternar, assim como os pássaros aprendem a voar. Eles podem até estar acompanhados dos pais, mas só aprendem voando, imitando, testando seus instintos e treinando até sentirem-se seguros para voar cada vez mais longe. É aprender durante o voo, literalmente. É o tentar realizando, sem muito treino prévio ou instruções de segurança.

Maternar é assim: cada fase, cada conquista da criança, são habilidades novas que adquirimos e competências que desenvolvemos enquanto estamos "apanhando" para aprender a lição.

Por exemplo, quando são bebês, aprendemos a acordar cedo e trabalhar mesmo depois de uma noite em claro. Ou seja, desenvolvemos a capacidade de adaptação, de organização do tempo, de lidar com imprevistos e assumir mais riscos.

Também ficamos mais atentas às nossas intuições e tomamos decisões mais rápidas e, às vezes, mais difíceis. Isso está presente quando escolhemos como vamos amamentar (livre demanda ou não), se optamos por uma rotina de sono ou como faremos a introdução alimentar, por exemplo.

---

[75] Hard skills são habilidades técnicas, como trocar fraldas em sofás, aplicar massagem relaxante ou técnicas de sono. Já as soft skills são habilidades mais subjetivas ou comportamentais, geralmente aliadas a aspectos da personalidade, como a capacidade de lidar com imprevistos (fralda vazar no meio do caminho), trabalhar sob pressão (horas de cólica intensa) ou, ainda, motivação e perseverança (bebê acordando a noite inteira).

Fazemos escolhas difíceis desde o primeiro instante em que nos descobrimos mães e algumas delas ditarão o rumo dos nossos relacionamentos, da nossa vida e a de nossos filhos — tais como a escola, a religião, o time de futebol, entre outros grupos dos quais farão parte (ou não).

Além disso, somos desafiadas diariamente a termos empatia com as necessidades de cada fase do desenvolvimento infantil. Aprendemos a respeitar o tempo e o ritmo da criança — que por vezes é tão diferente do nosso —, como o momento de andar, comer e falar. Testamos toda a nossa flexibilidade quando ficam doentes e todos os nossos planos mudam de uma hora para outra quando querem ter ou fazer algo e nos olham com aqueles olhinhos de "Gato de Botas".

Exercitamos a nossa criatividade no nível máximo para fazer coisas que nunca sonhamos ou para solucionar questões que nem sequer sabíamos que existiam — como inventar brincadeiras para quatro horas de viagem, coreografia de músicas e histórias para dormir, e até mesmo prepará-los para o Dia do Cabelo Maluco na escola!

Com tudo isso, aprendemos novas habilidades, competências, e até sentimos emoções nunca vividas, não é mesmo?

E é tão bom quando eles começam a ter autonomia para escovar os dentes sozinhos, decidir sobre o que levar de lanche para o piquenique, ou até mesmo quando demonstram atos de generosidade e compaixão com outras crianças.

Quando começam a crescer, são outras habilidades que passamos a desenvolver. Aprendemos a fazer *poker face*[76] em algumas negociações com eles. Aprendemos que é importante conversar, orientar e deixar os limites claros. Mas, mais importante do que isso, é sermos consistentes em nossa postura e, principalmente, termos coerência entre o que falamos e o que fazemos. Aprendemos a deixá-los viver suas próprias dores e frustrações quando o que mais queríamos era tomar a frente da situação e resolver tudo por eles.

---

[76] *Poker face* é quando você controla a sua expressão facial ao ponto de não demonstrar nenhuma reação diante de uma situação. Isso impede que os outros descubram o que você está sentindo ou pensando.

Nenhum desses aprendizados é sem dor, pois não é nada fácil desapegar dessa fase infantil para assumir que estão crescendo e precisam ser mais independentes. Ah, como isso mexe com a gente!

É o início de um jeito diferente de se comunicar e se relacionar, em que novos desafios nos impulsionam a "correr atrás" e descobrir tudo de novo... Aprendizado este que não terminará quando eles ficarem adultos. Porque não deixaremos de nos preocupar com eles, de acompanhar suas conquistas, e, se ainda não começamos, logo iremos sonhar e pedir por netos. Sendo assim, nossos filhos são verdadeiros professores no *lifelong learning* da maternidade.

Mostramos através desses exemplos que a maternidade é um dos cursos mais profundos e duradouros que temos em nossa vida. Então, como pode ser tão pouco valorizado e nada comentado entre nós, muito menos nas organizações?

Um primeiro passo para essa valorização acontecer começa dentro de nós. Precisamos ter consciência das competências e habilidades que vamos desenvolvendo durante esse processo e nos apropriarmos delas, dando o seu devido valor. Só assim conseguiremos utilizá-las na jornada profissional para impulsionar nossa carreira também.

Você já havia parado para pensar sobre isso que estamos trazendo aqui? No quão forte e impulsionadora a maternidade pode ser na sua vida?

Se fosse arriscar um palpite, quantas competências você diria que já desenvolveu desde que descobriu a gravidez ou começou a cuidar de sua criança?

E, caso já tenha passado pela primeira infância do bebê, saberia dizer quais skills (habilidades) desenvolveu em cada uma das etapas que exploramos aqui?

Ficamos com essa curiosidade ao percebermos que — com uma rotina tão corrida — não paramos para pensar sobre isso. Vivemos essa curva de aprendizagem absurda e nem nos damos conta do que adquirimos com ela.

Nesse MBA da vida não há diplomas ou medalhas, mas há um superpoder que se manifesta de maneira forte e transformadora.

Então, procuramos fazer um *cross-checking*[77], assim como fazemos nas empresas, de quantos aprendizados poderiam ser entendidos como competências adquiridas. Um comparativo simples, sem nenhuma pretensão científica, baseado somente na comparação entre aprendizados e competências de cada etapa.

E veja qual foi o resultado!

---

[77] *Cross-check* é uma verificação cruzada: pedir para outra pessoa verificar o mesmo que você e conferir se chegam ao mesmo resultado. É uma dupla checagem de segurança.

AÇÃO	COMPETÊNCIA DESENVOLVIDA	SIGNIFICADO
QUANDO ENGRAVIDAR?		
Quando engravidar	Planejamento estratégico	Capacidade de levantar as principais ações que precisam ser feitas, alinhá-las a seus objetivos e expectativas e executá-las no tempo e modo adequados.
	Mapeamento de riscos	Habilidade para identificar os principais riscos ou pontos de atenção diante da situação, conseguindo, assim, ter maiores chances de evitá-los ou minimizá-los.
	Mapeamento de *stakeholders*	Saber identificar quais seriam as pessoas-chave, ou seja, pessoas interessadas no que está acontecendo, pois influenciam ou são influenciadas pela situação, mesmo que indiretamente.
	Coragem	Capacidade de encarar as dificuldades, sem ceder ao medo, assumir riscos e encontrar alternativas para superá-los.
Como contar	Comunicação	Capacidade de se expressar da melhor forma, adequando a linguagem conforme o público e conseguindo ouvir e compreender os outros também.
	Comunicação assertiva	Capacidade de comunicar pensamentos, sentimentos e opiniões de forma clara, direta e respeitosa, expressando-se de forma segura, sem agressividade ou submissão, estabelecendo limites, considerando os direitos e necessidades dos outros.
	Comunicação transparente	Se posicionar de forma ética, sendo transparente em suas ações e intenções.
Buscar aliados	Vulnerabilidade	Conhecer e aceitar seus limites e imperfeições, compartilhando com os outros para juntos conseguirem fazer o que precisa ser feito sem medo de julgamentos ou *feedbacks* negativos.
	Exposição planejada	Diante de uma situação delicada, saber quem são as pessoas diretamente envolvidas que podem/precisam saber e conseguir falar sobre ela de forma objetiva e transparente, visando à melhor resolução possível.

ENGRAVIDEI!		
AÇÃO	COMPETÊNCIA DESENVOLVIDA	SIGNIFICADO
Dar conta de tudo	Autopercepção	Ter uma compreensão precisa de si, pontos fortes, limitações e, principalmente, conseguir perceber as próprias emoções e reconhecer como se manifestam em seu corpo. Envolve também a compreensão de como é percebida pelos outros e o impacto que suas ações têm sobre eles.
	Inteligência emocional	Saber identificar e administrar o que sente mesmo em momentos críticos, agindo de forma consciente; conseguir identificar e respeitar os sentimentos dos outros também.
	Criatividade	Ter abertura para experimentar e aprender algo novo, observar pessoas, objetos e situações por diferentes perspectivas e fazer conexões entre novos conhecimentos e o que já sabe, tendo ideias ou criando novas soluções.
Performar grávida	Autoconhecimento	Clara percepção que o indivíduo tem da sua personalidade, incluindo forças, fraquezas, pensamentos, sentimentos, crenças, motivações e emoções. Conhecer seu funcionamento e seus gatilhos frente às adversidades.
	Autoconfiança	É a segurança que a pessoa tem em sua capacidade de fazer as coisas. Ela sabe se tem segurança para fazer algo com êxito ou não, e admite sem que isso abale o seu valor pessoal.
	Priorização	Capacidade de perceber o contexto de forma ampliada, avaliando as ações/atividades que geram maior impacto na situação, revendo a ordem e até a necessidade de execução de cada uma para garantir o resultado desejado.
	Tomada de decisão *(aprender a dizer "não")*	Capacidade de analisar a situação e escolher entre as opções existentes, considerando o grau de eficácia e riscos envolvidos, arcando com as consequências, tanto positivas quanto negativas.
Lidar com críticas/ opiniões	Diversidade *(lidar com o diferente)*	Capacidade de entender e respeitar as diferenças existentes, seja de opiniões, estilos, crenças, valores ou visões de mundo; escutar com atenção e ampliar o nosso entendimento sobre os outros e sobre o mundo. Ouvir a opinião do outro, mas respeitar a sua também.

(continua)

Intuição *(ouvir a voz interior)*	Capacidade de: a) ouvir os seus instintos (reações internas, como *insights* e sentimentos); b) captar as reações sutis do meio (comportamentos, tom de voz, linguagem corporal); c) analisar racionalmente informações e fatos disponíveis, para avaliar uma situação e conseguir agir e/ou tomar decisões.
Dar e receber *feedbacks*	Capacidade de oferecer informações úteis e objetivas para auxiliar no desenvolvimento de algo ou alguém. Receber críticas ou informações de forma aberta e reflexiva, acolhendo o que contribui para o seu desenvolvimento pessoal ou profissional.

Olha quanta coisa já aprendemos antes mesmo de o bebê nascer!

É como se a mãe natureza já nos preparasse para os desafios que estão por vir. Não é à toa que muitas dessas competências se repetem nas fases seguintes, além das novas que serão exigidas. Afinal, o nível de dificuldade só vai aumentando, lembra?

Então, a dica aqui é:

Percebeu que tem dificuldade de dizer "não", de priorizar ou ser objetiva no que precisa ou deseja? Pare, respire e pense sobre como desenvolver essas habilidades, pois elas serão cada vez mais úteis nas fases seguintes. Veja só:

\	NASCEU!	
AÇÃO	COMPETÊNCIA DESENVOLVIDA	SIGNIFICADO
Mudanças	Flexibilidade e adaptação	Capacidade de se adaptar às novas regras, pessoas, limites ou circunstâncias impostas, sabendo lidar com imprevistos e contornar situações difíceis.
Mudanças	Liderança	Capacidade de criar um ambiente de confiança, conseguir motivar e direcionar as pessoas para um objetivo comum, aproveitando o melhor das habilidades e conhecimentos de cada um.
Mudanças	Foco em resultado e solução	Capacidade de compreender o que precisa ser alcançado, estabelecer prioridades e manter foco nas metas e tarefas relevantes, ser resiliente diante dos obstáculos e melhorar seu desempenho para cumprir as metas e atingir os resultados desejados.
Relacionamentos	Desenvolvimento contínuo (mentalidade de crescimento)	Capacidade de assumir a responsabilidade pelo próprio desenvolvimento, identificar áreas de melhoria, estabelecer objetivos de aprendizagem e ter proatividade para buscar continuamente seu crescimento pessoal e profissional por meio do aprimoramento contínuo.
Relacionamentos	Empatia	Predisposição para ouvir atentamente e se colocar no lugar dos outros, compreendendo seus sentimentos e perspectivas de vida, bem como responder de maneira adequada às necessidades emocionais.
Relacionamentos	Escuta ativa	Capacidade de ouvir o outro de forma atenta, sem ficar pensando na resposta, reconhecendo emoções e diferentes pontos para, só então, poder falar com transparência o que deseja, buscando construir relacionamentos sólidos e respeitosos.
Relacionamentos	Gestão de conflitos e interesses	Capacidade de controlar as próprias emoções para facilitar um diálogo construtivo, analisar a situação identificando as diferentes perspectivas e colaborar ativamente para encontrar soluções que atendam às necessidades ou interesses em jogo.
Relacionamentos	Comunicação eficaz *(conversas difíceis)*	Saber conversar de forma objetiva e respeitosa, adaptando a mensagem ao contexto e ao ouvinte, ouvindo atentamente a perspectiva dos outros e acolhendo suas reações físicas/emocionais sem julgamentos. Buscar um meio comum para a resolução de possíveis conflitos ou colaboração para objetivo comum, mesmo diante de temas complexos ou polêmicos.

(continua)

Carreira	Autoconfiança	É a segurança que a pessoa tem em sua capacidade para fazer as coisas. Ela sabe se tem segurança para fazer algo com êxito ou não, e admite sem que isso abale o seu valor pessoal.
	Priorização do momento	É a atenção consciente às demandas, necessidades ou evento em curso, conseguindo identificar a atividade/tarefa de impacto significativo no momento, direcionando os esforços para realizá-la.
	Viver o aqui e agora	Capacidade de estar presente mental e emocionalmente em uma situação, sem se deixar levar por preocupações passadas ou futuras, vivendo a experiência em curso de maneira consciente e equilibrada. Ter foco no momento, viver o agora com qualidade e presença.
Escolhas	Tomada de decisão	Capacidade de analisar a situação e escolher entre as opções existentes, considerando o grau de eficácia e riscos envolvidos, arcando com as consequências, tanto positivas quanto negativas.
	Agilidade de aprendizagem	Capacidade de aprender com rapidez aos aspectos mutáveis da vida, lidar bem com mudanças, imprevistos, apresentando flexibilidade e resposta rápida sempre que necessário.

LICENÇA-MATERNIDADE		
AÇÃO	COMPETÊNCIA DESENVOLVIDA	SIGNIFICADO
Volta ao trabalho	Organização *(foco na rotina)*	Habilidade de adotar um hábito, sistema ou método para facilitar o acesso às informações, a execução das tarefas ou o uso dos recursos de forma eficiente, garantindo a ordem, economia de tempo, redução de erros e, consequentemente, a eficiência na rotina diária.
	Capacidade de reinventar-se	Conseguir identificar aquilo de que gosta, no que é boa e o que valoriza na vida. Entender se essas questões estão relacionadas com o seu trabalho atual ou se você o faz por necessidade. Criar um plano de ação para conseguir vincular o seu trabalho com seu propósito de vida, desenhando um plano de carreira que te possibilite ver valor e significado naquilo que faz e produz durante o expediente.
	Planejamento financeiro *(atual e futuro)*	Capacidade de mapear gastos, ganhos e oportunidades de economia, criando objetivos e metas financeiras em curto, médio e longo prazos, e adotando um plano de ação com prazos determinados para alcançá-los.
Saber viver o momento	Viver o aqui e agora	Capacidade de estar presente mental e emocionalmente em uma situação, sem se deixar levar por preocupações passadas ou futuras, vivendo a experiência em curso de maneira consciente e equilibrada. Ter foco no momento, viver o aqui e agora com qualidade e presença.
	Desenvolvimento contínuo *(mentalidade de crescimento)*	Capacidade de assumir a responsabilidade pelo próprio desenvolvimento, identificar áreas de melhoria, estabelecer objetivos de aprendizagem e ter proatividade para buscar continuamente seu crescimento pessoal e profissional por meio do aprimoramento contínuo.
Descobertas	Autoconhecimento	Clara percepção que o indivíduo tem da sua personalidade, incluindo forças, fraquezas, pensamentos, sentimentos, crenças, motivações e emoções. Conhecer seu funcionamento e seus gatilhos frente às adversidades.
	Coragem	Capacidade de encarar as dificuldades, sem ceder ao medo, assumir riscos e encontrar alternativas para superá-las. Atitude de protagonismo e confiança em si. Estar aberta a ser vulnerável e não ter medo disso.

(continua)

Diferentes desejos	Planejamento de carreira	Capacidade de definir seus interesses e metas profissionais, identificar as habilidades e competências necessárias para atingi-las, criar um plano estratégico para alcançar seus objetivos e realizar ações concretas para explorar todas as oportunidades de atingir seus objetivos.
	Lidar com ambiguidade	Capacidade de manter a calma e lidar de maneira eficaz com situações ou informações vagas, conflitantes ou com múltiplas interpretações, tendo autonomia para clarificá-las quando possível/necessário, considerando diferentes perspectivas e adotando abordagens flexíveis para tomar decisões ou se adaptar rapidamente às circunstâncias.

MAIS FILHOS

AÇÃO	COMPETÊNCIA DESENVOLVIDA	SIGNIFICADO
Mito da performance	Autoconfiança	É a segurança que a pessoa tem em sua capacidade para fazer as coisas. Ela sabe se tem segurança para fazer algo com êxito ou não, e admite sem que isso abale o seu valor pessoal.
	Resiliência	Capacidade de se manter o equilíbrio ou usar a sua força interior para suportar contextos de estresse ou tensão, se recuperar rapidamente após superá-los, ou, ainda, se adaptar à nova realidade caso não haja forma de retornar ao que deseja.
	Comunicação assertiva	Capacidade de comunicar pensamentos, sentimentos e opiniões de forma clara, direta e respeitosa, expressando-se de forma segura, sem agressividade ou submissão, estabelecendo limites, considerando os direitos e necessidades dos outros.
Gerir tempo	Organização *(foco na rotina)*	Habilidade de adotar um hábito, sistema ou método para facilitar o acesso às informações, a execução das tarefas ou o uso dos recursos de forma eficiente, garantindo a ordem e a eficiência na rotina diária.
	Networking *(trabalho e casa)*	Capacidade de manter conexões e construir relações significativas, cultivando uma rede de contatos com foco no compartilhamento de informações, conhecimentos ou oportunidades de colaboração e crescimento pessoal e/ou profissional. Capacidade de construir suas "aldeias".
	Priorização	Capacidade de perceber o contexto de forma ampliada, avaliando as ações/atividades que geram maior impacto na situação e, a partir disso, rever o que é importante, urgente, prioritário ou mesmo dispensável para garantir o resultado desejado.
	Tomada de decisão (maior agilidade e criatividade)	Capacidade de analisar a situação e escolher entre as opções existentes, considerando o grau de eficácia e riscos envolvidos, arcando com as consequências, tanto positivas quanto negativas.

(continua)

Progressão da carreira	Coragem	Capacidade de encarar as dificuldades, sem ceder ao medo, assumir riscos e encontrar alternativas para superá-los.
	Autoliderança *(seu chefe é você)*	Capacidade de saber quem é, do que é capaz e o que deseja para a sua vida, planejando, com isso, ações possíveis e metas para conquistar. Assumir o protagonismo por elas, ser resiliente para manter o foco, conquistando seu espaço. Ultrapassar os desafios até atingir seus objetivos.
	Planejamento	Capacidade de estabelecer objetivos ou metas, mapear as tarefas, ações e recursos necessários, além dos possíveis obstáculos, criando um plano de ação com prazos determinados para alcançá-los.
	Flexibilidade	Capacidade de se adaptar às novas regras, pessoas, limites ou circunstâncias impostas, sabendo lidar com imprevistos e contornar situações difíceis. Adaptar-se com agilidade às mudanças.

E aqui estamos nos referindo somente às nossas experiências. Se fôssemos incluir as de outras mães, a lista seria ainda maior! Este é o poder da maternidade: nos fazer errar, cair, levantar e aprender, multiplicando os nossos poderes numa espiral crescente de evolução pessoal.

Esse é o poder do e!

O poder de aprender sempre e cada vez mais através desse caminhar intenso, plural e contínuo da maternidade, que percorre nossas veias e contamina nosso sangue com força e coragem. Tudo (re)nasce dentro da gente e continua nesse fluir infinito, para além da nossa vida e a de nossos filhos e netos.

Sabemos que é uma jornada sem fim, que não é nada fácil e muitas vezes é amarga. Mas também sabemos que, se conseguirmos entendê-la e acolhê-la de coração aberto, vivendo cada momento com simplicidade e leveza, ela pode ser muito saborosa.

É claro que tudo poderia ser mais tranquilo sem filhos. Quem pode dizer o contrário? A nossa casa seria mais ajeitada; a conta bancária, mais gordinha; a agenda, mais tranquila... Mas a nossa vida também seria mais vazia sem esse turbilhão de sentimentos que vivenciamos com os nossos corações fora do peito.

O maior aprendizado que podemos deixar para vocês é: entender o **e** como algo possível, pois somente quando percebemos como o nosso desejo de maternar e ter uma carreira podem unir forças para compor a equação "carreira e maternidade" é que entendemos o poder do **e**. Nos permitimos ser o suficiente — nem mais, nem menos —, mas suficientes para os nossos filhos **e** para nós mesmas. Exigindo menos de nós mesmas e nos permitindo ser **e** sentir mais.

Menos o medo. Pois, ao chegar até aqui, você pôde ver que não precisa mais sentir medo dessa coisa louca que é ser mãe.

Que possamos acordar todos os dias e demonstrar aos nossos filhos o quanto são amados. Que possamos dizer mais vezes:

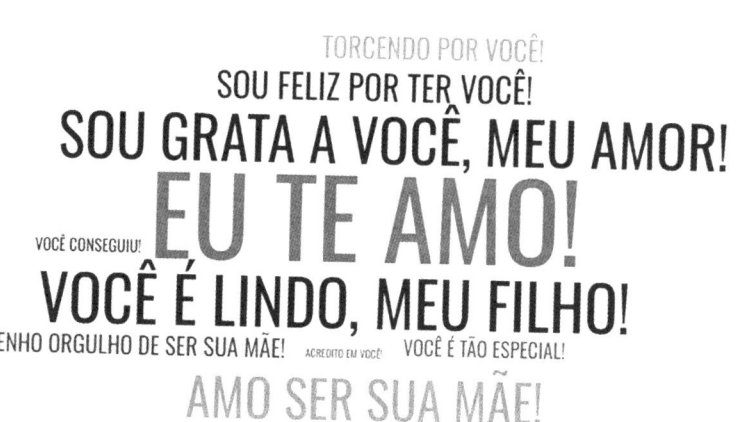

TORCENDO POR VOCÊ!
SOU FELIZ POR TER VOCÊ!
SOU GRATA A VOCÊ, MEU AMOR!
EU TE AMO!
VOCÊ CONSEGUIU!
VOCÊ É LINDO, MEU FILHO!
TENHO ORGULHO DE SER SUA MÃE! ACREDITO EM VOCÊ! VOCÊ É TÃO ESPECIAL!
AMO SER SUA MÃE!
VOCÊ É MEU AMOR TODINHO!
VAI LÁ, VOCÊ CONSEGUE!

É muito importante não só verbalizar, mas também demonstrar o quanto são importantes em nossa vida e como são amados por nós!

Nossos filhos necessitam saber como nos transformaram em pessoas melhores, mais corajosas e resistentes pelo simples fato de existirem em nossa vida. É importante afirmar essas verdades, não somente quando são pequenos, mas quando crescem e se tornam adolescentes também.

Aliás, é nesta fase que mais necessitam de suporte e afirmação. Então, que possamos seguir com as mesmas palavras de amor e incentivo, assim como fazíamos quando eram pequenos e conquistavam ou superavam algo (como segurar um objeto, andar, falar...). Que ainda possamos oferecer "colo" e afeto, mesmo que já estejam "grandes por fora".

Sabemos que as palavras têm mesmo um poder enorme na construção da autoestima. Elas trazem segurança emocional e ampliam o amor na vida dos nossos filhos – independentemente da idade ou da fase em que estejam vivendo.

Que essas frases ditas com presença e amor os façam crescer sabendo que são a melhor parte de nossa vida, a nossa força motriz, e os impulsionem a ser pessoas melhores, respeitosas, suficientemente boas e capazes de transformar o mundo em algo melhor. Então saberemos que tudo valeu a pena, que essa jornada linda e intensa deu certo.

Porque sucesso é isto: vencer dentro de casa e não fora dela. Fora é aparência, dentro é de verdade.

Muito obrigada por sua companhia nessa jornada. Nós duas continuaremos daqui, sabendo que não estamos mais sozinhas. Estamos com você e muitas outras mulheres que são mães **e** trabalham. Que sobem **e** puxam outras para cima também.

Desejamos do fundo do nosso coração e com todas as nossas forças que você possa trilhar a sua jornada de **carreira e maternidade** experimentando muitos "**es**" pelo caminho. Quem sabe não nos encontramos de novo em algum ponto mais adiante?

16

Livros lidos para o processo de criação dessa obra

ANTUNES, Lucedile. Soft skills: *competências essenciais para os novos tempos* | Literare Books; 1ª edição (2020)

BRACKETT, Marc. *Permissão para sentir: Como compreender nossas emoções e usá-las com sabedoria para viver com equilíbrio e bem-estar* | Editora Sextante; 1ª edição (2021)

BRITES, Rafa. *Síndrome da Impostora – Por que nunca nos achamos boas o suficiente?* | Academia (2020)

BROWN, Brené. *A coragem de ser imperfeito: Como aceitar a própria vulnerabilidade, vencer a vergonha e ousar ser quem você é* | Sextante, 1ª edição setembro, 2016

BROWN. Brené. *Mais forte do que nunca: Caia. Levante-se. Tente outra vez.* | Editora Sextante, 1ª edição (27 abril 2016)

CHAPMAN, Gary. *As Cinco Linguagens do Amor: Como expressar um compromisso de amor a seu cônjuge* | Editora: Mundo Cristão, 3ª edição, junho 2013.

DOLABELA, Fernando. *O segredo de Luísa: uma ideia, uma paixão e um plano de negócios: como nasce o empreendedor e se cria uma empresa* | Editora Sextante; 1ª edição (2008)

DWECK, Carol Susan. *Mindset: A nova psicologia do sucesso* | Objetiva, 1ª edição (2017)

ESTES, Clarissa Pinkola. *Mulheres que correm com lobos: mitos e histórias dos arquétipos da Mulher Selvagem* |Rocco; 1ª edição (2018)

FREIRE, Paulo. *A Importância do Ato de Ler* | São Paulo: Editora Cortez, Coleção Polêmicas do Nosso Tempo, 23ª edição.

GRANT, Adam. *Pense de novo: o poder de saber o que você não sabe* | Editora Sextante; 1ª edição (2021)

HAN, Byung-Chul. *Sociedade do Cansaço* | Editora Vozes; 1ª edição (2015)

Hans Rosling / Ola Rosling / Ann Rosling Rönnlund – *Factfulness – O Hábito libertador de só ter opiniões baseadas em fatos* | Editora Record, 4ª edição (2020)

HARRIS, Dan. *10% mais feliz: como aprendi a silenciar a mente, reduzi o estresse e encontrei o caminho para a felicidade* | Editora Sextante; 1ª edição (2015)

JOHNSON, Stefanie K. *Inclusifique: Como a inclusão e a diversidade podem trazer mais inovação à sua empresa* | São Paulo: Benvirá, 1ª edição (2020)

JUNG, Carl Gustav. *Arquétipos e o inconsciente coletivo* | Editora Vozes; 11ª edição (2014)

JUNG, Carl Gustav. *O Homem e Seus Símbolos* | 2. ed. Rio de Janeiro: HarperCollins Brasil (1959)

LIPMAN, Joanne. *Escute o que ela diz: viés inconsciente – o que os homens precisam saber (e as mulheres têm a dizer) sobre trabalhar juntos* | Primavera; 1ª edição (2019)

MYCOSKIE, Blake. *Comece algo que faça a diferença* | Editora Voo (2018)

OBAMA, Michelle. *Minha história* | Objetiva; 1ª edição (2018)

PIANGERS, Marcos. *O papai é pop* | Editora Belas-Letras (2015)

SANDBERG, Sheryl. *Faça Acontecer* | Companhia das Letras; 1ª edição (2013)

SANDBERG, Sheryl. *Plano B: como encarar adversidades, desenvolver resiliência e encontrar felicidade* | Fontanar; 1ª edição (2017)

SCHLOCHAUER, Conrado. *Lifelong Learners – o poder do aprendizado contínuo: aprenda a aprender e mantenha-se relevante em um mundo repleto de mudanças* | Editora Gente, 4ª edição (2021)

Artigos

"Acelerando o Futuro das Mulheres nos Negócios - The 2020 KPMG Women's Leadership Summit Report": https://assets.kpmg.com/content/dam/kpmg/br/pdf/2021/03/Sindrome-da-Impostora.pdf

DESENVOLVIMENTO HUMANO RELATÓRIO DE 2021/2022: Tempos incertos, vidas instáveis A construir o nosso futuro num mundo em transformação (https://hdr.undp.org/) (https://www.undp.org/pt/brazil/desenvolvimento-humano/publications/relatorio-de-desenvolvimento-humano-2021-22)

Eliana Maria do Sacramento Soares: A inteireza do ser como caminho para a constituição do sujeito professor | Revista Eletrônica PUC RS, Porto Alegre, v41, n1, p. 59-65, jan-abr 2018 (https://revistaseletronicas.pucrs.br/ojs/index.php/faced/article/view/29724) ou (http://dx.doi.org/10.15448/1981-2582.2018.1.29724)

Maiara Liberato: A R.EVOLUÇÃO DO MASCULINO, EM HOMENS E MULHERES, É A SAÍDA PARA A EQUIDADE (https://www.linkedin.com/pulse/revolu%C3%A7%C3%A3o-do-masculino-em-homens--e-mulheres-%C3%A9-sa%C3%ADda-para-liberato)

Maiara Liberato: A redução da violência de gênero passa pelo bem-estar afetivo e emocional dos homens (https://www.linkedin.com/pulse/redu%C3%A7%C3%A3o-da-viol%C3%AAncia-de-g%C3%AAnero-passa-pelo-bem-estar-afetivo-liberato/)

Maiara Liberato: https://www.instagram.com/maiaraliberatooficial/

Relatório Diversity Matters: América Latina - McKinsey 2020. (https://www.mckinsey.com/br/our-insights/diversity-matters-america-latina)

Schilpzand, P., De Pater, I. E., & Erez, A. - Workplace incivility: A review of the literature and agenda for future research | Journal of Organization Behavior, 28 october 2014 (https://onlinelibrary.wiley.com/doi/10.1002/job.1976)

Shantala para bebês: https://leiturinha.com.br/blog/shantala/

www.editorainverso.com.br
facebook.com/editorainverso
@editorainverso
(+55 41) 3254-1616 e 3538-8001
(+55 41) 99798-7623